袁振龙 著

超大城市社区
包容性发展研究

RESEARCH ON
INCLUSIVE
DEVELOPMENT OF
COMMUNITIES
IN MEGACITY

社会科学文献出版社
SOCIAL SCIENCES ACADEMIC PRESS (CHINA)

前　言

　　我国城市化进程已经成为当代世界城市急剧变化转型的一个重要样本，引发了世界范围内的广泛关注。我国超大城市享受着劳动力流入所带来的人口红利，同时也承受着人口大量增加所带来的巨大服务管理压力。超大城市城乡结合部地区作为流动人口聚居的主要区域，是流动人口融入城市社区的主要空间载体。城乡结合部地区的上级党委和政府、基层街道（乡镇）和社区（村）、相关企事业单位、社会组织等是推进社区包容性发展的重要主体。对超大城市城乡结合部社区包容性发展问题开展研究既有重要的理论价值，也具有极为重要的应用价值。

　　国外学者比较早就关注到城乡边缘带（城乡结合部）及其社区发展问题，中国大陆地区超大城市城乡结合部产生的时代背景与政策环境和国外大不相同，超大城市城乡结合部社区包容性发展面临的挑战与困难前所未有。超大城市城乡结合部社区包容性发展是新时代推进新型城镇化背景下的一个重大现实和理论问题，是推进新型城镇化的"牛鼻子"，在全国具有"标杆"效应和"首雁"效应。

　　本书界定新型城镇化、超大城市、城乡结合部、社区、包容性发展和路径等主要概念，梳理城乡一体化、城乡边缘带（城乡结合部）、社区发展、包容性发展和社会融合等主要理论。通过文献梳理、问卷调查、实地考察、座谈访谈等方式，从经济发展、政治发展、文化发展、社会发展和公共服务等五个维度，对北京市海淀区某地区办事处和深圳市宝安区某街道办事处所辖的 8 个社区（含 1 个村）的包容性发展状况进行实证研究。

共提出 5 个理论假设和 40 个具体假设。沿着上述理论假设，全书共分三部分十章。第一部分是研究概述，主要是提出问题、理论假设、研究框架，明确研究方法，进行相关理论的梳理，包括第一章和第二章。第二部分是本书的主体，主要介绍调查情况、分析统计数据和调查材料、展开论述，验证本研究提出的理论假设，包括第三至八章。第三部分是总结和讨论，主要是总结研究结果，探讨社区发展的路径模式，提出推进超大城市城乡结合部社区包容性发展的政策措施，包括第九章和第十章。

上述理论假设是否成立，需要通过定量的研究方法来验证。本调查制定了包含 69 个问题、49 个指标的调查问卷，对北京市海淀区某地区办事处和深圳市宝安区某街道办事处的 8 个社区（含 1 个村）居民进行了问卷调查。分别以社区人口数据库中大于 18 周岁的本地居民和流动人口为样本框，通过等距抽样的方式共抽取 854 人参与调查，组织北京市和深圳市的在校大学生和研究生经过培训后作为调查员深入社区开展调查，共回收有效问卷 804 份，有效问卷回收率为 94.15%。采用 SPSS 软件和 SAS 软件对问卷结果进行统计分析，综合运用量表信度分析、效度分析、频次分析、量表分析及多元回归分析等统计方法对上述研究假设进行了反复验证，形成以下研究结论。

经济发展、政治发展、文化发展、社会发展、公共服务等各部分变量的 Cronbach's alpha 系 数 分 别 为 0.853545、0.923775、0.918096、0.909205 和 0.841315，说明本次问卷调查结果可靠稳定，各部分变量之间的一致性较好。

主成分分析结果表明，在经济发展维度 11 个指标中选取特征值大于 1 的主成分，为主成分 1（prin2-1）、主成分 2（prin2-2）和主成分 3（prin2-3），可累计解释 83% 的方差。在政治发展维度 9 个指标中选取特征值大于 1 的主成分，为主成分 1（prin3-1）和主成分 2（prin3-2），可累计解释 75% 的方差。在文化发展维度 9 个指标中选取特征值大于 1 的主成分，主成分 1（prin4-1）可解释 62% 的方差。在社会发展维度 9 个指标中选取特征值大于 1 的主成分，为主成分 1（prin5-1）和主成分 2（prin5-2），可累计解释 61% 的方差。在公共服务维度 11 个指标中选取特征值大于 1 的主成分，为主成分 1（prin6-1）和主成分 2（prin6-2），可累计解释 57% 的方差。

北京市和深圳市 8 个社区（含 1 个村）在五个维度的发展情况：BJJY 社区的经济发展、政治发展、文化发展、社会发展和公共服务均处于好的状态；BJ 村的经济发展和公共服务处于好的状态，政治发展、文化发展和社会发展处于中间状态；LD 社区的经济发展处于好的状态，政治发展、文化发展、社会发展和公共服务处于较差的状态；LT 社区的经济发展处于好的状态，政治发展、文化发展、社会发展和公共服务处于中间状态；YT 社区的经济发展处于好的状态，政治发展和公共服务处于中间状态，文化发展和社会发展处于较差的状态；ZB 社区的经济发展处于中间状态，政治发展、文化发展、社会发展和公共服务处于较差状态；QT 社区的经济发展和社会发展处于较差状态，政治发展、文化发展和公共服务处于中间状态；MF 社区的经济发展处于较差状态，政治发展、文化发展、社会发展和公共服务处于中间状态。除了 BJJY 社区在五个方面均处于好的状态外，其他社区的发展总体上呈现一种不平衡的特征。

北京市和深圳市城乡结合部社区经济发展总体上处于比较好的状态，得分率较高（68.53%），两地本地户籍居民与流动人口经济发展得分率仅相差 3.76 个百分点，差距较小，表明两市城乡结合部社区经济发展的包容性较好。假设 1 中的假设 1-1 和 1-8 得到了部分的证实，假设 1-2、1-3、1-4、1-5、1-6 和 1-7 都没有得到证实。超大城市城乡结合部社区经济发展主要受社区类型和职业类型等因素的影响，不同的社区和不同的职业类型会影响超大城市城乡结合部社区的经济发展，而户籍类型、户口类别、婚姻状况、家庭结构、政治面貌等因素对经济发展的影响并不显著。

北京市和深圳市城乡结合部社区的政治发展总体上处于较好的状态，得分率（70.50%）高于经济发展得分率（68.53%），但本地户籍居民与流动人口的政治发展得分率差距比较大（相差 16.07 个百分点），表明两市城乡结合部社区政治发展的包容性不足。假设 2 中的假设 2-1、2-2 和 2-7 得到证实，假设 2-4 得到部分证实，假设 2-3、2-5、2-6 和 2-8 没有得到证实。超大城市城乡结合部社区的政治发展主要受社区类型、户籍类型和政治面貌等因素的影响。不同类型的社区、不同类型的户籍、不同的婚姻状况和不同的政治面貌会影响超大城市城乡结合部社区的政治发展。控制户籍因素外，各因素的影响存在明显的差异。

北京市和深圳市城乡结合部社区的文化发展得分率为 61.46%，得分率低于经济发展得分率（68.53%）和政治发展得分率（70.50%），处于中间状态。北京市和深圳市城乡结合部社区本地户籍居民的文化发展得分率比流动人口高 13.74 个百分点，表明两市城乡结合部社区文化发展的包容性不强。假设 3 中的假设 3-1、3-2 得到证实，假设 3-4 和 3-8 得到部分证实，假设 3-3、3-5、3-6 和 3-7 没有得到证实。超大城市城乡结合部社区文化发展主要受社区类型、户籍类型、婚姻状况和职业类型等因素的影响，不同的社区类型、不同的户籍类型、不同的婚姻状况和不同的职业类型对超大城市城乡结合部社区的文化发展有显著的影响。另外，在本社区居住时间偏短会对本社区的文化发展产生负向的影响。

北京市和深圳市城乡结合部社区社会发展得分率为 78.70%，高于经济发展得分率（68.53%）、政治发展得分率（70.50%）、文化发展得分率（61.46%）和公共服务得分率（74.35%），处于比较好的水平。北京市和深圳市城乡结合部社区本地户籍居民的社会发展得分率比流动人口高 12.57 个百分点，说明北京市和深圳市城乡结合部社区社会发展的包容性有待增强。假设 4 中的假设 4-1、4-2 和 4-5 得到证实，假设 4-3、4-4、4-6 和 4-7 没有得到证实，假设 4-8 需要修正。超大城市城乡结合部社区社会发展受社区类型、户籍类型、家庭结构、职业类型等因素的影响；不同类型的社区、不同类型的户籍、不同的家庭结构、不同的职业类型都会影响超大城市城乡结合部社区社会发展。

北京市和深圳市城乡结合部社区公共服务得分率为 74.35%，在五个维度中排第二位。两地本地户籍居民与流动人口公共服务得分率相差 10.10 个百分点，表明两地城乡结合部社区的公共服务包容性处于相对较好的位置。

假设 5 中的假设 5-1、5-2、5-8 得到证实，假设 5-4 和 5-5 得到部分证实，假设 5-3、5-6 和 5-7 没有得到证实。超大城市城乡结合部社区公共服务主要受社区类型、户籍类型、职业类型、婚姻状况、家庭结构等因素的影响，假设 5-4 和 5-5 需进一步修正。

北京市与深圳市城乡结合部社区发展的五个维度之间存在明显的差异，其中深圳市城乡结合部社区的经济发展得分（37.7 分）明显高于北京市城乡结合部社区的经济发展得分（32.2 分），深圳市在经济发展方面的优势十分明显。从政治发展维度看，北京市城乡结合部社区政治发展得分为 22.4 分，比深圳市的 19.9 分高出 2.5 分，得分率高出 8.34 个百分点。从文化发展维度看，北京市城乡结合部社区文化发展得分为 26.9 分，比深圳市的 23.5 分高出 3.4 分，得分率高出 8.29 个百分点。从社会发展维度看，北京市得分为 37.9 分，比深圳市的 34.5 分高出 3.4 分，得分率高出 7.39 个百分点。从公共服务维度看，北京市得分为 25.0 分，比深圳市的 21.1 分高出 3.9 分，得分率高出 12.59 个百分点。五个维度中北京市和深圳市城乡结合部社区发展差距最大的是公共服务，得分率相差 12.59 个百分点，差距最小的是社会发展，得分率相差 7.39 个百分点。

北京市和深圳市城乡结合部社区本地户籍居民和流动人口两个群体经济发展的差异最小为 3.77 个百分点，表明经济发展的包容性最好；排在第二位的是公共服务，两个群体的差异是 10.09 个百分点，包容性略好于总体水平；排在第三位的是社会发展，两大群体的差异是 11.48 个百分点，其包容性处于五个维度的中间水平；排在第四位的是文化发展，两大群体的差异是 13.74 个百分点，其包容性有待提升；排在第五位的是政治发展，两大群体的差异是 16.06 个百分点，其包容性提升的空间较大。

深圳市城乡结合部社区发展总体水平较高，很多维度深圳市城乡结合部社区本地户籍居民的发展状况均好于北京市，但流动人口的发展状况与本地户籍居民的发展差距较大，深圳市城乡结合部社区发展的包容性有待增强。北京市城乡结合部社区总体得分略高于深圳市，北京市本地户籍居民在很多维度的表现均逊于深圳市，但北京市城乡结合部社区流动人口在政治发展、文化发展、社会发展和公共服务等四个维度的得分情况均优于深圳市城乡结合部的流动人口，故总体上北京市城乡结合部社区发展的包容性好于深圳市城乡结合部社区发展的包容性。

超大城市城乡结合部社区经济发展受社区类型和职业类型等因素的影响，不同的社区和不同的职业类型会影响超大城市城乡结合部社区的经济发展，假设 1 得到部分证实。超大城市城乡结合部社区的政治发展主要受社区类型、户籍类型和政治面貌等因素的影响，不同类型的社区、不同类型的户籍、不同的婚姻状况和不同的政治面貌会影响超大城市城乡结合部社区的政治发展，假设 2 得到部分证实。超大城市城乡结合部社区文化发展主要受社区类型、户籍类型、婚姻状况和职业类型等因素的影响，不同的社区类型、不同的户籍类型、不同的婚姻状况和不同的职业类型对超大城市城乡结合部社区的文化发展有显著的影响，假设 3 得到部分证实。超大城市城乡结合部社区社会发展受社区类型、户籍类型、家庭结构、职业类型等因素的影响；不同类型的社区、不同类型的户籍、不同的家庭结构、不同的职业类型都会影响超大城市城乡结合部社区社会发展，假设 4 得到部分证实。超大城市城乡结合部社区公共服务主要受社区类型、户籍类型、职业类型、婚姻状况、家庭结构等因素的影响，假设 5 得到部分证实。

影响和制约北京市和深圳市城乡结合部社区包容性发展的因素主要有制度因素、政策因素、管理因素、人口因素等四个方面。其中，制度因素主要是户籍制度（如本地户籍与外地户籍的划分）。政策因素主要包括政治参与、子女教育、社会保障、就业、住房等方面的政策法规。管理因素包括政府行政管理、户口类别（如农业户口与非农业户口的划分等）和社区机构的综合服务管理水平。人口因素主要包括社区的人口结构和个人的个体特征（如年龄、性别、婚姻、文化程度等）。

城乡结合部社区的发展路径大致可以划分为自主式发展路径、突变式发展路径和渐变式发展路径，分别对应着城市化发展的不同阶段。城乡二元的户籍制度、城乡不同的土地管理制度、农民工（流动人口）和城郊农民巨额的市民化成本等是制约超大城市城乡结合部社区包容性发展的主要问题。

　　本书主张从国家层面、城市中观层面和街道社区微观层面综合施策，共提出12个方面的若干政策措施，实现政策集成，细化落实，共同发力，共同推动我国的城市化从"土地城市化"向"土地城市化"与"人口城市化"并进，使基本公共服务为城乡居民共享，推动超大城市城乡结合部社区的包容性发展步入正轨。

目　录

| 第一章 |

研究导论

我国城市化进程已经成为当代世界急剧变化转型的一个重要样本，引发了世界范围内的广泛关注。在这场无论是规模还是速度都史无前例的快速城市化进程中，植根于中国传统文化和独特制度背景下的人口大规模流动现象，引发了学术界的广泛关注，国内外许多学者对中国大陆地区的城市化、人口流动及其他相关问题展开了丰富的研究，涌现出一批富有见地的研究成果。

第一节 问题的提出

一 中国大陆地区的城市化与城市群

中国的城市化浪潮。自 1978 年中国启动改革开放进程以来，受工业化和经济规模等因素的影响，人口开始从农村向城市大规模流动，中国的城市化以前所未有的速度和规模开启了新的征程。在中国这个世界上人口最多的发展中国家，伴随快速城市化浪潮出现的是越来越多的农村地区和小城镇人口为了寻求更多更好的发展机会不断向大中城市迁移流动聚集，城市的数量不断增加，城市的规模不断扩张，越来越多的城郊农民也被纳入城市的范围。从中国城市化的实际来看，城镇人口增长主要来自三个方面：自然增长、乡城迁移和行政区划变动。据王桂新等的研究估算，"1991~2000年中国城镇人口增量来自自然增长、区划变动和乡城迁移的比例分别为23.7%、29.4%和46.9%，2001~2010年分别为14.7%、31.8%和53.5%"①。这一研究结果说明，区划变动和乡城迁移是推动中国城镇人口增长的主要因素，城郊农民和流动人口市民化是中国城市化的主要动力。中国大陆地区逐步出现了一批常住人口规模超过500万甚至1000万的特大城市和超大城市②，其他大中小城市的数量更为可观。

中国的城市群或城市带。在超大城市和特大城市的周边，一大批数量更多的大中小城市也逐步发展起来，与超大城市或特大城市一起，形成了数量可观的城市群或城市带。目前，在中国大陆地区已经初步形成了珠三角、长三角、京津冀、山东半岛、辽中南、海峡西岸、中原、成渝、武汉、长株潭（长沙、株洲、湘潭）、滇中、北部湾、关中、宁夏沿黄、乌昌（乌鲁木齐、昌吉）、哈长、兰西、呼包鄂榆（呼和浩特、包头、鄂尔多斯、陕西榆林）、环鄱阳湖、江淮、太原等20多个城市群或城市带。这些城市群或城市带集中了中国大多数的劳动人口和资本，也是中国大陆地区GDP增长的主要贡献者，成为引领中国大陆地区经济社会发展的重要引擎。

国务院发展研究中心课题组指出，"全国地级及以上城市以占6.7%的面积和29.5%的人口，创造了62%的GDP和61.9%的社会消费需求"③。中共中央、国务院印发的《国家新型城镇化规划（2014—2020年）》指出，"京津冀、长江三角洲、珠江三角洲三大城市群，以占中国大陆地区2.8%

---

① 王桂新、黄祖宇：《中国城市人口增长来源构成及其对城市化的贡献：1990-2010》，《中国人口科学》2014年第2期。

② 2020年，减掉农村户籍人口，按城市常住人口计算，北京、上海、广州、深圳、重庆、成都和天津7个城市超过1000万，属于超大城市，武汉、东莞、西安、杭州、佛山、南京、沈阳、青岛、济南、长沙、哈尔滨、郑州、昆明、大连等城市是特大城市，这些城市的常住人口在500万~1000万。

③ 国务院发展研究中心课题组：《中国新型城镇化：道路、模式和政策》，中国发展出版社，2014，第2页。

的土地面积和 18.0% 的人口，贡献了中国大陆地区 GDP 的 36.0%，是带动我国经济快速增长和参与国际经济合作与竞争的主要平台"①，城市群的集聚效应十分明显。值得注意的是，2022 年，中国大陆总人口下降为 14.1175 亿人，比 2021 年末减少 85 万人，人口自然增长率为 -0.60‰，67 年来首次出现人口负增长。经济学家陆铭在《大国大城》一书中明确主张，我国要大力发展大城市，并通过市场、疏导等方式增加城市的公共服务供给，解决当前城市化面临的各种社会问题。②

二　中国城市的常住人口与类型划分

毫无疑问，进城务工就业的大量农民工是推动中国快速城市化进程的主力军之一。据国家统计局统计，2020 年，中国大陆人口数达 14.12 亿人，其中人户分离达到 4.9276 亿人，其中流动人口达到 3.7582 亿人，占全国人口的 26.6%，流动人口规模比 2010 年增加 1.5439 亿人。大量处于劳动年龄阶段的农民工进城务工，为城市的经济发展提供了源源不断的劳动力，直接推动了城市人口的增加和规模的扩大。

据统计，1978~2020 年，中国大陆地区的城市数量从 193 个增加到 683 个。根据国务院发布的《关于调整城市规模划分标准的通知》，截至 2020 年底，中国大陆地区城市常住人口超过 1000 万的超大城市共有北京、上海、广州、深圳、重庆、成都和天津 7 个城市，武汉、东莞、西安、杭州、佛山、南京、沈阳、青岛、济南、长沙、哈尔滨、郑州、昆明、大连等 14 个城市是特大城市，另外还有数量更多的大城市、中等城市、小城市和城镇。近年来，深圳、广州、杭州等重点城市常住人口大幅度增长，长沙、西安、成都、郑州、武汉、重庆等中西部核心城市日益崛起，北京、上海、天津、苏州、无锡等东部城市人口增长明显放缓。

---

① 中共中央、国务院：《国家新型城镇化规划（2014—2020 年）》，2014 年 3 月。
② 陆铭：《大国大城——当代中国的统一、发展与平衡》，上海人民出版社，2016。

三 中国超大城市的常住人口

2020年，在7个超大城市中，上海市城区常住人口规模最大，达1987万人，北京次之（1775万人），深圳排第三（1744万人），重庆排第四（1634万人），广州排第五（1488万人），成都排第六（1334万人），天津排第七（1093万人）（见表1-1）。

表1-1　2020年超大城市城区常住人口总量

单位：万人

超大城市	上海	北京	深圳	重庆	广州	成都	天津
城区常住人口总量	1987	1775	1744	1634	1488	1334	1093

资料来源：上海、北京、深圳、重庆、广州、成都和天津七市2021年统计公报。

四 中国城市化进程的推进和城市社区包容性发展比较问题的提出

中国流动人口带来的挑战。据统计，"2012年，我国户籍人口城镇化率比常住人口城镇化率低了17.3个百分点"①。截至2022年底，我国城镇常住人口达92071万人，常住人口城镇化率达65.22%，比2021年末提高0.50个百分点。预计到2030年，中国的城市化率将超过70%，还有2亿左右的人口进入城市落户工作生活。这表明，中国城市化的进程持续推进，城镇化率不断提升，大量流动人口进入城市务工就业，对城市的经济社会发展提出了新的更高要求，也给城市的基础设施、公共服务、社会管理、社会保障、社会融合等带来了新的挑战，包容性发展面临新的机遇。

中国城市化进入中后期阶段。2019年，国家发改委328号文件提出要培育发展现代化都市圈，促进中心城市与周边城市（镇）同城化发展。无论是超大城市、特大城市、大城市、中等城市和小城市的划分，还是一线城

---

① 中共中央、国务院：《国家新型城镇化规划（2014—2020年）》，2014年3月。

市、新一线城市、二线城市、三线城市、四线城市等的划分，反映的都是中国大陆地区各类城市数量的不断增长和城市常住人口规模的不断扩大，表明中国大陆地区的城市化进程已经进入一个新的发展阶段。值得注意的是，中国大陆地区的农民工数量从 2015 年开始出现了下降的趋势，流动人口的平均年龄也呈增长趋势，预示着中国大陆地区的城市化进程开始进入中后期阶段。

按照目前每年增加 0.5 个百分点的城市化速度计算，到 2030 年，中国大陆地区城镇化率将超过 70%，城镇常住人口规模将超过 10 亿，20 多个城市群将以 1/4 的土地集聚 75% 的人口，创造 88% 的 GDP。以常住人口论，2030 年中国有望形成 10 个以上 1000 万级城市和 12 个以上 2000万级的大都市圈。根据中国城市化规律和城镇人口增长的主要来源，未来 20~30 年，中国城市将增加 2 亿多常住人口，其中有 50% 即 1 亿人左右来自乡—城迁移，另外 50% 左右来自城镇人口的自然增长和行政区划的变动。

城市的定位与职能。美国著名城市地理学家刘易斯·芒福德认为，"城市最终的任务是促进人们自觉地参加宇宙和历史的进程，通过感情上的交流、理性上的传递和技术的精通熟练，尤其是通过激动人心的表演，从而扩大生活的各个方面的范围，这是历史上城市的最高职责"[1]。我国学者周大鸣等也认为，"与乡村相比，城市则是有着更加多元、开放特质的人类聚落，城市作为一个不同于乡村的聚合体，具有经济角色、政治角色、文化角色和流通角色四种功能"[2]。这些观点希望城市能够自觉地承担起自己的任务和功能，更好地应对城郊农民和流动人口流入所带来的各种挑战和问题，更好地实现城郊农民和流动人口的城市融入。

中国政府推进人口融合的努力。国家及相关部门已经注意到中国城市

---

[1] 〔美〕刘易斯·芒福德：《城市发展史：起源、演变和前景》，宋峻岭、倪文彦译，中国建筑工业出版社，2005，第 586 页。

[2] 周大鸣、陈世明：《从乡村到城市：文化转型的视角——以广东东莞虎门为例》，《社会发展研究》2016 年第 2 期。

化及人口流动带来的相关问题，并通过出台相关文件、制定相关政策等方式进行指导和干预，尝试促进流动人口融入城市社区，取得了一定的成效。2003年9月，国务院办公厅转发教育部等部门《关于进一步做好进城务工就业农民子女义务教育工作意见的通知》（国办发〔2003〕78号）。转发的这个意见中明确地提出了"进城务工就业农民流入地政府负责进城务工就业农民子女接受义务教育工作，以全日制公办中小学为主"①的"两为主"政策。2006年3月，国务院发布《关于解决农民工问题的若干意见》（国发〔2006〕5号）。意见明确要求"抓紧解决农民工工资偏低和拖欠问题，依法规范农民工劳动管理，搞好农民工就业服务和培训，积极稳妥地解决好农民工社会保障问题，切实为农民工提供相关公共服务，健全维护农民工权益的保障机制"等②，这是我国指导农民工全面融入城市的一个重要文件。

2010年1月，国务院办公厅出台《关于进一步做好农民工培训工作的指导意见》（国办发〔2010〕11号），要求"按照培养合格技能型劳动者的要求，逐步建立统一的农民工培训项目和资金统筹管理体制，使培训总量、培训结构与经济社会发展和农村劳动力转移就业相适应；到2015年，力争使有培训需求的农民工都得到一次以上的技能培训，掌握一项适应就业需要的实用技能"③。2012年1月，民政部印发《关于促进农民工融入城市社区的意见》（民发〔2011〕210号），为推进中国城乡社区的包容性发展提供了政策性依据。意见明确指出，要"发挥好社区的社会融合功能，组织动员社区各方面力量为农民工提供帮助和服务，改善农民工生活环境和条件，鼓励农民工积极参与社区自治，维护好农民工合法权益，促进农民工与城市居民和睦相处，尽早尽快融入城市生活"④，并提出了一系列促进农民工融

---

① 《国务院办公厅转发教育部等部门关于进一步做好进城务工就业农民子女义务教育工作意见的通知》（国办发〔2003〕78号），2003年9月。
② 国务院：《关于解决农民工问题的若干意见》（国发〔2006〕5号），2006年3月。
③ 国务院办公厅：《关于进一步做好农民工培训工作的指导意见》（国办发〔2010〕11号），2010年1月。
④ 民政部：《关于促进农民工融入城市社区的意见》（民发〔2011〕210号），2012年1月。

入城市社区的目标任务。

2013 年,《中共中央关于全面深化改革若干重大问题的决定》提出,"完善城镇化健康发展体制机制。坚持走中国特色新型城镇化道路,推进以人为核心的城镇化,推动大中小城市和小城镇协调发展、产业和城镇融合发展,促进城镇化和新农村建设协调推进。优化城市空间结构和管理格局,增强城市综合承载力"①。2014 年,中共中央、国务院印发《国家新型城镇化规划(2014—2020 年)》,明确提出要"有序推进农业转移人口市民化,优化城镇化布局和形态,提高城市可持续发展能力,推动城乡发展一体化,改革完善城镇化发展体制机制"②,对新型城镇化进行全面规划和部署。

2016 年,国务院出台的《关于深入推进新型城镇化建设的若干意见》明确指出,"坚持走以人为本、四化同步、优化布局、生态文明、文化传承的中国特色新型城镇化道路,以人的城镇化为核心,以提高质量为关键,以体制机制改革为动力,紧紧围绕新型城镇化目标任务,加快推进户籍制度改革,提升城市综合承载能力,制定完善土地、财政、投融资等配套政策,充分释放新型城镇化蕴藏的巨大内需潜力"③。2020 年 4 月出台的《2020 年新型城镇化建设和城乡融合发展重点任务》对推动户籍制度改革提出明确要求,"督促城区常住人口 300 万以下城市全面取消落户限制,推动城区常住人口 300 万以上城市基本取消重点人群落户限制,鼓励有条件的大城市全面取消落户限制,超大特大城市取消郊区新区落户限制"④。

习近平总书记十分重视城市和城镇化问题。2021 年 7 月,他在西藏考察时指出,"城市的核心是人,城市工作做得好不好,老百姓满意不满意、

① 《中共中央关于全面深化改革若干重大问题的决定》,2013 年 11 月。
② 中共中央、国务院:《国家新型城镇化规划(2014—2020 年)》,2014 年 3 月。
③ 《国务院关于深入推进新型城镇化建设的若干意见》(国发〔2016〕8 号),2016 年 2 月。
④ 国家发展改革委:《2020 年新型城镇化建设和城乡融合发展重点任务》(发改规划〔2020〕532 号),2020 年 4 月。

生活方便不方便，是重要评判标准。要坚持以人为本，不断完善城市功能，提高群众生活品质"①。在党的二十大报告中，习近平总书记指出，"推进以人为核心的新型城镇化，加快农业转移人口市民化。以城市群、都市圈为依托构建大中小城市协调发展格局，推进以县城为重要载体的城镇化建设。坚持人民城市人民建、人民城市为人民，提高城市规划、建设、治理水平，加快转变超大城市发展方式，实施城市更新行动，加快城市基础设施建设，打造宜居、韧性、智慧城市"②，为新型城镇化建设和包容性发展指明了方向。

中国大陆地区的超大城市享受了流动人口大幅增加所带来的巨大人口红利，也自然承受着流动人口大量增加所带来的巨大服务管理压力。因此，超大城市在促进农民工融入城市社区方面理应率先进行探索创新。超大城市城乡结合部地区作为流动人口聚居的主要区域，是流动人口融入城市社区的主要空间。城乡结合部地区的上级党委和政府、基层街道（乡镇）和社区（村）、相关企事业单位、社会组织、居民群众等都是探索社区包容性发展的重要主体。因此，对超大城市城乡结合部社区包容性发展进行比较研究既有较重要的理论价值，也具有极为重要的应用价值。

第二节　相关研究综述

一　国外城市边缘带研究学术史梳理及研究动态

城市边缘带学术简史。西方学者一般将"城市边缘带"界定为"介于乡村和城市与城镇之间的区域、地带或缓冲区"，与国内学术界常用的"城乡结合部"概念极为相近。近现代以来，国外一些社会学家和城市理论学

---

① 《习近平2021年7月21日至23日在西藏考察时的讲话》，学习强国平台，2021年7月24日。
② 《习近平：高举中国特色社会主义伟大旗帜　为全面建设社会主义现代化国家而团结奋斗——在中国共产党第二十次全国代表大会上的讲话》，新华社，2022年10月25日。

家对城市边缘带或城乡结合部进行较广泛的研究，提出了许多理论观点，其中较有代表性的有霍华德（E. Howard）的"田园城市"理论，帕克（R. E. Park）和伯吉斯（R. W. Burgess）的人文区位理论和同心圆理论，赖特（F. L. Wright）的"广亩城"理论，麦肯齐（R. D. Mckenzie）、哈里斯（C. D. Harris）和乌里曼（E. Ulman）的多核心理论，路易斯（H. Louis）和普利尔（R. J. Pryor）等的城乡边缘带理论，霍伊特（R. M. Hoyt）的扇形模式，沙里宁（E. Saarinen）的"有机疏散"理论，刘易斯·芒福德（Lewis Murnford）的城乡发展观，岸根卓郎的城乡融合系统，麦基的亚洲城乡一体化发展模式等。

人文区位理论和同心圆理论。人文区位理论和同心圆理论是由美国芝加哥经验社会学派的代表人物 R. E. 帕克和 E. W. 伯吉斯在 20 世纪二三十年代率先提出的。[①] 帕克和伯吉斯借用生物学进化论原理，研究了芝加哥等城市都市环境的空间格局及其相互依赖关系，特别注重研究区位对人类组织形式和行为的影响。人文区位理论主要包括古典区位学派和现代区位学派，现代区位学派又分为社会文化区位学派和新正统区位学派。古典区位学派强调把社区作为分析和研究的单位，认为社区是一种生态区位秩序。他们认为，"社区是人类生存的自然环境。人类在社区中生活存在着一种共生关系。人们要生存就要依赖于他人，与他人发生各种各样的关系。后期古典区位学家又进一步发现，人类在社区中的生活既处于相互依存的状态中，也处于彼此竞争的状态中，支配都市组织的基本过程是竞争和共生，都市区位的形成过程包括：'浓缩、离散、集中、隔离、侵入、接替'等"[②]。社会文化区位学派则强调文化在人类行为中的重要作用。认为文化变量是区位学理论的有机组成部分，文化是一种习得性行为，既可与土地和稀有资源的合理利用息息相关，也可与此毫无关系。新正统区位学派试图将社会生活的社会因素和次社会因素结合起来分析，强调自然经济变量对都市土地利用模式的决定性

---

① 〔美〕R. E. 帕克、E. N. 伯吉斯、R. D. 麦肯齐：《城市社会学》，宋俊岭等译，华夏出版，1987。

② 〔法〕伊夫·格拉夫梅耶尔：《城市社会学》，徐伟民译，天津人民出版社，2005。

作用。

1925年，帕克和伯吉斯等还通过对美国芝加哥市的调查，总结出"城市人口流动对城市功能地域分异的五种作用力：向心、专业化、分离、离心、向心性离心，它们在各功能地带间不断地交叉变动，使城市地域形成了由内向外的同心圆式结构体系，其结构模式一般包括中心商业区、过渡带、工人居住区、高级住宅区和通勤居民区"①。现在看来，尽管人文区位理论和同心圆理论都遭受了一些批判和过于单一等质疑，但人文区位理论和同心圆理论对社区、文化、社会、自然经济、人口流动等因素的强调和分析，为我们理解和认识超大城市城乡结合部社区包容性发展提供了有益的启发。

多核心理论。"多核心理论"最早是1933年由美国社会学家麦肯齐提出来的。麦肯齐认为，随着城市的发展，城市中会出现多个商业中心，其中一个主要商业区为城市的核心，其余为次核心，这些核心不断发挥着成长中心的作用，直到城市的中间地带被完全扩充为止。在城市化的过程中，随着城市规模的扩大，新的极核中心又会产生。1945年，哈里斯和乌尔曼通过对美国大部分城市的研究，对多核心理论进行了发展完善。与单核心空间结构相比，多核心将就业机会远离拥挤的城市中心，而家庭和企业总是周期性地通过空间位置的调整来实现居住—就业的平衡，从而使交通总量降低且分散在更广的区域里，达到缩短通勤距离和通勤时间的目的。多核心理论更接近城市发展的实际，但该理论对多核心之间的功能联系讨论也不多。

扇形理论。"扇形理论"是1939年美国社会学家霍伊特根据对美国142个城市房租指标资料的分析提出来的，是对伯吉斯同心圆理论的一个修正。霍伊特认为，租金高的市区多数是在城市外围的一个或若干个扇形地带或1/4的地区，而某些租金低的市区地段呈现蛋糕状态，由市中心扩展到外围。当城市人口增加时，租金高的地区便沿着某一线路向外迁移，即高收入

---

① 〔美〕R. E. 帕克、E. N. 伯吉斯、R. D. 麦肯齐：《城市社会学》，宋俊岭等译，华夏出版社，1987。

居民外迁，低收入居民迁入。这一理论认为，决定城市区位分布的是交通线路。霍伊特主张将城市划分为五个区域：市中心、批发轻工业区、低级住宅区、中级住宅区和高级住宅区。随着低收入居民不断向高收入居住区的侵入，高收入居民会向通勤区扩展，产生土地使用的演替。但随着城乡间往返交通费用的增加，内城区又会重新吸引高收入家庭，出现中产阶级向劳动阶级居住区迁移的现象。如果中心商业区同时向外扩张，那么，低收入居住区会受到两种力量的挤压，很多低收入居民不得不向城镇转移，甚至有人会变得无家可归。扇形理论既是对同心圆理论的一个修正，同时又敏锐地观察到，在商业力量和高收入群体等力量的共同挤压下，低收入居民可能不得不向城镇迁移。

社区发展的提出与推广。20世纪初期，英国、法国、美国等国家先后出现"睦邻运动"，强调要充分利用社区的人力、物力资源，培养社区居民的自治精神和互助精神，动员社区居民参与改造社区生活条件。社区睦邻运动的发展，引起了社会学家的关注和研究，1915年，美国社会学家F.法林顿首先提出了"社区发展"这一概念。1939年，美国社会学家I.T.桑德斯和波尔斯在其合著的《农村社区组织》一书中，对社区发展的基本理论和方法做了较为详细的论述。第二次世界大战结束后，社区发展运动在世界各地普遍开展，其发展目标包括经济发展、社会发展、政治发展和文化发展等多方面内容，对之后的社区发展产生了深远的影响，联合国经济及社会理事会在全球社区发展中发挥了极为重要的推动作用。

综上所述，国外学者比较早就关注到城乡边缘带（城乡结合部）及其社区发展问题，尽管相关理论观点产生的时代背景各不相同，但其中提出的不少思路和观点依然对今天中国大陆地区超大城市城乡结合部社区的包容性发展具有重要的借鉴意义。但必须看到，中国大陆地区超大城市城乡结合部产生的时代背景与政策环境和国外大不相同，超大城市城乡结合部社区包容性发展面临的挑战与困难前所未有，有必要进一步深入研究中国大陆地区超大城市城乡结合部社区包容性发展的路径模式。

二 国内城乡结合部及其社区发展研究学术史梳理及研究动态

20世纪80年代以来，随着中国改革开放的不断推进，关于人口流动的各种限制逐步取消，在"推—拉"等各方面因素的共同作用下，农村人口不断向城市进行迁移流动，大中型城市的城乡结合部地区具有交通便利度较为适中、生存成本相对低廉等优势，成为流动人口的主要聚居区。我国学者及实践界已对城乡结合部（城市边缘区、郊区）及其社区发展开展了广泛研究和探索，概括起来，主要包括五个方面的内容。

城市学角度的城市边缘区或郊区研究。其中较为系统的研究以顾朝林等的《中国大城市边缘区研究》和杨忠伟等的《中国大都市郊区化》等为代表。《中国大城市边缘区研究》是我国第一部研究城市边缘区的著作，对后面的城乡结合部研究具有很大的影响。在《中国大城市边缘区研究》一书中，顾朝林等论述了城市边缘区的研究及其进展，城市边缘区的划分，城市边缘区的功能及其组成要素，城市边缘区的人口特性、社会特性、经济特性和土地利用特性，以及城市边缘区空间的演化规律等。[1] 2006年，杨忠伟、范凌云出版的《中国大都市郊区化》一书介绍了大都市城市化历程、郊区化现状、郊区化实用布局以及发展趋势。[2]

以不同城市城乡结合部或郊区为对象的研究。研究者以社会学学者为主，也有一些管理学学者。王春光、董克用、冯晓英、姚永玲、谢宝富、宋金平等以北京为研究对象，刘君德、陈映芳、刘臻、吴元波等以上海为研究对象，刘梦琴、周大鸣、李培林、赵过渡、蓝宇蕴、蔡禾、陈瑞莲、郑杭生等以广东省广州市等为研究对象，蒋雪菲以江西省景德镇市为研究对象，蔡玉胜以天津为研究对象，任映红等以浙江温州为研究对象，许英凤以福建省泉州市为研究对象，黄阳平等以福建省厦门市为研究对象，李若曦等以云南省昆明市为研究对象，肖湘雄等以湖南省湘潭市为研究对象，等等，分别对

---

[1] 顾朝林等：《中国大城市边缘区研究》，科学出版社，1995。
[2] 杨忠伟、范凌云编著《中国大都市郊区化》，化学工业出版社，2006。

各城市的城乡结合部及其社区进行研究。上述研究触及城乡结合部领域的方方面面，具有较好的参考价值。

城乡结合部的其他研究。严重敏等、东敏研究了城乡结合部的综合治理问题，张鸿雁研究了城市社会结构的变迁问题，陈俊峰、张鸿雁研究了郊区化的二重性问题，吴明伟等研究了城市化背景下的流动人口聚居区形态，曾万涛认为城市边缘区是城乡一体化的核心部位，叶剑平研究了城乡结合部地区的土地利用问题，姜爱华等、吕康娟分别研究了城乡结合部的公共服务和社会经济效益协同等问题。

城乡协调发展与新型城镇化研究。郑杭生、文军研究了农民市民化问题，杨团研究了农村现代化问题，顾骏研究了乡村内生城市化问题。徐同文研究了我国城乡经济社会协调发展的主要影响因素、动力机制及存在的问题等。李强等分析了中国城镇化的七种推进模式。张占斌、新玉言、郑杭生、国务院发展研究中心课题组等分析了推进新型城镇化的战略意义、新型城镇化的内涵与道路抉择、面临的挑战和重点任务、城乡统筹发展、国外城镇化的经验启示等。其中国务院发展研究中心课题组提出了"包容的城镇化"理念，并把"包容"看作新型城镇化道路的基本内涵之一，提出要充分调动政府、企业和社会各方面的积极性，让全体人民公平参与发展、公平分享城镇化的物质文明和精神文明成果，促进社会各阶层和谐相处，把城市打造成为共享人生出彩机会的宽阔舞台。

社区发展治理研究与城乡结合部社区建设的实践探索。1986年，民政部提出社区服务的概念。20世纪90年代，我国台湾地区提出"社区营造"的概念，大陆地区提出社区建设概念，之后，社区研究得到广泛的关注。当前，社区研究向社区治理等领域不断延伸。陈涛、文军、于燕燕、徐永祥、夏学銮、马少红、李景峰、陈伟东、孙其昂、李东泉等研究了社区发展问题，李玉华、刘建娥、李东泉等分别介绍了欧盟、美国等西方国家社区发展经验。夏建中、唐忠新、吴志华、刘少杰、马西恒、郑杭生等分别研究了社区建设与治理问题。北京、浙江湖州、宁夏、湖北武汉等分别出台了加强城乡结合部或城乡社区建设工作的意见。北京市从1958年开始的历次城市总体规划，都提出要在城市建成区的周边建设绿化隔离带。最新版的《北京城市总体规划（2016年—2035年）》提出要"严格控制开发边界，增加绿色空间，改善环境品质。通过环境整治和腾退集中建设区外的低效集体建设用地，建设城镇组团间的连片绿色生态空间……加强平原地区农田林网、河湖湿地的生态恢复，构建滨河森林公园体系以及郊野公园环，为市民提供宜人的绿色休闲空间"[①]。

综上所述，国内早期的研究主要对城乡结合部（城市边缘区）的概念等进行界定，之后，学者们分别针对社会流动、社会结构、二元结构、失地农民、流动人口、郊区化、土地管理、公共服务、制度创新、空间结构、社区建设与发展治理等多个主题展开了深入的研究，学者们还论述了新型城镇化及城乡一体化等问题。在实践中多个城市开始探索城乡结合部的社区建设发展道路，其中不乏关于城乡结合部社区及其发展的杰出研究成果。还有学者提出了"包容的城镇化"理念，但目前还没有见到国内学者运用包容性理念研究超大城市城乡结合部社区发展问题的成果，因此，中国大陆地区超大城市城乡结合部社区包容性发展的研究有待填补。

第三节　理论框架：主要概念、研究框架、理论假设与研究方法

一　主要概念的界定

界定清楚相关概念是我们开展一项研究的重要基础性工作，"开展一项社会科学研究面临的一个重要任务是将人们日常交流所使用的词汇进行概念化和操作化"[②]。本研究涉及的主要概念包括城镇化和新型城镇化、超大城市、城乡结合部、社区、包容性发展、路径，下面对这些主要概念进行简要

---

① 中共北京市委、北京市人民政府：《北京城市总体规划（2016年—2035年）》，2017年9月。

② 袁振龙：《社会资本与社区治安》，中国社会出版社，2010，第10页。

的界定。

（一）城镇化（Urbanization）和新型城镇化（New-Type Urbanization）

对超大城市城乡结合部社区包容性发展进行研究，首先必须明确这一问题所处的时代背景。对当代中国而言，这个重要的时代背景就是正在推进的城镇化及新型城镇化。所以，首先需要界定的既相互联系又有一定区别的两个概念就是城镇化和新型城镇化。在国内学术界，城镇化、城市化和都市化等几个概念都是经常使用的。Urbanization 是国外学者率先使用的，国内学者在论述国外 Urbanization 时一般译为"城市化"或"都市化"，在论述中国的 Urbanization 时经常使用的是"城镇化"概念。所谓"城镇化"，通常是指"伴随人口集中，农村地区不断转化为城市地区的过程"[①]。张占斌指出，城市化（或城镇化）是指"随着工业化发展，非农产业不断向城镇集聚，从而农村人口不断向非农产业和城镇转移、农村地域向城镇地域转化、城镇数量增加和规模不断扩大、城镇生产生活方式和城镇文明不断向农村传播扩散的历史过程"[②]。简单来说，城镇化就是人口向城镇集中的过程。城镇化过程的结果主要表现为城镇的数量越来越多，城镇的人口和用地规模越来越大，城镇人口在总人口中的比重不断上升，城镇生产生活方式和城镇文明向农村地区不断传播扩散。

新型城镇化概念是党的十八大报告明确提出的，是新时代的城镇化，目前还没有明确的定义，但其内涵主要是"以城乡统筹、城乡一体、产业互动、节约集约、生态宜居、和谐发展为基本特征的城镇化，是大中小城市、小城镇、新型农村社区协调发展、互促互进的城镇化"[③]。2014 年 3 月，《国家新型城镇化规划（2014—2020 年）》正式发布。2014 年 12 月，国家发改委等 11 个部门联合下发《关于印发国家新型城镇化综合试点方案的通知》，将江苏、安徽两省和宁波等 62 个城市（镇）列为国家新型城镇化综合试点地区。2014 年 12 月以来，国家先后公布了多批新型城镇化综合试点

---

① 郑杭生主编《社会学概论新修（第三版）》，中国人民大学出版社，2003，第 298 页。
② 张占斌主编《中国新型城镇化道路研究》，国家行政学院出版社，2013，第 14 页。
③ 中共中央、国务院：《国家新型城镇化规划（2014—2020 年）》，2014 年 3 月。

名单，大力推动新型城镇化综合试点工作，目的就是指导各地从以前的以"土地城镇化"为重点向以"人口城镇化"为重点的新型城镇化转化，以解决好大量农民工或流动人口面临的问题。

所以，"新型城镇化"的本质是用科学发展观来统领城镇化建设，核心是人的城镇化，关键是提高城镇化质量，实现产业发展和城镇建设融合，让农民工逐步融入城镇。新型城镇化是城乡互补、协调发展的城镇化，是城乡一体化发展的城镇化，新型城镇化道路的基本内涵是"高效、包容、可持续"[①]。新型城镇化思路的提出既为我们探讨研究超大城市城乡结合部社区包容性发展问题创造了新的重要的时代背景，也为我们研究社区包容性发展提供了重要的启示。

（二）超大城市（Megacity）

超大城市（又叫超级大城市、超级大都会）是本研究的一个核心概念和主要对象，是指"城区常住人口超过 1000 万的城市"[②]。联合国人口与发展委员会 2005 年的报告指出，"随着世界各国城市化进程的加快，人口超过 1000 万人的'超级大城市'的数量正在迅速增加"。2006 年，联合国内罗比环境计划负责人托普尔表示："到 2015 年或是 2020 年的时候，全球将有 27 座至 30 座人口超过 1000 万的大都市，其中亚洲就将有 18 座这样的城市"，因此，城市化的重点在亚洲。2011 年 1 月，英国《每日电讯报》公布的一份全球超级大城市排行榜共有 25 个人口超过 1000 万的城市入选，其中来自中国大陆的有上海、北京和广州三个城市。据联合国预测，世界上城市人口比例将达到惊人的 75%，超级大城市还将成倍地出现。

超大城市是中国划分城市规模的分类之一，2014 年 11 月国务院发布的《关于调整城市规模划分标准的通知》规定，"城区常住人口 1000 万以上的城市为超大城市"。2020 年，我国城区常住人口超过 1000 万的城市共有 7

---

① 国务院发展研究中心课题组：《中国新型城镇化：道路、模式和政策》，中国发展出版社，2014。

② 国务院：《关于调整城市规模划分标准的通知》，2014 年 10 月。

个，即上海市、北京市、深圳市、重庆市、广州市、成都市和天津市。据联合国预测，到 2030 年，中国大陆地区城市化率将达到 70.6%，城镇常住人口规模将达到 10.3 亿，20 多个城市群将以 1/4 的土地集聚 75% 的人口，创造 88% 的 GDP。以常住人口论，2030 年中国有望形成 10 个以上 1000 万级城市和 12 个以上 2000 万级的大都市圈。

本研究选择的两个研究对象分别是北京市和深圳市。2020 年，深圳市城区常住人口达 1744 万人，北京市城区常住人口达 1775 万人。超大城市作为我国大陆地区常住人口数量最多的重要城市，既是城镇化推进最为迅速的地区，又是流动人口的主要流向地，城市服务管理、城郊农民和农民工融入、社区包容性发展的任务极为艰巨。

（三）城乡结合部（Rural-urban Fringe Zone）

城乡结合部作为"兼具城市和乡村的土地利用性质的城市与乡村地区的过渡地带"，又叫城乡边缘带、城乡交错带、城市蔓延区等，是本研究的另一个核心概念和具体研究对象，主要指"城市周围接近城市并具有某些城市化特征的乡村地带"。由于"城乡分治'二元管理体制'的存在，城乡结合部涉及的问题远比一般的纯城区或纯农区复杂得多……其区位特征是'三交叉'，即城乡地域交叉、农（民）居民生活交叉、街乡行政管理交叉"[①]。城乡结合部"是一种土地利用、社会和人口特征的过渡地带，它位于城市连续建成区与外围几乎没有城市居民住宅和非农土地利用的纯农业腹地之间，兼有城市和乡村两方面的特征，人口密度低于中心城市，但高于周围的农村地区"[②]。

由于城乡结合部地区原有的农业用地不断被征用，加上相对较低的房价和相对低廉的房屋租金，吸引了不少城市人口和流动人口不断迁入，短时间内城乡结合部地区的人口数量大幅增加，但由于管理体制存在一定的惯性，城乡结合部地区的服务管理资源和力量短时间内难以得到有效提升

① 冯晓英、魏书华、陈孟平：《由城乡分治走向统筹共治——中国城乡结合部管理制度创新研究：以北京为例》，中国农业出版社，2007，第 1、6 页。
② 顾朝林等：《中国大城市边缘区研究》，科学出版社，1995，第 2 页。

和改善，城乡结合部地区原有的基础设施不堪重负，社会秩序受到严重的冲击。①

中国大陆地区城乡结合部地区普遍面临着规划建设、功能定位、行政管理、土地管理、物业管理、人口管理、产业发展、集体经济、体制转换、人口融合、公共服务、基础设施、社会保障等方面的任务，是推进新型城镇化的难点地区，是促进农民工和城郊农民融入城市的重点地区，是探索社区包容性发展的重要空间载体。

（四）社区（Community）

作为现代社会治理的重要基本单元，社区近几十年在中国乃至全世界都得到了前所未有的关注和重视。尽管人们常常使用"社区"的概念，但实际上各自使用的"社区"含义还是有很大差别的。社区概念首先来源于德国社会学家滕尼斯。滕尼斯在使用"社区"概念时将其看作"存在着紧密的、合作的和富有人情味的社会关系共同体"②。英国社会学家麦基文进一步发展滕尼斯的观点，将社区界定为"共同生活的任何领域"，按照这一观点，社区可以是"村庄、城镇、城市、地区、国家乃至更为广大的地区"③。

按照 2000 年中共中央办公厅、国务院办公厅转发的《民政部关于在全国推进城市社区建设的意见》，社区是指"聚居在一定地域范围内的人们所组成的社会生活共同体"④，城市社区的范围是指"经过社区体制改革后做了规模调整的居民委员会辖区"⑤。一般而言，社区总离不开"一定的地域、一定的人口、共同的生产活动及产生的意识和规范、一定的社会活动及其互动关系"⑥ 等要素。

---

① 冯晓英、魏书华、陈孟平：《由城乡分治走向统筹共治——中国城乡结合部管理制度创新研究：以北京为例》，中国农业出版社，2007，第 1、6 页。
② 〔德〕斐迪南·滕尼斯：《共同体与社会：纯粹社会学的基本概念》，林荣远译，商务印书馆，1999；袁振龙：《社会资本与社区治安》，中国社会出版社，2010，第 10 页。
③ 袁振龙：《社会资本与社区治安》，中国社会出版社，2010，第 10 页。
④ 民政部：《关于在全国推进城市社区建设的意见》，2000 年 11 月。
⑤ 民政部：《关于在全国推进城市社区建设的意见》，2000 年 11 月。
⑥ 郑杭生主编《社会学概论新修（第三版）》，中国人民大学出版社，2003，第 272~273 页。

美国社会学家威廉·朱利叶斯·威尔逊在《真正的穷人——内城区、底层阶级和公共政策》一书中，深刻分析了美国城市中心少数民族聚居区"底层阶级"形成的复杂动因，提出了一种社会民主的公共决策议程，旨在改善这些弱势群体的生活境遇。①

本研究所使用的"社区"概念既可以指城市社区，又可以指农村社区，既可以是城镇（小集镇）社区，还可以指城乡结合部社区。社区既是组织起来的一个基层社会治理单元，也是城郊农民和农民工融入城市的具体空间，在推进包容性发展过程中具有较大的探索创新空间。

（五）包容性发展（Inclusive Development）

包容性发展是来自发展经济学的概念，是本研究的核心概念，最早由亚洲开发银行在 2007 年的报告中提出。早期，世界银行的研究报告先后提出了"广泛基础的增长""对穷人友善的增长""共享式增长"等概念，产生了较广泛的影响。2007 年，亚洲开发银行在题为《以共享式增长促进社会和谐》的研究报告中正式提出"包容性发展"的概念，强调"包容性发展是机会平等的发展，要从应对严重的贫困挑战转向支持更高和更为包容性的发展"②。

2008 年 5 月，世界银行增长与发展委员会在题为《增长报告：可持续增长和包容性发展的战略》的研究报告中再次强调"包容性发展"，主张"构建和实践可持续增长和包容性发展的战略，可取得巨大成果并为民众所广泛共享"③。"包容性"指的是"人与人、人与社会、人与自然的和谐"。"包容性发展"是指"以人为中心的，人与人、人与社会、人与自然的和谐发展，是包括 GDP 增长指数、人类发展指数、社会发展指数、社会福利指数、幸福指数在内的全面发展"。包容性发展倡导的是"全球化、

① 〔美〕威廉·朱利叶斯·威尔逊：《真正的穷人——内城区、底层阶级和公共政策》，成伯清、鲍磊、张戌凡译，上海人民出版社，2007。

② 卢宁：《包容性发展的理论内涵探析》，《四川理工学院学报》（社会科学版）2013 年第 4 期。

③ 姚荣：《包容性发展：思想渊源、现实意涵及其实践策略》，《理论导刊》2013 年第 4 期。

地区经济一体化带来的利益和好处要惠及所有国家和地区，使经济增长所产生的效益和财富，惠及所有人群，特别是惠及弱势群体和欠发达国家和地区"。

德隆·阿西莫格鲁（Daron Acemoglu）教授和詹姆斯·A. 罗宾逊（James A. Robinson）教授在《国家为什么会失败》一书中指出，国家兴衰的关键是"是否建立包容性的政治、经济制度。包容性经济制度强调私有权、保证机会平等、投资新技术和新技能；包容性政治制度包括政治权力的多元分配、一定程度上实现中央集权和法治，藉此确立坚实的所有制基础及包容性市场经济的制度"①。

2011 年 4 月 15 日，在博鳌亚洲论坛 2011 年年会开幕式上，中国国家主席胡锦涛发表"包容性发展：共同议程与全新挑战"的主旨演讲，强调"在经济发展的同时，要获得社会的发展和人的发展"。包容性发展强调的是"经济增长、社会进步以及人民生活的改善应该同步进行，经济增长不能以损害资源环境为代价"。还有学者"强调城镇发展在经济、社会、治理、文化等领域的均衡与统一，强调城镇发展过程公平与效率的内在一致，强调城镇不同主体发展权利的同质均等性……建设包容性城镇，既要建设高水平的公共服务体系，又要以法治原则处理经济、政治、社会、法律之间不协调和系统失衡问题，逐步消除不利于包容性发展的一切排斥性制度体系，促进农民工等城镇外来人口的城市接纳与融合"②。新型城镇化道路十分强调"包容"，主张"推进农民工融入企业、子女融入学校、学校融入社区、群体融入社会"③。

包容性发展是包括城市原住民、城郊农民、农民工（流动人口），以及"蚁族""城漂""技术移民""港澳台居民""外国移民"等其他群体在内

---

① 〔美〕德隆·阿西莫格鲁、〔美〕詹姆斯·A. 罗宾逊：《国家为什么会失败》，李增刚译，湖南科学技术出版社，2015。

② 张占斌主编《中国新型城镇化道路研究》，国家行政学院出版社，2013，第 19 页。

③ 国务院发展研究中心课题组：《中国新型城镇化：道路、模式和政策》，中国发展出版社，2014，第 7 页。

的所有人的机会平等和共同发展。本研究使用的"包容性发展"概念主要包括经济发展、政治发展、文化发展、社会发展及公共服务五个方面的机会平等和共同发展，主要研究本地户籍居民与流动人口两个群体的包容性。不同群体间发展的差异越小，表示包容性越好，不同群体间发展的差异越大，表示包容性越差。本研究引入"包容性发展"这一概念，就是希望超大城市在促进城郊农民和农民工等群体融入城市方面能够更加具有主动性和创造性。

（六）路径（Path）

路径是一个多义词，在不同的领域有着不同的含义，既可以指道路，也可以指到达目的地的路线，既可以是办事的门路与办法，也可以指人的行径等。比如，在网络中，路径指的是从起点到终点的全程路由；在日常生活中，路径指的是道路；在绘图中，路径是指使用绘图工具创建的任意形状的曲线。张占斌提出，"推进城乡统筹的新型城镇化，重在通过制度创新，建立新型城乡关系，改变城乡分割、相互脱节的发展模式，使城镇化成为城乡之间互相吸收发展要素、相互融合、共同发展的过程，实现城乡双向、互动的发展。具体要做到五个统筹，即统筹城乡规划、统筹城乡产业发展、统筹城乡基础设施和公共服务体系建设、统筹城乡要素市场建设、统筹城乡管理体制"[①]。还有学者提出，推动传统城镇化向新型城镇化转型需要从"城镇战略布局、城乡二元体制、资源环境的合理开发"[②] 等角度进行突破，提出了中国特色城镇化的可行路径。

本研究使用"路径"这一概念，既可以用来指称超大城市城乡结合部社区包容性发展的道路，又可以用来指称超大城市城乡结合部社区实现包容性发展的具体路线或操作办法，包括起点、终点和两者之间的轨迹。通常情况下，路径可以分为"基本路径、细分路径和交叉路径"[③]。在本研究中，"路径"既包括经济发展、政治发展、文化发展、社会发展和公共

---

① 张占斌主编《中国新型城镇化道路研究》，国家行政学院出版社，2013，第4页。
② 张占斌主编《中国新型城镇化道路研究》，国家行政学院出版社，2013，第5页。
③ 吴江：《重庆新型城镇化推进路径研究》，西南大学博士学位论文，2010，第29页。

服务等的路径，又包括宏观路径、中观路径和微观路径，具有一定的开放性。

二　研究框架

本研究选题的提出首先基于中国大陆地区正在推进的城市化进程。通过众多的文献梳理，我们发现，超大城市城乡结合部社区包容性发展这个问题是新时代推进新型城镇化背景下的一个重大现实和理论问题。正因为超大城市在全国所具有的"标杆"效应和"首雁"效应，超大城市城乡结合部社区包容性发展是推进新型城镇化的一个"牛鼻子"。

按照这个思路，我们从全国7个超大城市中挑选北京市和深圳市作为研究对象，并分别从北京市海淀区城乡结合部地区挑选了一个镇（地区办事处）作为研究对象，从深圳市2005年最后一批完成农村管理体制向城市管理体制转轨的宝安区挑选了一个街道办事处作为研究对象。在相关人员的帮助下，我们收集了上述乡镇（地区办事处）和街道办事处的地方志，并与负责社区工作的同志进行了重点访谈。然后分别从上述乡镇（地区办事处）和街道办事处中各挑选了三个社区和一个行政村、四个社区作为实地考察和调查对象，分别组织北京城市学院和深圳大学的研究生和本科生深入社区（村）开展问卷调查和访谈，并利用SPSS统计软件对问卷数据进行了分析。

在这个过程中，我们通过对城乡一体化理论、城乡结合部或城乡边缘带理论、包容性发展理论、社区发展理论等的探讨，综合运用多种研究方法，通过问卷结果等分析超大城市城乡结合部社区在政治发展、经济发展、文化发展、社会发展及公共服务等方面的现状及存在的问题，探讨制约和影响城乡结合部社区包容性发展的制度、政策、管理、人口等因素，并概括比较超大城市城乡结合部社区包容性发展几种路径的优劣，从而为超大城市城乡结合部社区包容性发展的政策创新奠定基础。

本书的研究框架如图1-1所示。

```
┌──────────────────────────────────────────────────────────────────────────┐
│   ┌────────┐        ┌──────────┐              ┌────────┐                    │
│   │ 文献综述 │───────▶│ 确定研究对象 │─────────────▶│ 实地调研 │                    │
│   └────────┘        └──────────┘              └────────┘                    │
│        │                 │            ┌──────────┐   ┌──────────┐           │
│   ┌─────────┐      ┌──────────────┐   │ 收集资料  │───│ 问卷调查  │           │
│   │ 理论与方法 │      │ 北京、深圳等   │   └──────────┘   └──────────┘           │
│   └─────────┘      └──────────────┘   ┌────────────────────────┐           │
│                                       │   获得基础数据和基本资料    │           │
│                                       └────────────────────────┘           │
└──────────────────────────────────────────────────────────────────────────┘
```

┌────────────────────────────────┐
│   相关理论、方法与实践研究   │
└────────────────────────────────┘

┌──┐
│ ☆城乡一体化理论   ☆文献研究与实地调查相结合   概念界定：   城乡结合   │
│ ☆城乡结合部理论   ☆定性分析与定量分析相结合   新型城镇化、   部社区包   │
│ ☆社区发展理论   ☆历史分析与经验分析相结合   城乡结合部、   容性发展   │
│ ☆包容性发展理论   ☆现状分析与情景分析相结合   社区、包容性   案例分析   │
│ ☆社会融合理论   发展、路径   │
└──┘

┌──┐
│   超大城市城乡结合部社区包容性发展研究   │
└──┘

┌──┐
│   ⬭超大城市城乡结合   ⬭影响超大城市城乡   ⬭推进超大城市城乡   │
│   部社区包容性发展   结合部社区包容性   结合部社区包容性   │
│   困境的主要表现   发展的主要因素   发展的路径模式   │
│   │
│   ☆城乡二元问题   ☆制度因素   ☆自主式发展路径   │
│   ☆发展规划问题   ☆政策因素   ☆突变式发展路径   │
│   ☆服务管理问题   ☆管理因素   ☆渐变式发展路径   │
│   ☆人口融合问题   ☆人口因素   │
└──┘

┌──┐
│   超大城市城乡结合部社区包容性发展的政策创新   │
└──┘

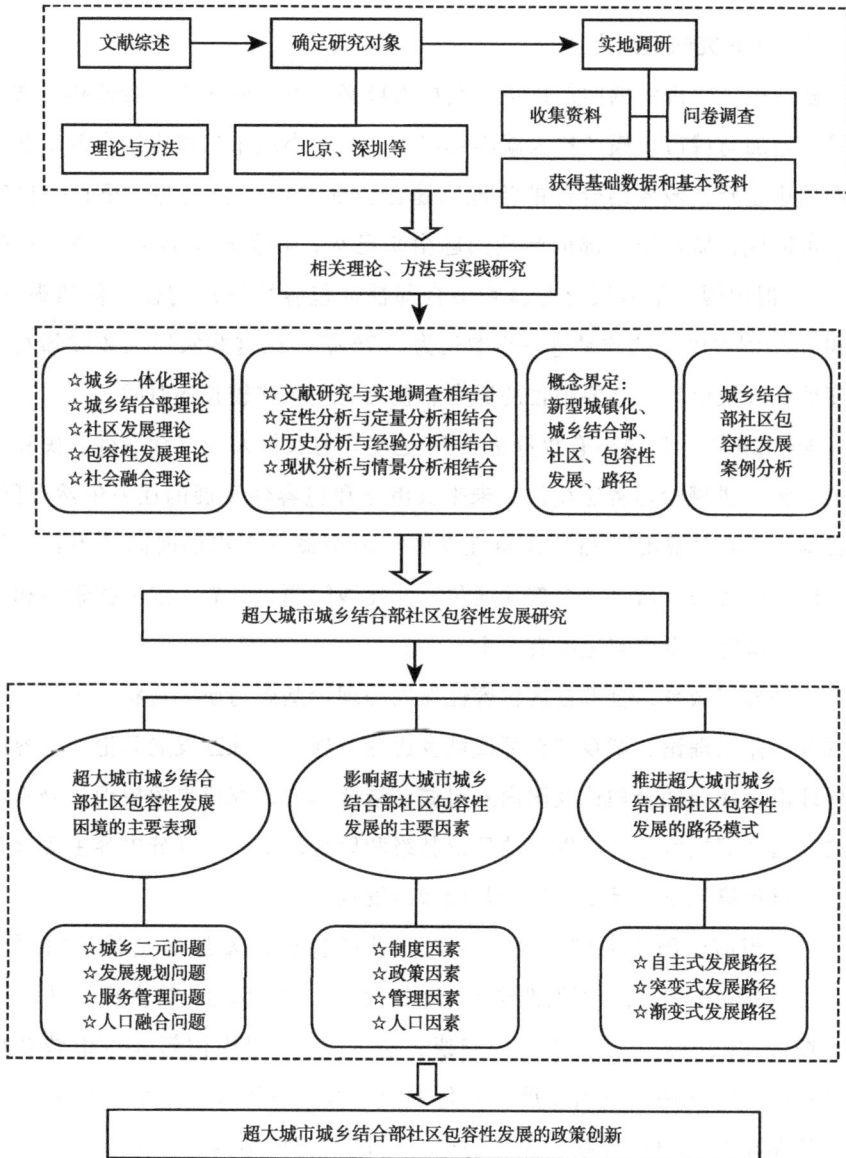

图1-1　超大城市城乡结合部社区包容性发展研究框架

三 研究的重点与难点

（一）研究的重点内容

随着城市化进程的向前推进，农村人口必然不断向城市进行迁移，城市数量的增加与城市规模的扩大就不可避免，大中小城市的城乡结合部就会不断向周边蔓延，城乡结合部的治理问题也会随之产生且会持续很长一段时间。可以说，城乡结合部的治理问题由来已久，相关研究成果已经"汗牛充栋"，但中国新型城镇化与城乡结合部社区包容性发展的任务依然艰巨，2020年全国农民工的数量进一步增长为3.76亿。让这些农民工和城郊农民有序地融入城市生活需要艰苦的努力、较大的空间和较长的时间。

未来20年，我国还有数量达3.76亿左右的农村人口（含城郊农民和农民工）需要进城学习务工生活，未来城市化和包容性发展的任务依然艰巨。在我国，"超大城市"和"包容性发展"两个概念提出的时间并不长，因此，研究超大城市城乡结合部社区包容性发展问题，具有一定的探索性和创新性，本研究重点内容主要有四个方面。

一是城市城乡结合部社区包容性发展的理论基础与研究现状。主要通过对城乡一体化理论、城乡结合部或城乡边缘带理论、社区发展理论、包容性发展理论、社会融合理论及国内外对城乡结合部的研究成果的梳理，分析城市城乡结合部社区包容性发展的理论脉络和研究现状。这部分内容主要分布在第一章和第二章，是本研究的基础和出发点。

二是当前中国超大城市城乡结合部社区包容性发展的现状及问题分析。主要通过对北京、深圳两个具有代表性超大城市城乡结合部社区的实地调查（文献梳理、问卷调查、座谈、访谈等），对中国超大城市城乡结合部社区经济发展、政治发展、文化发展、社会发展及公共服务包容性的现状及存在的问题进行系统深入的分析，以期为提出推进中国超大城市城乡结合部社区包容性发展的思路和对策奠定坚实的基础。这是本研究的主体部分，包括研究对象的介绍与分析、政治发展现状、经济发展现状、文化发展现状、社会发展现状与公共服务现状，主要包括第三至八章的内容。

三是影响中国超大城市城乡结合部社区包容性发展的主要因素分析。在深入把握中国超大城市城乡结合部社区包容性发展现状及存在问题的基础上，运用定量分析和数据模型的结果结合学术界现有成果对影响和制约社区发展及其包容性的各种因素进行深入分析，从而找到制约社区发展及其包容性的主要因素。这是本研究的主要发现和结论，也是本研究的重点内容，即第九章。

四是新型城镇化背景下中国超大城市城乡结合部社区包容性发展的路径模式分析与对策思考。主要在实地调研的基础上，对当前中国超大城市城乡结合部社区包容性发展的一些探索实践进行个案分析，分析其有益经验教训，从而为进一步推进中国超大城市城乡结合部社区包容性发展提供有益的借鉴。根据国家全面深化改革、全面推进依法治国和推进新型城镇化等精神，借鉴国内外城市城乡结合部社区发展的有益经验，从国家宏观层面、城市政府中观层面和街道社区微观层面对中国超大城市城乡结合部社区实现包容性发展提出一系列具有可操作性的对策建议，为中国新型城镇化推进过程中社区包容性发展提供有力的理论支持。这是本研究的创新内容，也是本研究的重点所在，即第十章。

（二）研究的主要难点

超大城市城乡结合部的体量大、面积大，涉及的流动人口多，规划建设和服务管理的难点多，且处在城市化推进阶段，要研究清楚这些问题难免遇到一系列难点。初步看来，研究难点主要有三个方面。

第一个难点：中国城市化进程继续推进与超大城市人口规模过大的矛盾如何破解？超大城市城乡结合部地区是流动人口的主要聚居区，如果城市化进程继续向前推进，超大城市的城乡结合部是否继续吸纳更多的流动人口？如果继续吸纳，那与超大城市调控人口规模的目标如何平衡？如果不继续吸纳，接下来大量的农村人口向什么城市迁移？目前聚居在超大城市城乡结合部社区的流动人口将何去何从？等等，研究超大城市城乡结合部社区包容性发展无法回避这一系列难题。

第二个难点：超大城市城乡结合部的功能定位与社区包容性发展如何协调？超大城市城乡结合部地区一般是城市的限制建设区和绿化隔离带，社区包容性发展与其功能定位是否存在冲突？超大城市城乡结合部现存的产业功能如何升级，才能逐步落实城乡结合部在城市总体规划中的功能定位？超大城市城乡结合部地区的功能定位与社区包容性发展的目标能否相融？

第三个难点：超大城市城乡结合部社区包容性发展有多少种可以选择的路径？这些发展的适用性和可推广性有多强？等等。这些都需要通过对超大城市城乡结合部社区的深入调查才能得到初步的研究结论。

希望通过本研究，能够在梳理超大城市城乡结合部社区发展现状及面临困难的基础上，探索发现超大城市城乡结合部社区包容性发展的不同路径，分析各种不同发展路径的适应性和可推广性，提出推动超大城市城乡结合部社区包容性发展的系列对策建议，从而为解决中国超大城市"人口规模调控"与"户籍制度改革"之间的矛盾找到一条协调发展的思路，以减少中国城市化进程的冲突和阵痛，为更加顺利地推进中国的城市化进程、推进社会主义现代化建设贡献自己的理论思考和智力支持。

四 研究的主要问题和理论假设

新型城镇化与包容性发展等概念提出后，国内学术界还没有对超大城市城乡结合部社区包容性发展问题进行过系统研究。以前学术界研究较多的是社会融入等问题。社会融入的主体是包括农民工在内的流动人口，意味着流动人口（农民工）要主动融入城市。事实上，农民工在融入城市的过程中遇到了各种障碍，融入并不是那么容易的，而这些障碍并不是农民工自身就能克服和解决的。而包容性发展的主体是上级党委和政府、基层街道（乡镇）和社区居（村）委会、相关社会组织、居民群众和包括农民工在内的流动人口等，意味着多元主体的形成，符合当前社会治理的格局和思路。因此，本课题主要研究以下问题。

第一，超大城市城乡结合部社区包容性发展的内容包括政治发展、经济发展、文化发展、社会发展和公共服务等。具体表现为经济发展是否实现包容、政治发展是否体现包容、文化发展是否贯穿包容、社会发展是否落实包容、公共服务是否贯彻包容等。

第二，目前超大城市城乡结合部社区发展存在的问题主要包括"城乡二元体制"问题、土地管理制度问题、服务管理问题和人口融合问题等。简单地说，"城乡二元体制"对超大城市城乡结合部社区包容性发展可能存在阻碍作用，土地管理制度直接影响超大城市城乡结合部社区包容性发展的进度，服务管理水平直接体现超大城市城乡结合部社区包容性发展的水平，人口融合程度直接反映超大城市城乡结合部社区包容性发展的程度与水平。

第三，影响和制约超大城市城乡结合部社区包容性发展的主要因素大致包括制度、政策、管理、人口等。城乡二元的户籍管理制度对包容性发展究竟有着怎样的影响？超大城市城乡结合部社区的管理体制和水平对包容性发展是否存在影响？超大城市城乡结合部社区政策水平及执行情况对包容性发展是否存在影响？超大城市城乡结合部社区的现有体制对包容性发展是否存在影响？超大城市城乡结合部社区人口特别是流动人口的数量、结构等对包容性发展是否存在影响？等等。

第四，当前超大城市城乡结合部社区包容性发展大致包括自主式、突变式和渐变式等多种路径。自主式、突变式、渐变式发展路径各自的内容和特征是什么？三者之间的异同点分别是什么？各自的优势又在哪里？超大城市城乡结合部社区应该如何选择自己的包容性发展路径。

根据上述问题，拟提出以下五个理论假设。

假设1：超大城市城乡结合部社区经济发展受社区类型、户籍类型、户口类别、婚姻状况、家庭结构、人力资本、政治面貌、职业类型等因素的影响；不同类型的社区、不同类别的户口、不同的婚姻状况、不同的家庭结构、不同的人力资本、不同的政治面貌、不同的职业类型都会影响超大城市城乡结合部社区的经济发展。

假设2：超大城市城乡结合部社区政治发展受社区类型、户籍类型、户口类别、婚姻状况、家庭结构、人力资本、政治面貌、职业类型等因素的影响；不同类型的社区、不同类别的户口、不同的婚姻状况、不同的家庭结构、不同的人力资本、不同的政治面貌、不同的职业类型都会影响超大城市城乡结合部社区的政治发展。

假设3：超大城市城乡结合部社区文化发展受社区类型、户籍类型、户口类别、婚姻状况、家庭结构、人力资本、政治面貌、职业类型等因素的影响；不同类型的社区、不同类别的户口、不同的婚姻状况、不同的家庭结构、不同的人力资本、不同的政治面貌、不同的职业类型都会影响超大城市城乡结合部社区的文化发展。

假设4：超大城市城乡结合部社区社会发展受社区类型、户籍类型、户口类别、婚姻状况、家庭结构、人力资本、政治面貌、职业类型等因素的影响；不同类型的社区、不同的户口、不同的婚姻状况、不同的家庭结构、不同的人力资本、不同的政治面貌、不同的职业类型都会影响超大城市城乡结合部社区的社会发展。

假设5：超大城市城乡结合部社区公共服务受社区类型、户籍类型、户口类别、婚姻状况、家庭结构、人力资本、政治面貌、职业类型等因素的影响；不同类型的社区、不同类别的户口、不同的婚姻状况、不同的家庭结构、不同的人力资本、不同的政治面貌、不同的职业类型都会影响超大城市城乡结合部社区的公共服务。

五　研究方法

开展超大城市城乡结合部社区包容性发展研究，注定是一次辛苦艰巨的旅程，调查对象分列中国大陆地区的南方和北方，需要频繁地出差调研交流。需要收集的资料多，需要开展的访谈对象多，问卷调查的开展需要所在社区（村）居民的支持和配合。在研究过程中，我们尝试四个结合，将多种研究方法结合起来，力求对本问题有一个较为清晰的分析。

一是文献研究与实地调查相结合，全面梳理相关文献，通过一定的方式主要选取有代表性的北京、深圳等超大城市城乡结合部共 8 个社区（村）作为调查对象，收集 8 个社区所在地的志书和社区的相关文献资料，同时对

社区相关人员和居民群众进行访谈。访谈对象包括 8 个社区（村）的上级
指导机构工作人员共 2 人、自治组织如村委会（或居委会）负责人共 8 人、
农村集体经济组织领导人共 5 人、社区工作者共 22 人、居民群众共 70 人、
流动人口共 70 人等合计 177 人。

二是定性分析与定量分析相结合，通过座谈、访谈和数据收集等方式，
根据社区人口数据库和楼栋分布，通过分层抽样的方式，对北京和深圳分别
挑选 4 个社区（村）开展问卷调查，回收 804 份有效问卷，运用 SPSS、SAS
软件等对收集的文献资料和数据进行标准化处理和统计分析，探寻超大城市
城乡结合部社区包容性发展存在的问题及影响因素。

三是历史分析与经验分析相结合，通过对城乡结合部发展轨迹及发达国
家城乡边缘带发展的分析，借鉴发达国家推进城乡边缘带社区包容性发展的
经验，探索提出中国大陆地区超大城市城乡结合部社区包容性发展的路径
模式。

四是现状分析与政策研究相结合，通过对中国大陆地区超大城市城乡结
合部社区包容性发展现状的分析思考，综合各种因素，对中国大陆地区超大
城市城乡结合部社区包容性发展提出若干政策建议。

六 研究意义和研究创新

本研究的意义在于，超大城市的城乡结合部是中国城市化进程中城乡二
元矛盾最为突出、城市化变化最快、社区发展任务最艰巨的地区，是新型城
镇化的难点地区。本课题从中国大力推进新型城镇化的时代背景出发，引入
"包容性发展"的概念，深入分析超大城市城乡结合部社区包容性发展的现
状和存在的问题及影响因素，研究提出超大城市城乡结合部社区包容性发展
的路径和前景，是在前人研究基础上的进一步深化研究。因此，本课题研究
既有重要的学术价值，可以丰富我国甚至世界的社区发展理论，同时又有重
要的应用价值，可以为推进新型城镇化战略服务，为推进社会和谐服务，为
推动社会各阶层融合发展服务。

本研究的创新之处主要有三点。

一是从学术思想看，以往的城乡结合部研究多关注城乡结合部的管理等问题或社区个案，而以往的社区发展研究要么是介绍国外的社区发展经验，要么是对中国社区发展战略的宏观研究。社区发展是新型城镇化和城乡结合部治理的基础和关键所在，城乡结合部社区包容性发展是新型城镇化的难点所在，开展超大城市城乡结合部社区包容性发展研究是城乡结合部和社区发展研究的进一步深化和拓展。

二是从学术观点看，本研究引入"包容性发展"理念，从影响超大城市城乡结合部社区包容性发展的诸因素分析出发，提出城乡结合部社区包容性发展的主要路径包括自主式发展、突变式发展和渐变式发展等，需要不同的政策支持和社会支持，具有一定的创新性。

三是从研究方法看，本研究将综合运用文献研究与实地调查、定性分析与定量分析、历史分析和经验分析、现状分析与政策研究等多种研究方法，在研究方法上虽然创新不多，但综合运用多种研究方法可以突破传统单一研究方法的局限。

七　研究的不足

尽管做了大量的调查研究工作，通过分层抽样的方式回收了804份问卷，组织在校研究生和本科生对8个社区（村）的177个对象进行了访谈，收集了大量的第一手资料，但客观而言，超大城市城乡结合部社区包容性发展比较研究是一个较新的研究领域，既耗费了较多的时间，又有一些美中不足。

一是研究时间稍长。原来计划用3年左右的时间完成，但实际上用了5年多的时间，超出原计划。主要原因是：前期的准备工作有些长，文献的收集、阅读与梳理花费了较长的时间，在此基础上制订的调研方案、调查问卷和访谈提纲也经过反复的探讨和修改，才正式进入现场调查，后来整理录音、统计分析问卷、文献梳理等又耽误了一些时间，导致研究进度有些延误。

二是研究对象的选择有调整。在挑选研究对象过程中，北京市城乡结合部范围相对明确，在中心城区的城六区中，东城区和西城区已经实现完全城市化，石景山区也于 2002 年全部实现"农转居"，实现了较完全的城市化，只有朝阳区、海淀区、丰台区既有城市建成区，又有农村地区，城乡结合部主要分布在上述三个区，同时大兴、通州、顺义、昌平、房山等区与中心城区相交的地方也形成了新的城乡结合部。所以，北京市研究对象的选择主要在朝阳、海淀和丰台三个区进行，最终选择海淀区 DS 乡（地区办事处）的 3 个社区和 1 个村作为研究对象。

深圳市作为我国的一个新兴城市，是我国改革开放和城市化建设的一个重要样本，于 2003 年推进宝安区和龙岗区的城市化进程，将辖区所有农民统一转为城市居民，农村管理体制转变为城市管理体制，完成了市域本地村民的城市化。① 我们计划把研究对象限定在传统关外地区的宝安区和龙岗区，最后挑选了宝安区 XX 街道的 4 个社区作为调研对象。

三是在设计问卷时，本研究仅从经济发展、政治发展、文化发展、社会发展和公共服务五个维度考察社区包容性发展状况，今后应该将生态发展纳入研究范围。

---

① 中共深圳市委、深圳市人民政府：《关于加快宝安龙岗两区城市化进程的通告》（深府〔2003〕192 号），2003 年 10 月。

第二章

超大城市城乡结合部社区包容性
发展研究的相关理论

当一个国家的城市化进程推进到中后期阶段时，基于公平正义、以人为中心的包容性发展问题开始被提上议事日程。当前，我国正在大力推进新型城镇化，新型城镇化的核心是人的城镇化，目的是让农民工、城郊农民等逐渐顺利融入城市。截至 2022 年底，我国的城镇化率已经达到65.22%，已经进入城镇化的中后期阶段。但我国的城镇化与西方发达国家的城市化又有一定的差异，因为我国实行"城乡分割"的二元管理体制，城镇常住人口中还有 3.76 亿左右的农民工（流动人口），这些农民工（流动人口）还没有获得当前工作生活城市的户籍，甚至连城市中一些基本的公共服务都还没有享受到。所以，这些农民工（流动人口）尽管已经常住在大中城市中，但还没有成为真正的城市人，依然处于流动的状态中，其中绝大多数流动人口就是我们常说的"农民工"群体，这表明我国目前的城市化与新型城镇化的要求还存在明显差距，需要加以改进。

"融不进的城市，回不去的故乡"已经成为许多农民工（流动人口）生活状态的真实写照，特别是"新生代农民工"的出现也让我们思考，如何让农民工（流动人口）更好地融入城市，实现从"土地城市化"向"人的城市化"的转变，包容性发展应该是一条重要的可选择道路。超大城市是全国重要的经济中心或政治中心，对人口的吸引力强，政治、经济、文化功能的辐射力强大，在超大城市城乡结合部社区探索包容性发展具有很强的示范性，因此，研究超大城市城乡结合部社区包容性发展就显得尤为必要。探索超大城市城乡结合部社区包容性发展，亦离不开相关理论的指导。超大城市城乡结合部社区包容性发展研究涉及的理论视角非常多，其中最重要的理论视角包括城乡一体化理论、城乡边缘带或城乡结合部理论、社区发展理论、包容性发展理论和社会融合理论等。下文分别对这些理论进行简要的梳理和分析，以期为后续的研究提供理论指导、支持和借鉴。

第一节　城乡一体化理论

一　马克思主义城乡一体化理论

城乡平等思想的提出。马克思主义城乡一体化理论的主要来源之一是空想社会主义。以圣西门、傅立叶和欧文等为代表的早期空想社会主义者看到了城乡对立带给人民的痛苦，于是提出了城乡一体化的初步构想。19 世纪初，法国的圣西门基于对新型城乡关系的渴望，提出了"城乡人口平等"的思想[1]，这在当时是一个极为大胆的思想。傅立叶描绘的"未来理想社会"是"城乡、工农等差别逐渐消失的统一的有机整体"。傅立叶认为，"和谐社会中不存在工农差别和城乡对立，工业和农业不再成为划分城市和乡村的标志……城市不是农村的主宰，乡村也不是城市落后的郊区与附庸，二者是平等的"[2]，描绘出城乡平等的理想蓝图。尽管空想社会主义者提出的"城乡一体、城乡平等"的思想受当时各种现实条件的制约而难以实现，但城乡平等协调、城乡一体的提出给后人留下了宝贵的思想财富。

城乡融合思想的提出。马克思和恩格斯批判地吸收了空想社会主义者的

---

① 徐同文：《城乡一体化体制对策研究》，人民出版社，2011，第 10 页。
② 徐同文：《城乡一体化体制对策研究》，人民出版社，2011，第 10 页。

观点，在《资本论》等著作中进一步论述了城市与乡村的相互关系，提出了城乡一体化的理论。他们指出，"在人类历史的发展过程中，城市与乡村的相互关系经历了三个辩证发展的阶段：第一阶段，城市诞生于乡村，乡村是城市的载体，乡村在整个人类社会系统中占据主导地位。第二阶段，从工业革命开始，人类社会的城市化进程加速。随着工业的发展，城市经济逐渐占据人类社会发展的主体地位，并随着城市化、工业化的发展，城市与农村在经济、社会、文化等方面的差异愈加明显。城乡分割、城乡对立等现象也逐渐地显露出来。第三阶段，随着城市化的深入发展，城市与乡村之间的依存度大大加强，城市与乡村之间逐步走向融合。城市和乡村通过协调合作实现城乡的一体化发展"①。

马克思认为，城乡关系经过三个阶段的发展，最终应该从"城乡分离与对立走向城乡统筹与融合"②。马克思进一步指出，"消灭城乡间的对立是社会统一的首要条件"③，新的社会统一体必须消除城乡对立，实现城乡融合。"只有消除城乡对立，才会使劳动者的劳动方式、生活方式和文明程度发生改变和提高"④，只有消除了城乡对立，劳动者才能得到真正的解放。在马克思看来，消除城乡对立，实现城乡融合和城乡一体化有两个前提条件：一是生产力的高度发展，"大工业在全国的尽可能均衡的分布是消灭城市与乡村的分离的条件"⑤，没有高度的工业化和生产力的高度发展，要实现城乡融合是不可能的。二是消灭私有制，"通过消除旧的分工，……共同享受大家创造出来的福利，以及城乡融合，使社会全体成员的才能得到全面的发展，——这一切都将是废除私有制的最主要的结果"⑥，只有朝向共同富裕的目标前进，才能实现共建共治共享的目标。马

---

① 徐同文：《城乡一体化体制对策研究》，人民出版社，2011，第11页。
② 周志山：《从分离与对立到统筹与融合》，《哲学研究》2007年第10期。
③ 《马克思恩格斯全集》（第3卷），人民出版社，1974，第57页。
④ 周志山：《从分离与对立到统筹与融合——马克思的城乡观及其现实意义》，《哲学研究》2007年第10期。
⑤ 《马克思恩格斯选集》（第3卷），人民出版社，1995，第647页。
⑥ 《马克思恩格斯全集》（第4卷），人民出版社，1974，第371页。

克思主义经典作家的上述思想，为我国新型城镇化的推进与和谐城乡关系建设指明了方向。

二　国外城乡一体化理论综述

针对工业革命以来城乡之间矛盾的不断激化，西方许多城市理论家、经济学家、社会学家探讨过城乡关系问题，试图找到解决城乡矛盾的方案。霍华德的田园城市理论、赖特的广亩城理论、沙里宁的有机疏散理论、刘易斯的二元经济模型、芒福德的城乡发展观、乔根森的二元结构模型、岸根卓郎的城乡融合系统、麦基的城乡一体化模式等都对城乡关系进行了较为深入的探讨，提出了解决城乡矛盾的思路或方案。

霍华德的田园城市理论。1898 年，英国社会活动家埃比尼泽·霍华德在《明日：一条通向真正改革的和平之路》的著作中指出，"城市和乡村必须成婚，这种愉快的结合将迸发出新的希望、新的生活、新的文明"[①]，主张建设一种兼有城市和乡村优点的理想城市，即"田园城市"。"田园城市"应该使城市生活和乡村生活像磁体一样互相吸引。尽管田园城市理论带有一定的理想色彩，该书也并不是专门研究城乡一体化的著作，但霍华德提出的田园城市理论体现了早期学者希望兼顾城市和乡村优点的城市规划思想，对后世的城乡关系研究和城乡规划建设具有较大的影响。

赖特的广亩城理论。1932 年，美国建筑大师弗兰克·劳埃德·赖特提出"广亩城"理论，主张将城市功能加以分散，强调城市中人的个性，呼吁城市回到过去的时代。赖特提出，现代城市不能代表和象征人类的愿望，也不能适应现代生活的需要，需要取消大城市。赖特在《消失的城市》一书中指出，"未来城市应该是无所不在而又无所在的，这是一种与古代城市或任何现代城市有很大差异的城市，以致我们根本不会把它当作城市来看

---

① 〔英〕埃比尼泽·霍华德：《明日的田园城市》，金经元译，商务印书馆，2010。该书 1898 年出版时的书名是 *To-morrow: A Peaceful Path to Real Reform*，1902 年第 2 版时改为 *Garden Cities of To-morrow*。转引自徐同文《城乡一体化体制对策研究》，人民出版社，2011，第 17 页。

待"①。1935 年，赖特在《建筑实录》杂志上发表《广亩城市：一个新的社区规划》一文，正式提出了"广亩城"理论，这是一个把城市重新分散在一个地区性农业的网格之上的方案。赖特认为，在汽车和廉价电力已经普及的时代，没有必要将一切活动集中于城市，而是应该从城市中解脱出来，发展一种完全分散的、低密度的生活、居住、就业相结合的新的发展模式。尽管赖特的规划理想一度被认为不太现实，但"逆城市化"进程的推进正好证明了他的远见，现在美国城市近郊出现的市郊商业中心、稀疏的住宅以及居民点等正是这一理论的体现。

沙里宁的有机疏散理论。"有机疏散理论"是美籍芬兰裔建筑师伊利尔·沙里宁为缓解城市过分集中的弊病而提出的关于城市发展及其布局结构的理论。在 1943 年出版的《城市：它的发展、衰败和未来》一书中，沙里宁从土地产权、土地价格和城市立法等方面论述了有机疏散理论的必要性和可能性，主张"将原来密集的城区分成一个一个集镇，集镇之间用保护性的绿化地带联系起来"②。沙里宁认为，"没有理由把重工业布置在城市中心，轻工业也应该疏散出去。城市中心地区由于工业外迁而空出的大面积用地，应该用来增加绿地，而且可以供必须在城市中心地区工作的技术人员、行政管理人员、商业人员居住，让他们就近享受家庭生活"③。有机疏散理论还主张，"个人的日常生活应以步行为主，应充分发挥现代交通手段的作用，便于人们过共同的社会生活，感受到城市的脉搏，又不脱离自然"④。不得不说，沙里宁的这些思想即使放在现在来看，依然有很多的合理性。

刘易斯的二元经济模型。1954 年，美国经济学家刘易斯（A. Lewis）在《劳动力无限供给下的经济发展》一文中提出了"二元经济模型"，并指

---

① 徐同文：《城乡一体化体制对策研究》，人民出版社，2011，第 11 页。
② 〔美〕伊利尔·沙里宁：《城市：它的发展、衰败和未来》，顾启源译，中国建筑工业出版社，1986。
③ 〔美〕伊利尔·沙里宁：《城市：它的发展、衰败和未来》，顾启源译，中国建筑工业出版社，1986。
④ 〔美〕伊利尔·沙里宁：《城市：它的发展、衰败和未来》，顾启源译，中国建筑工业出版社，1986。

出"传统部门劳动力无限供给构成了二元经济的内在特征，二元经济发展的核心问题是传统部门的剩余劳动力向现代部门转移"①。刘易斯主张，"建立城市中心，形成更大的区域统一体，重建城乡之间的平衡，使全部居民都享受到城市生活的益处"②。因此，农村剩余劳动力的非农化转移可以削减二元经济结构，但刘易斯只考虑到现代工业部门的扩张，而没有考虑到农业部门的发展。1964年，费景汉（H. Fei）和拉尼斯（G. Ranis）进一步提出，"工业和农业两个部门平衡增长对避免经济增长趋于停滞非常重要，伴随劳动力从农业部门向工业部门的转移，不仅可以获得经济发展，而且可以完全实现商品化"③。尽管费景汉和拉尼斯注意到了农业发展的重要性，但在其理论中农业依然处于从属地位。

芒福德的城乡发展观。1961年，美国著名城市地理学家刘易斯·芒福德提出，"城与乡不能截然分开，城与乡同等重要，城与乡应该有机地结合起来"④。芒福德比较赞同弗兰克·劳埃德·赖特的观点，同意通过分散权力来建造许多新的城市中心，形成一个更大的区域统一体，通过以现有的城市为主体，就能把这种区域统一体引向许多平衡的社区内，就有可能促进区域整体发展，重建城乡之间的平衡，使全部居民在任何一个地方都享受到同样的生活质量，避免特大城市在发展过程中出现的各种困扰，最终实现霍华德提出的"田园城市"理想。这一思想与当前我们推进城市群规划建设、北京规划建设城市副中心、规划建设雄安新区的构想有许多共同点。

乔根森的二元结构模型。1967年，美国经济学家戴尔·乔根森（D. W. Jogenson）在《过剩农业劳动力和两重经济发展》的文章中提出了"乔根森二元结构模型"，对刘易斯的二元经济模型进行了一定的修正。乔根森二元结构模型认为，"农业剩余是农村劳动力转移的前提条件"。乔根森提出，

---

① 蔡玉胜：《大城市边缘区城乡一体化研究——以天津为例》，天津社会科学院出版社，2012，第2页。

② 〔美〕阿瑟·刘易斯：《二元经济学》，施炜等译，北京经济学院出版社，1989，第97页。

③ 李晓澜、宋继清：《二元经济理论模型评述》，《山西财经大学学报》2004年第1期。

④ 〔美〕刘易斯·芒福德：《城市发展史：起源、演变和前景》，宋峻岭、倪文彦译，中国建筑工业出版社，2005。

"假设农业总产出与人口增长相一致，在这种条件下，随着农业技术的发展，农业剩余的规模将不断扩大，就有更多的农村剩余劳动力转移到工业部门中来。所以，农业剩余的规模决定了工业部门的发展和农村剩余劳动力的规模，农业劳动力向工业部门转移的速度取决于农业剩余的增长速度"①。这为我们认识农业劳动力的转移问题提供了一定的启示。

岸根卓郎的城乡融合理论。1985 年，日本学者岸根卓郎教授提出要"建立一个在农业和工业社会合作分工基础之上的城乡融合社会系统"②，主张"打造新型的城乡关系"。岸根卓郎认为，"应该将城乡作为一个整体纳入自然系统和社会系统中来研究，从地理空间和时间上，对国土资源进行优化配置和利用，实现农村地带和城市地带的协调发展，为国民创造一个物与心俱丰的社会"③，这些关于优化国土资源配置，实现城乡协调发展的思想，具有很强的现实性。岸根卓郎十分注重人的精神需求和生态环境问题，主张"在农林业生产上，推广生物工程技术和电子工程技术，充分发挥农业和农村地区的经济功能、社会公益性功能和生态功能"④，其理论比较适用于城市化水平较高、国土资源相对匮乏的区域。日本学者关于优化国土资源配置，实现城乡协调发展的观点，对北京、深圳等超大城市具有很好的启示价值。

麦基的城乡一体化模式。加拿大的著名学者、地理学家麦基（T. G. Megee）教授考察了亚洲许多国家和地区，如中国台湾地区的台北—高雄、韩国的汉城（首尔）—釜山走廊、泰国的曼谷大都市区、印尼的雅加达地区、中国大陆的长江三角洲和珠江三角洲等，发现第三世界国家和地区特别是亚洲国家和地区的城市化有着独特的发展模式，主要表现为城市与乡村之间的联系更加密切，城乡之间的传统差别和城乡地域的界限日渐模糊，城乡

---

① 毕世杰主编《发展经济学》，高等教育出版社，1999，第 145~147 页。
② 〔日〕岸根卓郎：《迈向 21 世纪的国土规划——城乡融合系统设计》，高文琛译，科学出版社，1990。
③ 〔日〕岸根卓郎：《迈向 21 世纪的国土规划——城乡融合系统设计》，高文琛译，科学出版社，1990。
④ 〔日〕岸根卓郎：《迈向 21 世纪的国土规划——城乡融合系统设计》，高文琛译，科学出版社，1990。

之间在地域组织结构上出现了一种类似农业活动和非农业活动并存、趋向城乡融合的地域组织类型。于是，麦基在 20 世纪 80 年代中期提出用 Desakota来表述这种新型的城乡空间结构，意为"城乡一体化"[①]。这是一个集合了农村和城市特征的新型空间结构与形态，这些地区一般具有"人口密度大、城乡联系紧密、农业活动和非农业活动混杂，基础设施条件较好，人流、物流频繁"[②] 等特点。这一思想突破了过去将城市与乡村对立起来的传统二元城乡观，使人们认识到过去以城市为主导的城市化理论的局限性，引起了广泛的共鸣。

三　国内关于城乡一体化的研究与实践

统筹城乡发展是我国一项重要的政策，近些年来国内学术界对城乡一体化给予了充分的关注。高峰认为，"城乡一体化既是一种战略思路，又是一种战略目标"[③]。学者们围绕"城乡一体化的概念与目标、内容、动力机制、主要模式、问题及制度障碍"[④] 等，做了程度不同的研究分析。

城乡一体化的概念与目标。不同的学科对"城乡一体化"有不同的理解。社会学学者认为，城乡一体化是指"相对发达的城市和相对落后的农村要打破相互分割的壁垒，逐步实现生产要素的合理流动和优化组合，促使生产力在城市和乡村之间合理分布，城乡经济和社会生活相互融合与协调发展，逐步缩小直至消灭城乡之间的基本差别，从而使城市和乡村融为一体"[⑤]。经济学学者则认为，城乡一体化是"统一布局城乡经济，加强城乡之间的经济交流与协作，使城乡生产力优化分工、合理布局、协调发展，以取得最

---

① 徐同文：《城乡一体化体制对策研究》，人民出版社，2011，第 15 页。该词也常常译为"灰色区域"。
② 姜爱华、马静：《城乡结合部公共服务供给的财政政策研究》，经济科学出版社，2012，第 3 页。
③ 高峰：《城乡一体化背景下的人口城镇化——以苏州市为例》，科学出版社，2015，第 1 页。
④ 徐同文：《城乡一体化体制对策研究》，人民出版社，2011，第 17 页。
⑤ 张雨林：《论城乡一体化》，《社会学研究》1988 年第 5 期。转引自冯晓英、魏书华、陈孟平《由城乡分治走向统筹共治——中国城乡结合部管理制度创新研究：以北京为例》，中国农业出版社，2007，第 19 页；徐同文《城乡一体化体制对策研究》，人民出版社，2011，第 17~18 页。

佳的经济效益"①。另外，还有学者从城市规划建设、生态环境、可持续发展等角度对城乡一体化分别加以论述。

城乡一体化的内容。冯晓英等认为，统筹城乡发展，推进城乡一体化，主要包括"六个统筹"，即"统筹城乡发展思路、统筹城乡产业结构调整、统筹城乡规划建设、统筹城乡配套改革、统筹国民收入分配和统筹行政管理体制"②。主张通过"统一城乡规划，打破城乡分割的体制和政策，促进城市基础设施建设向农村延伸、城市公共服务向农村覆盖、现代城市文明向农村辐射，促进城乡之间要素流动，逐步缩小城乡差别，在城乡之间形成地位平等、开放互通、互补共促、共同富裕、共享文明的发展格局，实现城乡经济、社会、环境的和谐发展"③。

城乡一体化的动力机制。既有学者认为城乡一体化的动力是"城市"，也有学者认为城乡一体化的动力是其他因素，但比较多的学者将城乡一体化的动力视为"城市"。比如，学者们提出，"实现城乡协调发展的基本动力是城区的经济辐射功能和城市的主导作用"④，"实现城乡一体化的主导在城市"⑤，"城乡一体化的动力是大城市的向心力和离心力"⑥。也有学者提出了"双向城市化"发展模式，认为"国家工业化、城市化同农村工业化、城市化"⑦是实现未来城乡协调发展的战略突破口。还有学者以上海郊区为例，提出上海郊区城乡转型的主要动力机制包括，"自上而下的扩散力机制、自下而上的集聚力机制及对外开放的外力机制"⑧。

① 骆子程：《城乡一体 工农结合》，《城市问题》1988年第2期。
② 冯晓英、魏书华、陈孟平：《由城乡分治走向统筹共治——中国城乡结合部管理制度创新研究：以北京为例》，中国农业出版社，2007，第20~21页。
③ 冯晓英、魏书华、陈孟平：《由城乡分治走向统筹共治——中国城乡结合部管理制度创新研究：以北京为例》，中国农业出版社，2007，第21~22页。
④ 汤正刚：《城乡一体化：中心城市市域城镇规划的总方针》，《经济体制改革》1995年第4期。
⑤ 徐同文：《城乡一体化体制对策研究》，人民出版社，2011，第18页。
⑥ 石忆邵、何书金：《城乡一体化探论》，《城市规划》1997年第5期。
⑦ 徐同文：《城乡一体化体制对策研究》，人民出版社，2011，第19页。
⑧ 刘君德、彭再德、徐前勇：《上海郊区乡村-城市转型与协调发展》，《城市规划》1997年第5期。

城乡一体化的发展模式。徐同文主要分析了四种模式①，即珠江三角洲"以城带乡"的城乡一体化发展模式、上海"城乡统筹规划"的城乡一体化发展模式、北京"工农协作、城乡结合"的城乡一体化发展模式和以乡镇企业发展带动城乡一体化发展的苏南模式。成都市自 2003 年开始统筹城乡发展的探索也引起了学者们的关注，其做到"八个统筹"，即"统筹城乡产业互动、统筹城乡财政管理体制改革、统筹城乡金融体制改革、统筹城乡土地制度改革、统筹城乡公共服务与社会管理体制改革、统筹城乡社会保障制度改革、统筹城乡劳动就业制度改革和统筹城乡行政管理体制改革"②。江苏、浙江、辽宁大连等地也开展了各自的探索。

城乡一体化实践中遇到的问题及存在的制度障碍。徐同文对此进行了概括，认为改革开放以来我国城乡一体化建设实践中遇到的问题主要表现为："产业发展与城市化发展严重不平衡""空间布局过于分散，'中心地'功能偏弱""条块分割，整体协调不足""生产要素的区域流动性低"。城乡一体化实践中的制度障碍主要包括四个方面："户籍制度""社会保障制度""土地经营制度""教育制度"③。

上述关于城乡一体化的实践，对我国的城乡关系进行深入的思考与探索，创造了一些具有借鉴意义的经验做法，对我们理解和研究超大城市城乡结合部社区包容性发展具有重要的参考借鉴意义。

综上所述，国内外学者关于城乡一体化的思路、观点与方案，为我们推进超大城市城乡结合部社区包容性发展研究提供了重要的理论营养，国内学者关于城乡一体化的观点与研究及国内相关的实践探索，为我们的研究提供了重要的启示。我们必须意识到，城乡一体化既可以在宏观上为我们研究超大城市城乡结合部社区包容性发展提供重要的方向和背景，又可以在具体微观路径上提供一些思路和启发，城乡一体化推进过程中遇到的问题，则提示

---

① 徐同文：《城乡一体化体制对策研究》，人民出版社，2011，第 19~21 页。
② 郭晓鸣、张克俊主编《成都统筹城乡经验、挑战与发展选择》，四川人民出版社，2011，第 38~47 页。
③ 徐同文：《城乡一体化体制对策研究》，人民出版社，2011，第 21~23 页。

超大城市城乡结合部社区包容性发展的研究，不能也无法完全脱离中国城市化所处的时代背景和政策制度环境。

第二节 城乡边缘带与城乡结合部理论

城乡边缘带或城乡结合部处在城市与乡村的接壤地带或结合地带，既具有一定的城市特点，又保留了一定的乡村特色，是城市化进程中面貌变化最剧烈的地区之一，是城乡关系最密切也最紧张的地区。自近代城市化快速推进以来，城乡边缘带开始成为人们关注的重点，国外学术界对城乡边缘带有较多的研究，国内学术界对此也多有关注。尽管中国城市出现的时间比较早，但城市化进程启动相对较晚。近些年来，随着城市人口的不断增加，我国城市的数量不断增多，城市的规模不断扩大，城市不断向周边地区扩张，城乡结合部地区不断向外围蔓延，城乡结合部成为城市化和新型城镇化过程中难以忽视的一个难点地区，相关的研究成果也越来越多。

一 城乡边缘带理论

国外"城市边缘带"概念的提出。20世纪以来，西方发达国家的城市化进程开始加速，发达国家一些大城市不断往外扩张，在核心城市以外形成了与城市密切相关的区域。对于这些区域的界定，有多种术语，如边缘区、内缘区、乡村—城市边缘区、城市影响区、城市远郊区等。德国地理学家赫伯特·路易斯1936年在研究柏林城市地域结构时发现，"某些原属于城市外围的地区，被城市的扩展所侵吞，成为市区的一部分"[①]，这一地带与城市建成区在空间结构、住宅类型和服务设施等方面具有独特性，路易斯将这一地域称为"城市边缘带"（Stadtrandzonen），这是最早关于城市边缘带的提法。1942年，威尔文（Wahrwein）指出"边缘区"是"明显的工业用地与农业用地的转变地带"，进一步对"边缘区"进行界定。1942年，安德鲁斯（R. B. Andrews）提出"乡

---

① 姚永玲：《北京市城乡结合部管理研究》，中国人民大学出版社，2010，第1页。

村—城市边缘带"概念，并认为这才是整个城乡过渡带，其中包含了城市边缘带。[①] 1968 年，吉隆坡马来亚大学的普利尔（Pryor）根据安德鲁斯的思路对"乡村—城市边缘带"进行明确界定，认为"这是一种过渡地带，它位于中心城的连续建成区与非农土地利用的纯农业腹地之间，兼具城市与乡村两方面的特征，人口密度低于中心城，但高于周围的农村地区"[②]。20 世纪 50 年代，奎恩（Queen）和托马斯（Thomas）将核心城市外围与城市密切相关的地域称为"大城市区"（Metropolitan Region），并将其地域结构分解为"内城区（Inner City）、城市边缘区（Urban Fringe）和城市腹地（Urban Hinterland）"三部分，"城市边缘区"成为"大城市区"的一部分。20 世纪 60 年代，果勒杰（Golledge）、威锡克（Wissink）分别将大城市边缘区域称为"无人地域""大变异地区"[③]，威锡克认为"该区域各种利用者随机混合"，因此称之为"大变异地区"。英国地理学家科曾（Cozen）对边缘区继续深入研究，关注城市边缘区的变化和增长过程，并对随之而来的居住带的形成进行了探讨。此时，国外学术界对城市边缘区的研究刚刚起步。

国外城乡边缘带研究的深化。1975 年，卢思沃（Russwurm）发现"在城市地区和乡村腹地之间存在着一个连续的统一体，并将现代社会的城市区域划分为核心区、城市边缘区、城市影响区和乡村腹地"[④]，认为城市边缘区是"城市核心建成区外围土地利用处于农村转变城市的高级阶段区域，是城市发展指向性因素集中渗透的地带，是城市郊区化和乡村城市化的热点地区"[⑤]，已经发展成为介入城市与乡村之间的连续统一体。20 世纪 70 年代中期，以卡特（H. Carter）和威特雷（S. Wheatley）等为代表的学者认为

---

① 顾朝林等：《中国大城市边缘区研究》，科学出版社，1995，第 1~10 页。

② R. J. Pryor, "Defining the Rural-urban Fringe", *Social Forces*, 1968 (407). 参见姚永玲《北京市城乡结合部管理研究》，中国人民大学出版社，2010，第 1~2 页；宋金平、赵西君、于伟《北京城市边缘区空间结构演化与重组》，科学出版社，2012，第 5 页。

③ Whitehand, J. W. R., "Fringe Belts: A Neglected Aspect of Urban Geography," *Transactions of the Institute of British Geographers*, 1967 (41): 223-233.

④ 宋金平、赵西君、于伟：《北京城市边缘区空间结构演化与重组》，科学出版社，2012，第 6 页。

⑤ 牟文龙：《基于 GIS 和 RS 的城市边缘区土地利用结构与优化研究——以济南市为例》，山东师范大学硕士学位论文，2007。

边缘区是一个特殊的区域，应对它进行多种角度的研究。威迪汉德
（J. Whitehand）研究了边缘区的三个环带以及位于其间的居住区结构。①
1977 年，英国乡村协会提出未来城乡边缘区的相关研究议题："农业与城市
边缘区、城市土地管理与城市发展压力、城市边缘区的娱乐活动、城市边缘
区多种政策间的相互作用"②。普里奥（Prio）将"大城市边缘区域"界定
为"一种在土地利用、社会和人口特征等方面发生变化的地带，它位于连
片建成区和郊区以及几乎完全没有非农业住宅、非农业占地和非农业土地利
用的纯农业腹地之间的土地利用转换地区"③。1979 年，戴维·克拉克
（David Clark）对城市边缘带社区结构的形成机制进行了研究，认为"职
业、社会阶层和种族是决定城乡边缘带居住区位和社会作用的重要因素"④。
学者们对城市边缘带的研究在 20 世纪 70 年代出现了一个高峰。之后，随着
西方发达国家城市化进程的基本完成，国外对城乡边缘带的研究开始转向城
乡经济联系、城乡土地转换及管理等领域。

大都市边缘区的范围界定。对于大都市边缘区域的范围界定，不同的学
者有不同的看法。韩光辉、张晓军等对此进行了梳理，"鲁斯旺
（Rysswurn）认为一般是城市建成区外 10 公里左右的环城地带。巴特尔姆克
斯（Peter Bartelmces）认为城市边缘区是距离城市核心 8～15 公里的范围。
伯里安特（Bryant）认为城市边缘区是城市向外延伸 6～10 英里。弗里德曼
（Friedmann）认为城市周围约 50 公里的地域为城市边缘区，其中内缘区大
约 10～15 公里，外边缘区延伸有 25～50 公里"⑤。其实，城市边缘带的范围
在不同时期不同城市的表现是不一样的，很难准确地用一个数据界定清楚。

① R. J. Pryor, "Defining the Rural-urban Fringe," *Social Forces*, 1968 (407).
② 张晓军：《国外城市边缘区研究发展的回顾及启示》，《国外城市规划》2005 年第 4 期；邹
  乃秀：《城市边缘区土地可持续利用的制度创新研究——以日照市为例》，山东师范大学硕
  士学位论文，2006。
③ 张晓军：《国外城市边缘区研究发展的回顾及启示》，《国外城市规划》2005 年第 4 期。
④ 张晓军：《国外城市边缘区研究发展的回顾及启示》，《国外城市规划》2005 年第 4 期；宋
  金平、赵西君、于伟：《北京城市边缘区空间结构演化与重组》，科学出版社，2012，第 6 页。
⑤ 韩光辉、尹钧科：《北京城市郊区的形成及其变迁》，《城市问题》1987 年第 5 期；张晓军：
  《国外城市边缘区研究发展的回顾及启示》，《国外城市规划》2005 年第 4 期。

国外城市边缘区的研究经过半个多世纪的变迁，其概念已经包括两方面含义："一是具有自然特性和社会特性，一般定义为城市中具有特色的自然地区；二是城市化对农村冲击最大、城乡连续统一体最有效被研究的地区，城市扩展在农业土地上的反映"①。

国内城乡边缘区的早期研究。国内关于城乡边缘区的研究始于20世纪80年代末期，到90年代中后期达到高峰，学者们对城市边缘区的概念、特征、土地利用、形成演变机制、产业布局、资源利用、问题与对策等进行了研究，2000年之后，有一批学者开始转向城乡结合部的研究，研究城市边缘区的成果有所减少。其中最早对城市边缘区进行研究的国内学者是顾朝林和崔功豪等学者。顾朝林教授等提出，城市边缘区位于城市建成区与乡村的结合地带，是城市建成区的外围地带，是城市郊区化和乡村城市化的热点地区，其"内边界应以城市建成区基本行政区单位，即街道为界，外边界以城市物质要素（如工业、居住、交通、绿地等）扩散范围为限"②，其功能具有城郊二重性，这一界定不仅定义了城市边缘区，又阐述了城市边缘区的内外边界和功能。崔功豪等认为，"我国城市边缘区的形成与城乡经济发展水平、城市发展对土地日益增长的需求、交通运输条件的变化、土地市场、政策与行政管理体制、社会文化心理等因素有关，其中，交通因素、区位因素、规划与政治因素、社会文化因素与行为模式等起了很大作用"③，对城市边缘区的形成进行了较全面的探讨分析。我国知名建筑学家、城乡规划学家吴良镛也认为，"城市与乡村的交接地区，即位于城市和乡村之间的过渡地区，也称为城市边缘区。这本是客观存在的，但由于它处于多个行政管理界限的边缘，过去是个四不管地区"④，吴良镛教授不仅承认了城市边缘区的存在，而且还认为城市边缘区在管理上存在一些混乱的问题。杨山认为，"城市边缘区的边界随城市规模、辐射强度以及城乡关系的变化而变化，应从行政、功能、景观三种形

---

① 顾朝林等：《中国大城市边缘区研究》，科学出版社，1995，第2页。
② 顾朝林、丁金宏：《中国大城市边缘区特性研究》，《地理学报》1993年第4期。
③ 宋金平、赵西君、于伟：《北京城市边缘区空间结构演化与重组》，科学出版社，2012，第7页。
④ 吴良镛：《吴良镛城市研究论文集（1986-1995）》，中国建筑工业出版社，1996，第40页。

式划分边缘界限"①，指出了城乡边缘区的变化及划分的三种形式。

国内学者关于"城市边缘区"概念的理解。蔡玉胜认为，城市边缘区是指"处在大城市周边或者邻近大城市，具有良好的交通、物流条件，能便利地接受中心城市辐射带动作用的农村近郊"②。宋金平等人也认为，"城市边缘区是介于城市与农村之间的具有特殊的社会、经济、人口等要素特征的融合渐变的区域。它是在城市要素与乡村要素集聚且彼此相互渗透、相互作用下逐渐形成的，其紧紧依附于母城且深受农村地域的影响而存在，具有独特的空间组织特性，是统筹城乡发展、实现城乡一体化、解决'三农'问题的前沿阵地"③。

城市边缘区城乡一体化的特点。蔡玉胜分析了天津边缘区城乡一体化的一些特点："城乡统筹规划不断细化，郊区工业速度和规模显著提升，现代农业特色鲜明，新农村建设深入拓展，市场一体化快速推进，教育一体化全面推广，公共卫生一体化全面推进，社会保障一体化走在前列"，问题主要包括"农村基础设施建设发展滞后，城、镇、村规模结构不合理，农村产业园区集聚不足，农村产业竞争力不高，不同区域发展水平不均衡，农村服务业发展水平低"，探讨了大城市边缘区城乡一体化的主要问题。④ 宋金平等从社会、经济、土地利用和生态景观等四个角度阐述了城乡边缘区的四个特征："城市社区与农村社区并存，人口结构复杂，流动人口较多，存在就业与居住分离现象；经济发展起点高、速度快，产业结构综合，就业形式多样；土地利用变化剧烈，矛盾较集中；城市与乡村复合生态系统，具有景观异质性和特殊的生态界面效应"，分析了"城市边缘区空间结构的运行规律，北京城市边缘区的空间扩展、产业空间结构、社会空间结构等"⑤。

① 杨山：《城市边缘区空间动态演变及机制研究》，《地理学与国土研究》1998年第3期。

② 蔡玉胜：《大城市边缘区城乡一体化研究——以天津为例》，天津社会科学院出版社，2012，第15页。

③ 宋金平、赵西君、于伟：《北京城市边缘区空间结构演化与重组》，科学出版社，2012，第1~2页。

④ 蔡玉胜：《大城市边缘区城乡一体化研究——以天津为例》，天津社会科学院出版社，2012，第16~166页。

⑤ 宋金平、赵西君、于伟：《北京城市边缘区空间结构演化与重组》，科学出版社，2012，第2~4页、第29~258页。

二　城乡结合部理论

"城乡结合部"概念的提出。我国规划界和土地管理部门在 20 世纪 80 年代中期开始提出"城乡结合部"这一概念，意指"城市市区与郊区交错分布的接壤地带"[①]，也有人称之为"城乡接合部"。"城乡结合部"的产生演变是"城市空间向外推进、在近域集中的具体表现，也是城市区域构成的主要部分之一"[②]。姜爱华等指出，"城乡结合部是处于城市与乡村的结合地带，在经济发展、生态景观、人民生活方式等方面受城市和乡村双重辐射的影响，具有不同于纯粹城市建成区和农村的特征"[③]。叶剑平指出，"城乡结合部是一个城市与乡村要素混合、交融的地域"[④]。吕康娟指出，城乡结合部是"介于城市核心区域外围的与城市郊区交错分布的接壤地带，是国外 Rural-urban Fringe 概念中，更接近 Urban Fringe 的部分，大体上呈环带状分布"[⑤]。因此，综合大家对城乡结合部的认识和理解，可以发现"城乡结合部"的概念与"城市边缘区"或"城乡边缘带"等的含义是非常接近的，并没有本质上的不同。国内学者们不仅提出了城乡结合部的界定方法，描述了城乡结合部的特征及存在的各种问题，分析了城乡结合部产生的原因，并提出了一系列破解城乡结合部困境的对策建议，值得吸收借鉴。

城乡结合部范围的界定。由于城乡结合部本身形状的不规则性、非均质性和边界会随着时间的推移而发生动态的变化，因此，关于城乡结合部范围的界定具有较大的难度。城乡结合部范围的界定方法主要有人口密集梯度率

[①] 1988 年广州市城市规划管理局制定《广州市关于城乡结合部管理范围的意见》，2002 年《国务院关于加强城乡规划监督管理的通知》（国发〔2002〕13 号）正式使用了"城乡结合部"的概念。参见姚永玲《北京市城乡结合部管理研究》，中国人民大学出版社，2010，第 2 页；姜爱华、马静《城乡结合部公共服务供给的财政政策研究》，经济科学出版社，2012，第 3 页。

[②] 陈佑启：《试论城乡交错带及其特征与功能》，《经济地理》1996 年第 3 期。

[③] 姜爱华、马静：《城乡结合部公共服务供给的财政政策研究》，经济科学出版社，2012，第 5 页。

[④] 叶剑平：《中国城乡结合部地区土地利用困境：路径抉择与机制设计》，中国经济出版社，2012，第 12 页。

[⑤] 吕康娟：《大城市与城乡结合部社会经济效益协同耦合研究》，经济科学出版社，2012，第 68 页。

法、断裂点分析法、景观紊乱度分析法和突变检测分析法等定量方法，这些定量方法具有水平高、数据精、结果准等优点，但由于成本高而难以大面积推广使用。所以，实践中人们常常根据区域空间、经济结构、行政建制、人口特征、土地利用、环境状况和公共服务等方面的差异而对城乡结合部进行界定[①]，具有一定的主观性和随意性。

城乡结合部的特征。顾朝林教授等指出，"城乡结合部是一个随着工业化、城市化的推进，城市产业和住宅区不断向郊区扩散，从而使原来以农村为主的城郊地带演变为兼有城乡特色的特殊空间。城乡结合部是城市郊区化和乡村城市化的结合交汇区域，是城市和乡村两类不同性质的区域之间的过渡地带，是城市与乡村两种社区相互接触、混合及交融的地区，是城市边缘区的内缘区，或城市建成区的边缘地带"[②]。冯晓英研究员等概括了城乡结合部在城市化方面的五个特征，即"产业结构非农化、户籍结构非农化、城乡分治的'二元社会'管理体制、流动人口比重逐步增大、农村土地与城市土地的交错融合……在城乡结合部地区区域特征上，中国与国外的最大不同，在于中国的城乡结合部地区存在着城乡有别的户籍管理体制，即城市居民拥有城市居民户口，而当地和外来农民拥有农业户口"，导致"城乡结合部成为中国社会矛盾冲突的交汇之地"[③]。姚永玲教授认为，城乡结合部具有"多重性、多元化、动态化、阶段性"等特征，"城乡结合部发展的动力来自外部的推动和内部的压力"[④]。姜爱华教授等认为，城乡结合部既具有"混合性、变动性、复杂性"等一般特征，又在区域位置、经济发展、行政建制、人口结构、土地使用、城市环境和公共服务等方面具有自己的特

---

① 姜爱华、马静：《城乡结合部公共服务供给的财政政策研究》，经济科学出版社，2012，第7~9页。

② 顾朝林等：《中国大城市边缘区研究》，科学出版社，1995。

③ 冯晓英、魏书华、陈孟平：《由城乡分治走向统筹共治——中国城乡结合部管理制度创新研究：以北京为例》，中国农业出版社，2007，第16~18页。

④ 姚永玲：《北京市城乡结合部管理研究》，中国人民大学出版社，2010，第6~7页。

点。① 吕康娟教授指出，城乡结合部具有特殊的与城市核心区的"空间邻近性、区域属性的复杂性、区域空间的动态变化性、管理体制的过渡性和土地利用的多样性和交叉性"②。刘玉等从概念界定、空间范围、发展特征、功能定位、形成与发展机制、存在问题与治理对策等多方面比较分析了中外城乡结合部的异同，并从理念转变、规划完善、制度建设和改造模式等四个角度提出了中国城乡结合部改造与调控的思考。③

城乡结合部地区存在的问题。李培林研究员指出，"城乡结合部作为城市化的先导地区，在农村社会向城市社会的过渡阶段，传统的'二元社会结构'已经发生了变异。一方面，一些原有的农村经济、社会要素已经开始向城市特性转化，如农业生产已经为非农产业替代，受城市影响，农民的生活理念和生活方式开始向城市靠近；另一方面，城市经济和人口的扩散使得城乡结合部地区直接融入了现代城市要素。于是，两种来自城乡不同方向的经济社会要素交织在一起，形成了一种既不同于传统农村社会，又有别于现代城市社会的图景：传统的低端产业与现代高端产业并存，弱势群体与新生的强势群体同在，特别是出现了在其他国家城市化进程中，几乎从未发生过的'城中村'现象"④。冯晓英研究员等指出，"我国城乡结合部的区位特征是'三交叉'，即城乡地域交叉、农（民）居（民）生活交叉、街乡行政管理交叉……由于传统的管理方式根本无法应对'变异'的社会结构以及'社会断裂'引发的诸多社会问题，因此各种矛盾的叠加与累积，使许多问题积重难返"⑤。

姚永玲教授分析了城乡结合部问题的产生，她指出，"城乡结合部是城区与边缘地带利益与成本的博弈过程，城乡结合部的很多问题直接与弱势群

---

① 姜爱华、马静：《城乡结合部公共服务供给的财政政策研究》，经济科学出版社，2012，第9~20页。
② 吕康娟：《大城市与城乡结合部社会经济效益协同耦合研究》，经济科学出版社，2012，第71~73页。
③ 刘玉、郑国楠：《中外城乡结合部发展比较研究》，《国际城市规划》2013年第4期。
④ 李培林：《村落的终结——羊城村的故事》，商务印书馆，2010，第2页。
⑤ 冯晓英、魏书华、陈孟平：《由城乡分治走向统筹共治——中国城乡结合部管理制度创新研究：以北京为例》，中国农业出版社，2007，第4、6页。

体利益相关，是涉及面非常广的议题，问题各具特点"①。叶剑平教授指出，城乡结合部存在一系列现实问题，"社会发展滞后、经济发展较为薄弱、规划缺失建设无序、公共基础设施缺失、土地违规和低效利用现象严重"等，还指出了城乡结合部土地的非农化利用、耕地保护、土地利用治理等问题。②姚永玲教授还指出，城乡结合部发展还面临着"农业何去何从、传统产业与新兴产业的选择、土地利用、基层政权建设、集体资产产权制度改革、流动人口素质提升与融入"③等难题。

城乡结合部问题的产生原因。冯晓英研究员等分析了城乡结合部产生的背景，"我国现有的城乡二元社会结构是新中国成立后国家计划经济体制的直接产物……而改革开放又推动了包括劳动者和生产资料在内的生产要素在城乡间的自由流动，但城乡人口的加速流动，并没有完全改变计划经济时期城乡分治的管理局面……与'二元经济结构'相对应，政府对基层社会的公共管理与公共服务实行城市和农村两种不同的行政管理体制……在所有制及其流通：交换、分配、就业、税赋等方面，对城市居民和农村做出不同的制度安排"④。姚永玲教授在分析北京市城乡结合部问题产生的原因时指出，"归结起来主要有四个方面，即空间扩张的挤出效应、特殊地带的特殊经济形式、'二元'管理体制导致的'三重'交叉、文化冲突"⑤，导致问题错综复杂。

城乡结合部困境的解决方案。冯晓英研究员等建议通过城乡统筹的路径来破解城乡结合部的困境，即"把城市和农村作为一个有机统一的整体来统筹考虑，把农村的发展放在全社会进步中统筹规划，建立城乡彼此相互推进、良性互动的机制和体制，促进城乡经济社会协调发展，打破城乡分割，扩大城乡交往，建立新型

---

① 姚永玲：《北京市城乡结合部管理研究》，中国人民大学出版社，2010，第3~4页。

② 叶剑平：《中国城乡结合部地区土地利用困境：路径抉择与机制设计》，中国经济出版社，2012，第6~17页。

③ 姚永玲：《北京市城乡结合部管理研究》，中国人民大学出版社，2010，第7~9页。

④ 冯晓英、魏书华、陈孟平：《由城乡分治走向统筹共治——中国城乡结合部管理制度创新研究：以北京为例》，中国农业出版社，2007，第69~88页。

⑤ 姚永玲：《北京市城乡结合部管理研究》，中国人民大学出版社，2010，第74~97页。

的城乡关系，缩小城乡差距，推进城乡共同繁荣，进而实现城乡一体化"，提出要"打破城乡分治的社会管理格局，建立符合现代城市管理要求，城乡一体的党委领导、政府负责、社会协同、公众参与的社会管理新格局，具体包括政治体制改革、经济体制改革和社会政策调整三大方面"①。

姚永玲教授通过对北京城乡结合部的全面分析提出，"在我国还存在城乡'二元'分治前提下，城市政府可以在土地管理、基础设施建设、住房管理和流动人口管理等领域采取一些具体措施，通过弥补体制不足改善城乡结合部的环境，在一定程度上解决问题"②。

综上所述，早期，主要有生态学、环境学、地理学等学科的西方学者对城市边缘区进行了研究，大家主要关注城市边缘区的概念、范围界定及基本功能等。随后，学者们探讨了城市边缘区的形成和演化机制、边缘区效应及人为调控，对城市边缘区的人口、产业和各种设施布局也多有涉及，对我们认识和理解城乡结合部具有很多借鉴和启发。国内学术界围绕城乡结合部从概念、界定方法、特征、问题及成因、解决方案等方面进行了研究，提出了一系列解决方案。一些学者还围绕城乡结合部的体制创新、管理创新、土地利用和公共服务供给的财政政策等进行了研究，提出了许多有启发的对策建议。

第三节　社区发展理论

在城市化的过程中，由于越来越多的农村人口不断向城市聚集，城市政府普遍面临因人口剧增而产生的巨大服务管理压力。如何让这些新迁移进入城市的人口更加迅捷地融入城市社会，成为现代社会发展的一项重要任务，是现代城市政府必须努力破解的一道难题。社区作为社会的细胞，是现代社会的基本单元，既是社会学家研究社会的起点，又是流动人口融入城市的重要空间。"社区发展"（Community Development）的概念最早于 1915 年由美

---

① 冯晓英、魏书华、陈孟平：《由城乡分治走向统筹共治——中国城乡结合部管理制度创新研究：以北京为例》，中国农业出版社，2007，第 19、107~134、135~141 页。

② 姚永玲：《北京市城乡结合部管理研究》，中国人民大学出版社，2010，第 162 页。

国社会学家 F. 法林顿提出，并于第二次世界大战结束后由于联合国的倡导而成为一种全球性社会运动。所谓"社区发展"，主要指的是"社区成员在政府机构的指导和支持下，依靠本社区的力量资源，改善社区的经济、社会和文化状况，解决社区面临的共同问题，提高居民生活水平和促进社会协调的过程"。早期的社区发展主要关注经济发展问题，后来不断拓展到社会发展、政治发展和文化发展等领域，所以社区发展的内容涵盖了经济发展、社会发展、政治发展、文化发展和公共服务等多个领域。社区是实现超大城市城乡结合部社区包容性发展的重要载体，社区发展是改善超大城市城乡结合部地区面貌、提升城乡结合部地区发展水平的重要依托。

一 社区发展概念的提出与内涵

自工业革命开始以来，因为工业化和城市化带来了人口剧增、交通拥挤、空气污染、住房匮乏、垃圾围城、人际关系冷漠等社会问题，以英国、法国等为代表的欧洲国家政府为了应对并解决好上述社会问题，开始对原有的社会福利制度和社会救济制度进行改革，更加注重调动社区居民的积极性，增强社区居民参与社区建设的主动精神，并开展了一系列社会工作。20 世纪初期，以英国、法国、美国等为代表的西方国家开始出现"睦邻运动"，主要强调充分利用社区的人力和物力资源，培养社区居民的自治精神和互助精神，动员社区居民参与改造社区生活条件，得到了广泛的响应。第一次世界大战期间，为了适应战时的需要，美国政府在全国普遍开展"社区组织运动"，进一步改进和推进社区工作。

社区发展概念的提出。社区工作的广泛开展，引起了社会学家的关注和研究。1915 年，"美国社会学家 F. 法林顿在《社区发展：将小城镇建成更加适宜生活和经营的地方》一书中首次提出了'社区发展'的概念"[1]。"1928 年，美国社会学家 J. 斯坦纳在《美国社区工作》一书的序言中论述了社会变迁与社区发展的关系。1939 年，美国社会学家桑德森和波尔斯在合著

---

① 陈涛：《社区发展：历史、理论和模式》，《中国人口·资源与环境》1997 年第 1 期。

的《农村社区组织》一书中，对社区发展的基本方法和理论进行了论述。"①
尽管早期的社区发展概念与现在的社区发展概念在内涵和外延上存在很大差
异，但社区发展概念的提出为日后社区发展的广泛应用奠定了良好的基础。

社区发展运动的推进。第二次世界大战结束后，世界上许多不发达国家
尤其是亚洲、非洲、南美洲及中美洲地区的发展中国家，普遍面临经济发展
缓慢、失业、贫困、疾病等一系列社会问题，制约了人民生活水平的提高。
要有效解决好这些问题，人们意识到仅仅依靠政府的力量和资源是远远不够
的，必须综合运用社区的民间资源，发挥社区自助和互助的力量。联合国成
立后，把倡导和推广社区发展计划作为一项重要任务，对社区发展工作给予
了高度的重视。1948 年，联合国提出"落后地区经济发展必须与社会发展
同步进行的方针，并采取实际步骤援助以社区为单位的社会发展"②。

1951 年，以联合国经济及社会理事会通过的 390D 号方案为标志，"社
区发展运动"正式启动，计划建立社区福利中心，以推动全球的经济社会
发展。不久，联合国又将"社区福利中心"更名为"社区发展计划"。1952
年，联合国正式成立"社区组织与社区发展小组"，专门负责在世界各地推
广社区发展计划。1954 年，联合国改组"社区组织与社区发展小组"，建立
联合国社会事务局社区发展组，在世界许多国家和地区积极推动社区发展运
动，并得到了一些国家和地区政府的积极响应和配合。1957 年，"联合国开
始研究在发达国家推行社区发展计划，希望通过开展社区发展运动来解决后
工业化和城市化带来的诸多社会问题"③。美国社会学家威廉·朱利叶斯·
威尔逊在《真正的穷人——内城区、底层阶级和公共政策》一书中，深刻
分析了美国城市中心少数民族聚居区"底层阶级"形成的复杂动因，提出
了"一种社会民主的公共决策议程，旨在改善这些弱势群体的生活境遇"④。

---

① 文军：《社区发展论略》，《中国社会工作》1997 年第 5 期。
② 马西恒、刘中起主编《都市社区治理：以上海建设国际化城市为背景》，学林出版社，2011，第 7 页。
③ 陈涛：《社区发展：历史、理论和模式》，《中国人口·资源与环境》1997 年第 1 期。
④ 〔美〕威廉·朱利叶斯·威尔逊：《真正的穷人——内城区、底层阶级和公共政策》，成伯清、鲍磊、张成凡译，上海人民出版社，2007。

这样，社区发展运动就从发展中国家扩展到发达国家，从农村发展到城市，成为提高人们生活质量，推动社会进步的一条重要路径。

社区发展的内涵。尽管社区发展的内涵因不同地区、不同时期而存在明显的差异，但都没有影响社区发展在全世界的普及。如今，社区发展运动已经在世界上100多个国家和地区得到广泛的响应。不同地区、不同社区的人们赋予社区发展不同的含义和目标，不同主体从不同的角度出发参与社区发展，使得社区发展运动丰富多彩。据美国社会学家桑德斯在《社区：一个社区系统导论》一书中的归纳，社区发展的内涵大致包括四个方面："①过程说，即强调整个工作须经过一系列有计划的步骤以及居民在社会关系和心理态度上须有一个转变过程；②方法说，即强调社区发展是一种达到一定目标的方法和手段，是一种组织和教育社区居民积极参与改善社区生活的活动，从而促进社区进步的方法；③方案说，即强调社区发展的主题是某种实务，如卫生、福利、农业、工业或娱乐等，并为此开展一系列有秩序的活动；④运动说，强调社区发展是一定浪潮式的群众运动，认为它是一种人民献身的目标，主张应动员社区成员的积极参与"①。文军在概括世界各地社区发展的理论与实践经验后总结指出，"把社区发展理解为过程和方法比较恰当"②。

二 社区发展的目标、原则与模式

社区发展的目标。社区发展的目标主要包括：一是提倡和鼓励社区居民的互助合作精神，鼓励社区居民通过自力更生的方式解决社区的问题；二是培养社区居民的民主意识，鼓励和引导社区居民关心关注社区，积极参与本社区的公共事务；三是加强社会不同群体的整合，促进社区的变迁，推动社区的社会进步。社区发展的直接目标主要是协助社区发现社区成员的共同需要，协助社区科学合理地运用各种援助，协助社区开发和利用好社区的各类资源，协助社区努力改善物质、文化生活条件，最终提高社区的经济发展水

---

① 文军：《社区发展论略》，《中国社会工作》1997年第5期；顾建键主编《现代社区管理概论》，上海人民出版社，2007，第15页。

② 文军：《社区发展论略》，《中国社会工作》1997年第5期。

平和经济收入水平，建立良好的社区内部人际关系和合理的社区治理结构，培育发展社区民间团体和社会组织，培养社区居民的自治能力和互助能力，倡导宣传有利于社会进步的伦理道德，发展科学、教育、文化等公共事业，全方位推进社区的经济发展、社会发展、政治发展、文化发展和公共服务。

　　社区发展的原则。联合国提出的社区发展基本原则："一是社区各种活动必须符合社区的基本需要，并以居民的愿望为根据制订首要的工作方案；二是社区各个方面的活动可局部地改进社区，全面的社区发展则需建立多目标的行动计划和各方面的协调行动；三是推行社区发展之初，改变居民的态度与改善物质环境同等重要；四是社区发展要促使居民积极参与社区事务，提高地方行政的效能；五是选拔、鼓励和训练地方领导人才，是社区发展中的主要工作；六是社区发展工作特别要重视妇女和青年的参与，扩大参与基础，努力实现社区的长期发展；七是社区自助计划的有效发展，有赖于政府积极的、广泛的协助；八是实施全国性的社区发展计划，须有完整的政策，建立专门行政机构，选拔和训练工作人员，运用地方和国家资源，并进行研究、实验和评估；九是在社区发展计划中应注意充分地运用地方、全国和国际民间组织的资源；十是地方的社会经济进步，须与国家全面的进步相互配合"[①]。文军也提出了社区发展应该遵循的六条原则："实事求是、大众参与、民主自治、满足需要、自上而下、全面规划"[②]。美国社会学家罗斯在《社区组织：理论与原则》一文中探讨了社区发展的工作原则。他认为，社区发展的工作原则主要包括八个方面："一是从发现社区的问题入手；二是将不满情绪导入社区行动；三是社区发展工作要符合社区多数人的利益；四是工作组织应具有社区各方面的代表；五是利用社区感情去推动社区发展工作；六是了解各团体和阶层的文化背景；七是加强社区内部的沟通；八是注重长期规划的制定"[③]。

---

① 陈涛：《社区发展：历史、理论和模式》，《中国人口·资源与环境》1997 年第 1 期。
② 文军：《社区发展论略》，《中国社会工作》1997 年第 5 期。
③ Murray G. Ross, "Community Organizations: Theory and Principles," *Social Problems*, 1957, 4 (3).

社区发展的模式。陈涛根据工作取向将社区发展划分为四种模式，这四种模式分别是"创新改革式、改变习俗式、行为改变式和过程取向式"，根据手段特点又划分出三种模式："地方发展模式、社会计划模式和社会行动模式"①（见表 2-1）。

表 2-1　社区发展模式的比较

划分标准	发展模式	主要特点
根据工作取向划分	创新改革式	由变迁的推动者或社会发展工作者针对社区现状先提出一个理想或计划，然后通过某些方式传导到社区居民中间，并尽力使这些居民的行为朝理想或计划要求进行整合，以达成新的目标，具有全面性和总体性
	改变习俗式	社区发展的重点在于改变社区居民的风俗习惯，以此为途径带动社区物质环境的改善，使社区的成长发展建立在社区居民的新技术、知识和观念增进的基础上，以更有利的方法保证各项决策的完成，强调推动者与社区居民的合作
	行为改变式	基于心理学的社会学习理论，人们只要经过学习，就可以掌握新的社会规范、组织和制度等，养成新的行为方式，进而促成社区的发展。中心任务是促进社区居民行为方式的改变
	过程取向式	侧重经过变迁组织者与社区居民的沟通，群体的组织和教育程序，造成居民态度、行为和生活方式上的变化，使他们更加主动地参与社区建设，伴随此过程而取得的目标，工作取向是达成居民参与的效果

① 陈涛：《社区发展：历史、理论和模式》，《中国人口·资源与环境》1997 年第 1 期。

续表

划分标准	发展模式	主要特点
根据手段特点划分	地方发展模式	正宗的模式,观念型,自下而上的发展模式,适用于社区解体或失范,静止而传统的社区,缺乏内部联系和民主解决问题能力的社区,强调广泛而跨部门的介入,倡导沟通和小组讨论,强调案主的参与
	社会计划模式	技术型模式,重视社会工程,带有理性色彩,采取自上而下的道路,适用于存在精神或心理健康、住房、娱乐等具体问题的社区,目标是解决社区存在的实质性问题,案主作为消费者或接受者
	社会行动模式	相对少见。适用于处于不利处境的人群,遭受了社会不公正、剥夺或不平等,目标是转换力量关系或资源,追求基本制度的改变,问题明确、具体

资料来源:根据陈涛 1997 年论文整理。

三　社区发展的趋势及中国的社区建设

社区发展的趋势。文军经过分析,提出了社区发展的五个趋势:"一是从发展中国家的社区发展扩展为全球性的社区发展,世界各国都开始重视社区发展;二是从农村地区的社区发展扩展为城市地区的社区发展,城乡之间的社区发展已经没有本质上的差异;三是从应时性的社区发展变成可持续的社区发展,社区发展不再是临时性而是长期性的;四是社区发展与社会发展越来越趋于融合与协调;五是社区发展的科学性和系统性不断增强,社区发展的理论性越来越强"[①]。陈涛主张,社会发展与社区发展应该在五个方面实现整合,即"发展观的整合、战略整合、政策整合、体制整合和方法整合"[②],社区发展应坚持"以人为本的发展观"。

---

① 文军:《社区发展论略》,《中国社会工作》1997 年第 5 期。
② 陈涛:《社会发展与社区发展》,《社会学研究》1997 年第 2 期。

社区建设概念的提出与实践。我国对"社区发展"的概念使用较少，实践中主要使用"社区建设"的概念，我国台湾地区则主要使用"社区营造"的概念。1991年，中国特色的"社区建设"概念正式提出。所谓"社区建设"，主要是指"在党和政府的主导下，依靠社区力量，利用社区资源，强化社区功能，解决社区问题，促进社区健康发展的过程"①。夏学銮教授指出，"社区建设是社区发展战略在中国一般社会、文化条件下及倡导者特殊个人条件下的策略选择"②。他指出，虽然中国的社区建设与国际上的社区发展在权威程度、投资力度、目标定位和社会效果等方面存在诸多差别，但总体上依然属于国际社区发展的范畴。早期的社区建设重点围绕拓展社区服务、发展社区卫生、繁荣社区文化、美化社区环境、加强社区治安、发展社区自选项目等进行。当前中国的社区建设正沿着构建社区多元治理主体、完善社区治理结构、健全社区治理机制等方面努力推进。

随着国外社区发展运动的提出和推广，涌现了许多重要的理论、目标、方法、原则和模式，对我国的社区建设产生了较深远的影响。改革开放以来，我国的社区建设也取得了突出进展，从社区服务、社区建设发展到社区治理，其内涵与方式不断创新，产生了许多理论成果，中国的社区建设是社区发展的探索与实践。社区发展的理论与实践是我们研究超大城市城乡结合部社区包容性发展的重要理论来源，为我们的研究提供了丰富的营养与启示。

第四节　包容性发展理论

包容性发展（Inclusive Development）是2007年由亚洲开发银行（Asian Development Bank）提出的一个经济学概念，可以追溯到社会排斥理论和福利经济学理论。包容性发展强调"经济发展不仅要普惠穷困群体，而且要对中产阶级分享经济发展成果给予足够的重视"③。卢宁指出，"包容性发展

---

① 郑杭生主编《社会学概论新修（第三版）》，中国人民大学出版社，2003，第282页。
② 夏学銮：《中国社区发展的战略和策略》，《唯实》2003年第10期。
③ 姚荣：《包容性发展：思想渊源、现实意涵及其实践策略》，《理论导刊》2013年第4期。

的包容是达到人民共享和惠及全体人民的关键条件和基本路径。机会平等和成果共享是包容性发展的核心内涵"①。包容性发展作为一种重要的操作性战略方针，在当前中国城市化推进过程中具有特别重要的意义，是指导和推进超大城市城乡结合部社区包容性发展研究的重要理论基础。

一　包容性发展概念的提出与内涵

包容性发展概念的提出。包容性发展的概念与包容性增长存在紧密的关系。早期，世界银行的研究报告先后提出了"广泛基础的增长""对穷人友善的增长""共享式增长"等概念，产生了较广泛的影响。2007 年，亚洲开发银行在题为《以共享式增长促进社会和谐》的研究报告中正式提出"包容性发展"的概念，强调"包容性发展是机会平等的发展，要从应对严重的贫困挑战转向支持更高和更为包容性的发展"②。2008 年 5 月，世界银行增长与发展委员会在题为《增长报告：可持续增长和包容性发展的战略》的研究报告中再次强调"包容性发展"，主张"构建和实践可持续增长和包容性发展的战略，可取得巨大成果并为民众所广泛共享"③。王晋等指出，"从发展的角度看，包容性发展的过程就是不断降低社会排斥的过程，就是让发展成果惠及所有人群，特别是要惠及弱势群体的过程，就是不断增加社会制度的包容性、可及性，实现社会融合的过程"④。

包容性发展是中国的重要发展战略。2009~2011 年，中国国家主席胡锦涛同志先后四次在重要国际会议上发表与包容性发展相关的演讲，阐释中国对包容性发展的理解与实践。提出世界各国要"统筹兼顾，倡导包容性发展""深化交流合作，实现包容性发展""倡导包容性增长，增强内生动

① 卢宁：《包容性发展的理论内涵探析》，《四川理工学院学报》（社会科学版）2013 年第4 期。

② 卢宁：《包容性发展的理论内涵探析》，《四川理工学院学报》（社会科学版）2013 年第4 期。

③ 姚荣：《包容性发展：思想渊源、现实意涵及其实践策略》，《理论导刊》2013 年第 4 期。

④ 王晋、何祖伟：《从排斥到融合：包容性发展的印度经验及启示》，《经济体制改革》2014年第 4 期。

力"，把包容性发展看作共同的议程和全新的挑战。2014 年 7 月，习近平同志在出席金砖国家领导人第六次会晤时强调经济、社会可持续发展和包容性发展。包容性发展正式成为我国的一个重要发展战略。

包容性发展的内涵。正如卢宁指出的"界定包容性发展的内涵是研究包容性发展理论的逻辑起点"①，因此，厘清包容性发展概念的内涵是把握包容性发展理论的重要基础。

国外学者对包容性发展和包容性增长两个概念并没有明确加以区分，主要从减少贫困、追求机会平等的角度加以阐述，认为"包容性发展应该是让全体社会成员实现机会均等、没有歧视的发展，包括经济、社会、环境等方面"②。Chatterjee 主张将"包容性发展"定义为"所有国家的所有群体都能实现贫困减少和没有社会排斥的发展"③。德隆·阿西莫格鲁教授和詹姆斯·A. 罗宾逊教授在《国家为什么会失败》一书中指出，国家兴衰的关键是"是否建立包容性的政治、经济制度。包容性经济制度强调私有权、保证机会平等、投资新技术和新技能；包容性政治制度包括政治权力的多元分配、一定程度上实现中央集权、法治，藉此确立坚实的所有制基础及包容性市场经济的制度"④，体现了作者对西方国家制度的失望。

卢宁指出，包容性发展的理论内涵可以从对象、增长、发展和路径四个角度来理解，"包容性发展的对象要义为社会群体之间的包容、人与自然之间的包容；增长要义为保持稳定、持续、高效的经济增长占有更加重要的基础性地位；发展要求为坚持以人为本为核心、以转变发展方式为主线、以科学发展为主题的可持续发展；路径要义为发展民生经济、促进社会公平"⑤。

---

① 卢宁：《包容性发展的理论内涵探析》，《四川理工学院学报》（社会科学版）2013 年第 4 期。
② 韦向阳、刘亮：《包容性发展研究的进展》，《滁州学院学报》2014 年第 1 期。
③ Chatterjee, "Poverty Reduction Strategies-Lessons from the Asian and Pacific Region on Inclusive Development," *Asian Development Review*, 2005, 22 (1): 12–44.
④ 〔美〕德隆·阿西莫格鲁、〔美〕詹姆斯·A. 罗宾逊：《国家为什么会失败》，李增刚译，湖南科学技术出版社，2015。
⑤ 卢宁：《包容性发展的理论内涵探析》，《四川理工学院学报》（社会科学版）2013 年第 4 期。

朱云平指出，"包容性发展与社会公众的最广泛诉求形成共鸣，要求使经济发展成果惠及所有地区和所有人群，与解放和发展生产力，消灭剥削、消除两极分化，最终实现共同富裕的社会主义本质完全一致"①。冯周卓等指出，"城市包容性发展的内涵包括四个方面：一是包容性发展是一种价值概念，二是包容性发展应惠及民生领域，三是包容性发展应惠及各个阶层，四是包容性发展需政府与社会组织协同"②。

包容性发展的地位和特征。杜志雄等认为，"包容性发展既是目的，也是手段，它是一种把经济增长过程和结果有机统一内嵌的经济社会协调的发展模式"③。葛道顺指出了包容性增长与包容性发展的区别，"包容性增长是由嵌入到社会机制中的经济运行主体主导实现的，目的是更好、更持久的经济增长，而包容性发展主要是由社会机制中的社会主体主导实现的，目的是社会本身更好、更持续的发展"④。高传胜指出，包容性发展是一种新的发展理念和模式，"首先，包容性发展不仅非常重视弱势群体，同时也非常重视其他国民的需求满足、利益分配、能力提高和发展机会；其次，包容性发展不仅包括利益共享，还包括发展主体上的人人有责、发展过程的机会均等和发展内容的全面协调"⑤。姚荣指出，包容性发展的内涵包括六方面："机会平等、成果共享、统筹兼顾、民主开放、兼容并蓄、社会包容"⑥，涵盖了经济、政治、社会和文化等各个方面，强调机会的共享，利益分配格局的重塑，以统筹推动共享，以共享促进发展，强调权利的平等与共享，提倡各种文明平等互补，提升社会发展质量，促进各类群体友好共融。杜志雄等认为包容性发展有四个层面的基本要义，即"经济增长、权利获得、机会平

---

① 朱云平：《包容性发展的三重蕴义》，《太原理工大学学报》（社会科学版）2013 年第 1 期。
② 冯周卓、高梦：《基于包容均等的现代城市管理制度创新》，《上海城市管理》2012 年第 1 期。
③ 杜志雄、肖卫东、詹琳：《包容性增长理论的脉络、要义与政策内涵》，《中国农村经济》2010 年第 11 期。
④ 葛道顺：《包容性社会发展：从理念到政策》，《社会发展研究》2014 年第 3 期。
⑤ 高传胜：《论包容性发展的理论内核》，《南京大学学报》（哲学·人文科学·社会科学版）2012 年第 1 期。
⑥ 姚荣：《包容性发展：思想渊源、现实意涵及其实践策略》，《理论导刊》2013 年第 4 期。

等和福利普惠"①。朱云平指出，"强调包容，就是把所有人都纳入发展过程，共享经济社会发展成果，消除社会群体、社会阶层之间的矛盾和隔阂使其融为一体。包容性发展重新诠释了经济发展与成果共享之间良性互动的内在包容性"②。

韦向阳等指出，包容性发展具有"发展主体的全民性、发展内容的全面性、发展过程的公平性和发展成果的共享性"③ 等四个特点。王晋等将印度包容性发展的做法经验概括为"以人为本的发展理念、平等包容的参与机制、公平普惠的共享机制，带来了经济增长迅速、贫困人口大量减少、社会成员收入大幅增加、服务业发展成就卓著"④ 等实践效果。

包容性发展的共识和要素。叶初升等认为，包容性发展起码包括四个共识："一是改善不平等或收入分配状态；二是扩展社会各阶层特别是弱势群体获得发展的机会；三是提高社会各阶层特别是弱势群体参与增长过程的能力；四是确保社会各阶层特别是弱势群体公平享有增长成果"⑤，社会公平与关注弱势群体的视角特别清晰。向德平指出，包容性发展包括六个要素："一是让更多的人享受经济发展成果；二是让弱势群体得到保护；三是加强中小企业和个人能力建设；四是在经济增长过程中保持平衡；五是强调投资和贸易自由化，反对投资和贸易保护主义；六是重视社会稳定"⑥。

社会群体之间的包容。在解释社会群体之间的包容时，卢宁进一步从六个方面指出，"在城市范围内，包容性发展是促进对城市外来人口和贫困人口的包容。对城市外来人口的包容将涉及农民工户籍、就业、社会保障、收入分配、教育、医疗、社会管理等社会体制的全面改革。在生产领域内，包

---

① 杜志雄、肖卫东、詹琳：《包容性增长理论的脉络、要义与政策内涵》，《中国农村经济》2010 年第 11 期。
② 朱云平：《包容性发展的三重蕴义》，《太原理工大学学报》（社会科学版）2013 年第 1 期。
③ 韦向阳、刘亮：《包容性发展研究的进展》，《滁州学院学报》2014 年第 1 期。
④ 王晋、何祖伟：《从排斥到融合：包容性发展的印度经验及启示》，《经济体制改革》2014 年第 4 期。
⑤ 叶初升、张凤华：《发展经济学视野中的包容性增长》，《光明日报》2011 年 3 月 18 日。
⑥ 向德平：《包容性发展理念对中国社会政策建构的启示》，《社会科学》2012 年第 1 期。

容性发展是促进对劳动者的包容。提高居民收入特别是中低居民的收入，保证工资增长与劳动生产率提高相适应，着力解决劳动收入占国内生产总值比重偏低的问题。在投资领域内，包容性发展是促进对民间资本的包容。在竞争领域内，包容性发展是促进对中小企业的包容。在分配领域内，包容性发展是促进对低收入者的包容。在产业层面，包容性发展是促进对农业的包容"①。

二　包容性发展的政策与实践

包容性发展的特点。向德平从发展理念、发展目的、发展内涵、发展机制和发展方式等五个方面论述包容性发展特点（见表2-2）。②

表 2-2　包容性发展的特点

项目	发展理念	发展目的	发展内涵	发展机制	发展方式
特点	强调公平正义共享	注重以人为本	重视科学发展	突出协调发展	追求可持续发展

资料来源：根据向德平 2012 年论文整理。

包容性发展的要求。彭清华等指出，"在城乡经济二元化的背景下，在由农民向市民的身份转变过程中，'准市民'的包容性发展应充分考量收入增长、社会地位这两个因素……构建'收入—地位'城乡间关系模型，论证收入增长模式的包容性内涵……增加收入增量，使'准市民'在市民化过程中能够维持地位不变，保持原有包容性发展水平"③。卢宁指出，"改善民生、促进公平是设计包容性发展路径体系的总体要求，是包容性发展实现路径的出发点和落脚点"④。

---

① 卢宁：《包容性发展的理论内涵探析》，《四川理工学院学报》（社会科学版）2013年第4期。
② 向德平：《包容性发展理念对中国社会政策建构的启示》，《社会科学》2012年第1期。
③ 彭清华、蔡秀玲：《包容性发展视角下"准市民"收入增长模式的转变研究——以农民工为例》，《江西农业大学学报》（社会科学版）2013年第4期。
④ 卢宁：《包容性发展的理论内涵探析》，《四川理工学院学报》（社会科学版）2013年第4期。

包容性发展的维度与模式。周小亮提出了一个包括"包容性发展的本质特征、核心问题、价值取向及体制机制研究，践行包容性发展的理论逻辑基础与研究平台探索，包容性发展的影响因素、实现路径与比较制度分析，以民生福利为核心的包容性发展水平测量评价"①在内的包容性发展理论基础框架。高传胜认为，包容性发展的理论内容和思想内核包括发展主体、发展内容、发展过程和发展成果四个维度，"包容性发展的逻辑起点是发展主体的全民性，基本特征是发展内容的全面性，本质要求是发展过程的公平性，重要目标是发展成果的共享性"②。郇庆治经过梳理，认为包容性发展的理论与实践应包括四个维度："经济包容性增长、社会包容性发展、生态包容性发展和国际包容性发展"③。刘洋认为，城市化包容性发展正在实现三个模式转换："一是城市化由偏重数量的单线推进向质量和数量双线均衡转变，二是城市化由重城轻乡向城乡一体化发展转变；三是城市化由偏重经济发展向经济社会协调发展转变"④。孙文中利用 2013 年国家卫生和计生委对武汉市农民工的监测资料，发现"自 2006 年开始，武汉市采取城乡儿童基本同等对待的态度，保障了农民工子女在城市接受义务教育的权利，形成了'融合教育'的思路，体现了包容性理念，但农民工随迁子女教育制度融入依然存在以下问题：一是学前教育入园难，起点公平难以保障；二是义务教育边缘化，教育过程不公平进一步拉大，三是升学制度衔接不畅通，导致教育结果的不公平"⑤。

包容性发展的政策和制度保障。法国学者克劳德·迪德里（Claude Didry）认为包容性发展的政策应包括五方面内容："一是完善的公共服务为

① 周小亮：《重大利益协调视角下包容性发展的理论与实践问题研究》，《当代经济研究》2012 年第 1 期。
② 高传胜：《论包容性发展的理论内核》，《南京大学学报》（哲学·人文科学·社会科学版）2012 年第 1 期。
③ 郇庆治：《作为一种概念分析框架的包容性发展：评估与展望》，《江西师范大学学报》（哲学社会科学版）2013 年第 3 期。
④ 刘洋：《城市化包容性发展的路径设计及战略选择研究》，《经济与管理》2013 年第 1 期。
⑤ 孙文中：《包容性发展：农民工随迁子女教育融入问题研究——基于武汉市的调查》，《广东社会科学》2015 年第 3 期。

公民参与国家生活提供可能性；二是民主机制赋予权利，需要一系列的'民主激励'政策提供保障；三是市场参与及交换自由，保障个体自由消费的权利，给予个体自由公平选择工作的权利；四是独立的司法体制和公正执法，保障个体生存和发展的各项权利不受侵犯；五是建构和完善社会安全网，全面保护滑落于困境中的个体，帮助他们安全度过丧失经济来源、失业，以及遭受疾病的无助期"[1]。周小亮主张在制度保障上，"一是坚持公有制和按劳分配为主体，大力改善分配关系，着力构建和谐劳动关系为核心的利益兼容体制机制；二是从人民群众共同利益出发，加快创新社会管理体制，从顶层设计的战略高度完善公共产品供给体制机制和社会保障体系；三是积极探索有助于改善民生的多元化体制改革绩效评价标准，探索完善改革发展模式的方向、目标和政策选择；四是建立健全包容性的利益表达机制和服务保障机制"[2]。

包容性发展对社会政策的启示。向德平从四个维度提出包容性发展理念对社会政策的启示："一是追求公平正义，将机会平等视为包容性发展的核心，建立包容性的社会政策，建立以权利公平、机会公平、规则公平、分配公平为主要内容的社会保障体系，不断提高社会保障水平，加大公共财政对社会保障的投入，扩大各类社会保险的覆盖面，健全社会救助体系，发展社会福利事业和慈善事业，加强社会保险、社会救助和社会福利的衔接和协调；二是注重协调发展，强调实现经济社会协调可持续发展，重点推进民生型社会事业的发展，注重生态环境保护；三是强调权利保障，强调社会公平合理地分享经济增长成果，消除社会排斥，实现机会平等和公平参与，消减贫困人口和弱势群体的权利贫困和所面临的社会排斥；四是重视能力获得，重视和提升人力资本以帮助人们把握经济机会，增加在培育和提升人力资本方面的基础教育、基本医疗卫生服务以及其他基本社会服务的投入，以提高

---

① 〔法〕Claude Didry：《"共和构想"是社会包容性政策的核心思想》，易臻真译，《社会科学》2012年第1期。

② 周小亮：《重大利益协调视角下包容性发展的理论与实践问题研究》，《当代经济研究》2012年第1期。

社会成员的基本素质和能力"①。韦向阳等主张从五个方面的政策实施来践行包容性发展理念,"一是保持经济持续健康发展,二是建立更加完善的社会保障机制,三是促进公共服务的均等化,四是优化国民收入分配政策,五是寻求合作伙伴"②。裴丽等建议运用包容性发展理念指导城市建设,以提升城市市民的幸福指数,具体策略包括:"一是大力构筑民主开放的城市管理系统,二是大力推动生态城市建设,三是大力建设城市公共服务体系"③。

包容性城镇的提出。张占斌主张建设"包容性城镇","强调城镇发展在经济、社会、治理、文化等领域的均衡与统一,强调城镇发展过程公平与效率的内在一致,强调城镇不同主体发展权利的同质均等性"④。国务院发展研究中心课题组提出要努力走一条"高效、包容、可持续的城镇化道路",特别指出"包容的城镇化,是指充分调动政府、企业和社会各方面积极性,让全体人民公平参与发展、公平分享城镇化的物质文明和精神文明成果,促进社会各阶层和谐相处,把城市打造成为共享人生出彩机会的宽阔舞台"⑤。

包容性发展的评价指标。周小亮等构建了包容性发展指标评价体系,体现"以民生福利为核心,又有阶层差异",以"全面准确地反映包容性发展的综合水平,有利于全体社会成员公平共享发展的权利、机会和成果,为政府绩效考核提供可靠的数据"⑥。唐鑫等研究者从发展主体的普遍性、发展进程的协调性和发展成果的共享性等三个维度构建了北京包容性发展评价指标体系,并测算北京包容性发展综合得分为 0.7358,结果比较乐观。⑦ 周小

---

① 向德平:《包容性发展理念对中国社会政策建构的启示》,《社会科学》2012 年第 1 期。

② 韦向阳、刘亮:《包容性发展研究的进展》,《滁州学院学报》2014 年第 1 期。

③ 裴丽、姚荣:《包容性发展与城市市民幸福指数——城市建设的新思路》,《经济导刊》2011 年第 10 期。

④ 张占斌:《积极稳妥推进城镇化的战略意义和重点任务》,载张占斌主编《中国新型城镇化道路研究》,国家行政学院出版社,2013,第 19 页。

⑤ 国务院发展研究中心课题组:《中国新型城镇化:道路、模式和政策》,中国发展出版社,2014,第 6 页。

⑥ 周小亮、刘万里:《包容性发展水平测量评价的理论探讨》,《社会科学研究》2012 年第 2 期。

⑦ 唐鑫、李茂、刘小敏:《北京包容性发展评价指标体系研究》,《中国市场》2013 年第 39 期。

亮等提出的评价指标体系测评主体为所属地连续居住 6 个月以上的常住人口，主要包括经济发展水平、社会和谐程度、人类能力指数和社会保障等四个方面。其中经济发展水平主要包括常住人口实际收入水平（人均可支配收入的增长速度和资产指标）、生产性就业（城镇登记失业率、城镇零就业家庭户数、农村调查失业率、农村青壮年劳动力技能培训率）、经济基础设施的可及性（电力消费人口占比、移动电话百人拥有量等）；社会和谐程度主要包括基尼系数、主要农产品质量安全监测超标率、药品安全抽样合格率、达到 1 级和 2 级空气质量天数、交通事故死亡率、城乡居民人均储蓄存款余额、文明社区达标率、安全社区达标率、新农村建设示范村累计数和每万人拥有公共交通标台数；人类能力指数主要包括人均受教育年限、职工在职培训学时数、人均公共图书馆馆藏图书、主要饮用水水源水质达标率、每万人拥有医生数、城乡居民健康档案建档率；社会保障主要包括应届大中专毕业生就业比例、社会保险综合参保率、劳务工工伤保险参保率、劳务工医疗保险参保率、社会保障和就业支出占财政支出比例。[①]

　　包容性发展的影响因素和问题。刘耀彬等基于"驱动—压力—状态—响应"（DPSR）分析框架，得出结论认为，"一是资源消耗和污染强度以及地区贫困不均等因素正成为限制东部地区新型城市化包容性发展的关键影响因素；二是经济稳步发展和空间逐步扩张是积极推动中、西部两个地区新型城市化包容性发展的主要因素；三是东北地区相对中国其他 3 个地区新型城市化包容性发展形成过程有很大不同，人口增长以及调整产业结构等特征因素尤为重要"[②]。冯周卓等分析了当前城市管理制度的非包容性问题，主要包括："一是公共服务只惠及本地户籍居民，二是政府对不同企业存在政策偏差，三是社会组织发展乏力影响公共服务，四是不同社会群体利益冲突频繁"[③]。

---

① 周小亮、刘万里：《包容性发展水平测量评价的理论探讨》，《社会科学研究》2012 年第 2 期。

② 刘耀彬、涂红：《中国新型城市化包容性发展的区域差异影响因素分析》，《地域研究与开发》2015 年第 5 期。

③ 冯周卓、高梦：《基于包容均等的现代城市管理制度创新》，《上海城市管理》2012 年第 1 期。

包容性发展与市民化程度。市民化程度是衡量城市社会对农民工包容性程度的一个重要指标。据全国总工会统计，2010 年，我国新生代农民工有 1 亿人左右。① 有不少学者研究分析了我国农民工特别是新生代农民工的市民化程度。刘传江等采用层次分析法，"分别从生存职业、社会身份、自身素质和意识行为等四个方面设计指标体系，测得新生代农民工的市民化程度为 45.53%"②。张斐以全国 28 个省区市的 1595 名新生代农民工为样本对象，从经济层面、社会层面、心理层面三个维度对市民化评价指标体系进行研究，认为他们已经处于中等市民化阶段，整个新生代农民工市民化水平达到了 45%，其中六成以上的新生代农民工市民化程度已经超过 40%③。李荣彬等采用全国 106 个城市的动态监测数据，对我国新生代农民工的市民化水平进行了测量，结果显示我国新生代农民工的市民化水平为 50.18%，已经达到了 "半" 市民化水平。④ 这表明，"仍有超过一半的新生代农民工并没有实现市民化，仍然处于既不能安全进城，也不能融入乡村与农业的尴尬境地"⑤。

包容性发展理论的提出及广泛应用，为我们理解认识并解决中国新型城镇化过程中超大城市城乡结合部社区包容性发展问题提供了极为重要的思想借鉴和启示。包容性发展理论是推动中国新型城镇化建设的重要思想营养。

第五节　社会融合理论

社会融合是 "社会政策研究的重要概念"⑥，与包容性发展有着紧密的

---

① 全国总工会新生代农民工问题课题组：《全国总工会关于新生代农民工问题研究报告》，《工人日报》2010 年 6 月 21 日。
② 刘传江、程建林、董延芳：《中国第二代农民工研究》，山东人民出版社，2009，第 130 页；转引自韦向阳、刘亮《包容性发展视角下新生代农民工市民化问题与对策研究》，《华东理工大学学报》（社会科学版）2014 年第 2 期。
③ 张斐：《新生代农民工市民化现状及影响因素分析》，《人口研究》2011 年第 6 期。
④ 李荣彬、袁城等：《新生代农民工市民化水平的现状及影响因素分析——基于我国 106 个城市调查数据的实证研究》，《青年研究》2013 年第 1 期。
⑤ 韦向阳、刘亮：《包容性发展视角下新生代农民工市民化问题与对策研究》，《华东理工大学学报》（社会科学版）2014 年第 2 期。
⑥ 嘎日达、黄匡时：《西方社会融合概念探析及其启发》，《国外社会科学》2009 年第 2 期。

联系。法国社会学家迪尔凯姆（Durkheim）在研究自杀现象的过程中首先提出了"社会融合"（Social Integration or Social Cohension）[1] 的概念。任远等指出，"社会融合是个体和个体之间、不同群体之间或不同文化之间相互配合、相互适应的过程，并以构筑良性和谐的社会为目标"[2]。后来，"社会融合"（又称作社会融入）受到广泛的关注，得到了社会学、心理学及政策研究领域的广泛关注。与社会融合相近的概念有社会凝聚（Social Cohesion）、文化适应（Acculturation）、同化或融入（Assimilation）、社会适应（Social Adaptation）、社会吸纳（Social Inclusion）与社会并入（Social Incorporation）等。[3]

一 国外的社会融合理论与实践研究

社会融合概念的来源。有四种不同的看法，分别与社会学、心理学和政策研究等相关。社会学领域的社会融合概念有两个来源，一个来源于心理学，一个来源于社会政策领域。

第一种看法认为，社会融合概念与社会学密切相关。法国社会学家迪尔凯姆在《自杀论》中提出，"较好的社会融合水平（个人与其他人或者社区保持紧密关系）可以防止由社会原因而导致的自杀"[4]，率先提出了社会融合的概念，但迪尔凯姆并没有对社会融合进行清晰的定义。早期的社会融合主要包括"文化融合、交流融合、功能性融合和规范性融合"[5] 等内容。

第二种看法依然与社会学相关，以美国社会学家帕克等为代表的芝加哥学派对"从欧洲来到美国的新移民的工作和生活适应进行了研究"[6]，较早

---

① 前者主要为社会学家所使用，后者主要为社会心理学家所使用。
② 任远、邬民乐：《城市流动人口的社会融合：文献述评》，《人口研究》2006 年第 3 期。
③ 石长慧：《社会融合：概念、理论及国内外研究》，载李强、刘精明、郑路主编《城镇化与国内移民：理论与研究议题》，社会科学文献出版社，2015，第 38 页。
④ Durkheim E., *Suicide*. London：Routledge，1951.
⑤ 悦中山、杜海峰、李树茁、费尔德曼：《当代西方社会融合研究的概念、理论及应用》，《公共管理学报》2009 年第 2 期。
⑥ 张文宏、雷开春：《城市新移民社会融合的结构、现状与影响因素分析》，《社会学研究》2008 年第 5 期。

讨论了融合和同化等问题。帕克和伯吉斯等指出，"同化是移民和当地居民之间相互渗透、交往，相互分享各自的文化记忆，并和所在的城市相互适应，汇入一种共同的文化生活的过程"①。社会学视角的社会融合研究侧重于"从宏观和中观层面出发，考察移民群体对主流社会政治、经济、社会、文化等诸方面的适应和融合，同时关注主流社会的经济与社会政策对移民群体的影响"②。

第三种看法与社会心理学相关，有社会心理学家将融合定义为"使成员留在他们所在的群体中的力量"③。"心理学视角的社会融合研究偏重于从中观和微观层次出发，考察移民群体和个人以及主流社会群体成员在文化和心理方面的变化。"④

第四种看法与社会政策研究相关，认为社会融合概念起源于社会排斥。嘎日达等认为，"社会融合作为一个社会政策研究概念起源于欧洲学者对社会排斥（social exclusion）的研究"⑤。1974 年，法国学者勒内·勒努瓦（Lenoir）在一篇论文中率先提出了"社会排斥"的概念⑥。据勒努瓦估计，"当年在法国被排斥的人口约占法国总人口的 10% 左右"⑦。欧洲其他国家也遇到了与法国类似的社会问题，1988 年，欧洲共同体在"反贫困计划"中采纳了社会排斥的概念，并得到了学术界和各国政府的采用。1995 年，在丹麦哥本哈根召开的"社会发展及进一步行动"世界峰会提出，"社会排斥是导致贫困的原因，主张消除社会排斥"⑧。与社会排斥相对的就是社会融

---

① Park R. and F. Burgess, *Introduction to the Science of Sociology*. Chicago University of Chicago Press, 1924.

② 石长慧：《社会融合：概念、理论及国内外研究》，载李强、刘精明、郑路主编《城镇化与国内移民：理论与研究议题》，社会科学文献出版社，2015，第 41 页。

③ 悦中山、杜海峰、李树茁、费尔德曼：《当代西方社会融合研究的概念、理论及应用》，《公共管理学报》2009 年第 2 期。

④ 石长慧：《社会融合：概念、理论及国内外研究》，载李强、刘精明、郑路主编《城镇化与国内移民：理论与研究议题》，社会科学文献出版社，2015，第 41 页。

⑤ 嘎日达、黄匡时：《西方社会融合概念探析及其启发》，《国外社会科学》2009 年第 2 期。

⑥ R. Lenoir, *Les exclus: Un Francais sur dix*, Paris: Seuil, 1974.

⑦ 嘎日达、黄匡时：《西方社会融合概念探析及其启发》，《国外社会科学》2009 年第 2 期。

⑧ 嘎日达、黄匡时：《西方社会融合概念探析及其启发》，《国外社会科学》2009 年第 2 期。

合。悦中山等概括西方社会政策研究的结果后指出，"一个融合程度较高的社会的行动者会很好地结合在一起，所有的行动者都享有平等机会、权利及共同的价值，社会行动者会对集体项目和社会福利做出贡献，各个社会组织和各种社会目标之间的冲突不存在或者最小化"[①]。随着社会排斥研究的深入和反社会排斥计划与行动的实践，社会融合的概念逐渐得到学者和政府的广泛认可和采用，主要表现在"一是学者对社会融合理论的研究，二是政府关于社会融合的行动方案，社会融合逐渐成为西方社会政策研究和社会政策实践的核心概念"[②]。

社会融合的概念。2003 年，欧盟提出了一个关于社会融合的概念，欧盟认为，"社会融合是这样的一个过程，它确保具有风险和社会排斥的群体能够获得必要的机会和资源，通过这些机会和资源，他们能够全面参与经济、社会、文化生活和享受正常的生活，以及在他们居住的社会认为应该享受的正常社会福利。社会融合要确保他们有更多的参与生活和获得基本权利的决策机会"[③]。加拿大莱德劳基金会认为，"社会融合旨在确保所有孩子和成人都能够参与一个值得重视、尊敬和奉献的社会……它具有五个维度：受到重视的认同、人类发展、参与和介入、亲近和物质丰足"[④]。阿马泰·森（A. Sen）认为，"融合社会是指这样一种社会，社会成员积极而充满意义地参与，享受平等，共享社会经验并获得基本的社会福利……融合社会的基本特征是，广泛共享社会经验和积极参与，人人享有广泛的平等，全部公民都享有基本的社会福利"[⑤]。卡梅伦·克劳福德（C. Crawford）认为，社会融合至少包含两层意思："一是在社区中能在社会、政治、经济、文化生活层

---

① 悦中山、杜海峰、李树茁、费尔德曼：《当代西方社会融合研究的概念、理论及应用》，《公共管理学报》2009 年第 2 期。

② 嘎日达、黄匡时：《西方社会融合概念探析及其启发》，《国外社会科学》2009 年第 2 期。

③ European Commission, *Joint Report on Social Inclusion*, Directorate-General for Employment and *Social Affairs*, European Commission, Brussels, 2004. 转引自嘎日达、黄匡时《西方社会融合概念探析及其启发》，《国外社会科学》2009 年第 2 期。

④ 嘎日达、黄匡时：《西方社会融合概念探析及其启发》，《国外社会科学》2009 年第 2 期。

⑤ A. Sen, *Development as Freedom*, New York：Anchor Books, 2000. 转引自嘎日达、黄匡时《西方社会融合概念探析及其启发》，《国外社会科学》2009 年第 2 期。

面平等地受到重视和关怀；二是在家庭、朋友和社区中拥有互相信任、欣赏和尊敬的人际关系"①。杰克逊（Jackson）和斯科特（Scott）认为，"社会融合视角明确要求社会有义务确保每一位公民意识到他们自己潜能的条件。对所有公民来说，一个真正的共融社会应该在物质环境和发展结果上有更高的平等地位"②。

社会融合的层次。人们关于社会融合，有着不同的理解和认识。悦中山等主张将社会融合的研究分为三个层次："一是个体层次，以实证研究为主，主要关注个体与其他个体、组织或社会的关系的属性特征；二是群体层次，关注由个体组成的某个群体或多个群体之间的关系的总体特征；三是整体层次，主要是政策研究，将社会融合作为社会健康发展的政策手段和目标"③。

社会融合的内涵和维度。嘎日达等指出，社会融合的下列观点得到很多赞同："①融入不是一个静态的事情，它是一个对现状一直进行挑战的动态过程；②社会融合既是目的，同时也是手段；③没有人可以通过强制力量达到社会融合，社会融合不仅是制度性的，同时也是主观性的融入；④社会融合是多维度的，包括经济融合、政治融合、社会融合、制度融合、文化融合以及心理融合；⑤社会融合是多层面的，既有全国范围的社会融合和城市层面的社会融合，又有跨国家的区域社会融合，既有宏观层面的社会融合和中观层面的社会融合，也有微观层面的社会融合"④。因此，社会融合更具有建构性，而且是具有价值取向的概念。刘红岩提出，包容性发展视角下促进农民工社会融入的两个维度是"参与和共享"，其中参与维度涵盖三个方

① C. Crawford, *Towards a Common Approach to Thinking about and Measuring Social Inclusion*, Roeher Institute, 2003. 转引自嘎日达、黄匡时《西方社会融合概念探析及其启发》，《国外社会科学》2009 年第 2 期。

② A. Jackson and K. Scott, *Does Work Include Children? Effects of the Labour Market on Family Income, Time and Stress*, Toronto: Laidlaw Foundation, 2002, http://www.laidlaw.org. 转引自嘎日达、黄匡时《西方社会融合概念探析及其启发》，《国外社会科学》2009 年第 2 期。

③ 悦中山、杜海峰、李树苗、费尔德曼：《当代西方社会融合研究的概念、理论及应用》，《公共管理学报》2009 年第 2 期。

④ 嘎日达、黄匡时：《西方社会融合概念探析及其启发》，《国外社会科学》2009 年第 2 期。

面，即"经济活动""公共治理""社会网络"，共享维度涵盖共享经济成果、公共服务、社会保障和多元文化等四个方面。①

社会融合的相关理论与测度。由于多个学科的介入，社会融合的理论背景相对复杂。悦中山等指出，"社会融合研究中一直存在着同化论和多元论两种相互对立的理论，将社会网络分析方法纳入社会融合研究成为新的理论趋向"②。农民向城市迁移可以带来许多收益，促进人们之间的理解。达·凡佐（Da Vanzo）的迁移收益理论认为，"农民向城市迁移会带来较多好处，包括收入提高、一生额外福利的增长、非工资收入以及更好的环境"③。黄匡时、嘎日达认为，社会融合的理论依据主要有"脆弱群体理论、社会分层理论、社会距离理论和社会排斥理论"④。布劳（Blau）认为，"异质群体之间的交往能促进人们相互理解，促进宽恕精神的发扬"⑤。也有学者认为，移民会受到来自城市的融入阻力。哈贝马斯（Habermas）认为，"传统理性的分裂和交往行为的异化会导致主体间不信任，移民会受到来自城市的融入阻力"⑥。弗兰克·帕金（Frank Parkin）也认为，"社会将通过建立一整套程序或规范，形成资源和机会被某些人享有而排斥其他人的'集体排他'体系"⑦。关于社会融合的测度，悦中山等指出，社会融合的测度有两个维度，即"主观和客观维度，微观和宏观维度"⑧。沈千帆认为，"可以将

①　刘红岩：《包容性发展视角下促进农民工社会融入的路径》，《经济研究参考》2013 年第56 期。
②　悦中山、杜海峰、李树茁、费尔德曼：《当代西方社会融合研究的概念、理论及应用》，《公共管理学报》2009 年第 2 期。
③　许光：《新生代农民工失范性融入的路径审视与政策创新——以包容性视角下浙江的社会实践为例》，《中共南京市委党校学报》2014 年第 2 期。
④　黄匡时、嘎日达：《社会融合理论研究综述》，《新视野》2010 年第 6 期。
⑤　许光：《新生代农民工失范性融入的路径审视与政策创新——以包容性视角下浙江的社会实践为例》，《中共南京市委党校学报》2014 年第 2 期。
⑥　许光：《新生代农民工失范性融入的路径审视与政策创新——以包容性视角下浙江的社会实践为例》，《中共南京市委党校学报》2014 年第 2 期。
⑦　许光：《新生代农民工失范性融入的路径审视与政策创新——以包容性视角下浙江的社会实践为例》，《中共南京市委党校学报》2014 年第 2 期。
⑧　悦中山、杜海峰、李树茁、费尔德曼：《当代西方社会融合研究的概念、理论及应用》，《公共管理学报》2009 年第 2 期。

社会融入操作化为四个维度，即经济生活、公共服务、行为意愿和社会接纳"①。周皓提出了包括"经济融合、文化适应、社会适应、结构融合和身份认同等五个维度"②的测量指标体系。景晓芬则将外来人口城市融入操作化为五个层面："经济融入、生活融入、社会关系融入、身份认同和社会距离"③。

社会融合的政策实践。20世纪80年代后期，法国开始推出第一个社会融合政策，即"一个通过劳动和培训来支持接受者在法国社会获得一席之地的收入支持计划"④。1989年，负责就业和社会事务的欧盟委员会也推出了第一个社会融合计划。20世纪80年代末，欧洲共同体提出了一个保证每一个成员都能够融入社会的标准："教育、能熟练地掌握基本技能、培训、工作、住房、社区服务、社区照顾"⑤。1997年12月，英联邦的苏格兰政府成立了一个专门协调相关部门关系帮助联邦政府推动社会融合的机构"苏格兰社会融合网络"，这个机构主要由"英联邦政府代表、其他全国和私人部门组织以及有应对社会排斥经验的个人组成"⑥。2001年7月，欧盟成员国开始推行两年一次的全国社会融合行动计划（National Action Plans for Inclusion）。对社会融合的实证研究主要包括社会融合的现状与影响因素、社会后果、社会政策等。当前，社会融合的政策在欧洲、加拿大、美国和澳大利亚等都得到了较广泛的应用。

二　我国的社会融合理论与实践研究

社会融合与包容性发展有着十分紧密的关系。韦向阳等指出，"从社会学来看，社会融合、社会参与及社会共享是包容性发展的基本含义"⑦。田

---

① 沈千帆主编《北京市流动人口的社会融入研究》，北京大学出版社，2011，第6页。
② 周皓：《流动人口社会融合的测量及理论思考》，《人口研究》2012年第5期。
③ 景晓芬：《空间隔离与外来人口的城市融入》，中国社会科学出版社，2014，第130页。
④ 嘎日达、黄匡时：《西方社会融合概念探析及其启发》，《国外社会科学》2009年第2期。
⑤ 嘎日达、黄匡时：《西方社会融合概念探析及其启发》，《国外社会科学》2009年第2期。
⑥ 嘎日达、黄匡时：《西方社会融合概念探析及其启发》，《国外社会科学》2009年第2期。
⑦ 韦向阳、刘亮：《包容性发展研究的进展》，《滁州学院学报》2014年第1期。

凯认为，"流动人口适应城市生活的过程，实际上是再社会化过程，必须具备三个方面的条件：一是在城市找到相对稳定的职业；二是这种职业带来的经济收入及社会地位能够形成一种与当地人接近的生活方式，从而使其具备与当地人发生社会交往，并参与当地社会生活的条件；三是由于这种生活方式的影响和与当地社会的接触，他可能接受并形成新的与当地人相同的价值观。因此，流动人口社会融合包括三个层面：经济层面、社会层面、心理层面或文化层面"①。朱力进一步指出，"这三个不同方面是依次递进的，经济层面的适应是立足城市的基础；社会层面的适应是城市生活的进一步要求，反映的是融入城市的广度；心理层面的适应是属于精神上的，反映的是参与城市生活的深度，只有心理和文化的适应，才说明流动人口完全地融入城市社会"②。梁鸿等指出，"社会融合所体现出来的表象是'共存、多元、共生'，其背后的价值本质是'平等、尊重、包容'"③。

社会融合的作用与地位。任远等认为，"流动人口融入城市社会，是逐步破解我国城乡二元结构难题的根本对策，也是实现流动人口全面发展推进城乡协调发展、建设和谐社会的根本道路"④。许光认为，"新生代农民工城市融入本质上是政府、企业、农民工和市民等有关各方经过权衡博弈，综合考虑成本收益之后做出的理性决策，但新生代农民工融入城市面临着经济约束、政治屏蔽、（社会）资本缺失和认同危机等四方面困境"⑤。任远等乐观地认为，"随着流动人口居留时间的延长，流动人口的生活空间逐步从集体工棚转向常态居住的社区，其互动的范围也逐步从初级群体扩大到更广泛范围，互动的内容也更加丰富，流动人口增强自身的组织化、建立异质性较强的社会网络、加强与本地居民的社会交往和互动，对流动人口更深层次地融

---

① 田凯：《关于农民工的城市适应性的调查分析与思考》，《社会科学研究》1995 年第 5 期。
② 朱力：《论农民工阶层的城市适应》，《江海学刊》2002 年第 6 期。
③ 梁鸿、叶华：《对外来常住人口社会融合条件与机制的思考》，《人口与发展》2009 年第 1 期。
④ 任远、邬民乐：《城市流动人口的社会融合：文献述评》，《人口研究》2006 年第 3 期。
⑤ 许光：《新生代农民工失范性融入的路径审视与政策创新——以包容性视角下浙江的社会实践为例》，《中共南京市委党校学报》2014 年第 2 期。

入社会将发挥更大的作用"①。梁鸿等指出,"实现社会融合所需要的环境和条件主要包括三个方面:制度环境的融合、社区与公共场所的融合、文化生活的融合"②。马西恒通过对城市新移民社会融合问题的质性研究,发现新移民与城市社区的"二元关系"正在发生变化,从相互隔离、排斥和对立转向一种理性、兼容、合作的"新二元关系"。马西恒提出,"新移民与城市社会融合可能依次经历三个阶段的构想,分别是'二元社区'、'敦睦他者'和'同质认同'"③。周皓利用"人口迁移与儿童发展的跟踪研究"数据,发现"社会融合不仅具有代际的传承性,而且具有一定的可塑性"④。

社会融合的测量指标与实证研究。许多学者借鉴欧美国家社会融合理论和实证测量指标,结合中国的实际情况,提出了许多观点,开展了不少实证研究。杜鹏等通过对来京人口是否受到歧视、与北京人在生活方面的交往情况和心理归属来测量来京人口的社会融合状况,发现"来京人口社会融合程度较好,但要从心理上真正地融入城市生活,还需要一个过程"⑤。杨绪松等通过对居住情况、在城市受歧视程度、方言掌握程度、交友意愿、困难求助和未来打算等的分析研究了深圳市农民工的社会融合情况,结果发现"农民工的社会融合程度不高,与当地市民处在相对隔离状态,政府缺乏对流动人口的制度性支持"⑥。王桂新等从经济融合、政治融合、公共权益融合、社会关系融合等四个方面进行分析,得出"上海外来民工的社会融合状况有所改善,但总体融合度不高"⑦ 的结论。邓大松等研究了进城农民的

---

① 任远、邬民乐:《城市流动人口的社会融合:文献述评》,《人口研究》2006年第3期。

② 梁鸿、叶华:《对外来常住人口社会融合条件与机制的思考》,《人口与发展》2009年第1期。

③ 转引自张文宏、雷开春《城市新移民社会融合的结构、现状与影响因素分析》,《社会学研究》2008年第5期。

④ 周皓:《流动儿童社会融合的代际传承》,《中国人口科学》2012年第1期。

⑤ 杜鹏、丁志宏、李兵等:《来京人口的就业、权益保障与社会融合》,《人口研究》2005年第4期。

⑥ 杨绪松、靳小怡、肖群鹰等:《农民工社会支持与社会融合的现状及政策研究——以深圳市为例》,《中国软科学》2006年第12期。

⑦ 王桂新、罗恩立:《上海市外来农民工社会融合现状调查研究》,《华东理工大学学报》(社会科学版)2007年第3期。

社会融合，认为"'内在市民化'滞后于'外在市民化'导致进城农民'流动但不定居，定居但不融合'。'内在市民化'的滞后与农民的文化水平、年龄、婚姻和权利剥夺有关"①。

张文宏、雷开春运用 2007 年上海城市新移民调查数据，采用探索性因子分析方法，对城市新移民社会融合的结构及其现状进行了分析。张文宏等将社会融合归纳为"文化、心理、身份和经济四个因子的融合。结果发现，城市新移民的总体水平偏低，体现出心理融合、身份融合、文化融合和经济融合依次降低的趋势，移民的心理和身份融合较快，文化和经济融合相对较慢，其中影响社会融合的因素主要有性别、婚姻状况、党员身份、受教育年限、月收入、居住时间、移出地和阶层地位"②。楼玮群和何雪松采用"认同、朋辈网络和社会参与三个维度测量了香港新移民的社会融入"③。任远和乔楠通过对浙江省绍兴市的调查认为，"流动人口的个人和家庭状况、社区参与和社会资本、城市的制度安排都会影响流动人口的社会融合"④。李培林和田丰的研究发现，"农民工社会融入的'经济—社会—心理—身份'四个层次不存在递进关系，经济层次的融入并不必然带来其他层次的融入"⑤。景晓芬发现，"外来人口在城市中的融入水平较低，在经济层面和生活层面上，外来人口在各个指标上的满意度均低于城市居民。在社会关系融入层面上，外来人口交往对象比城市居民更具'内卷性'，在交往意愿上外来人口比城市居民更倾向于与对方群体交往，两者在交往内容上以浅表性的事务性交往为主。从身份认同来看，外来人口的身份认同比较模糊。从社会

---

① 邓大松、胡宏伟：《流动、剥夺、排斥与融合：社会融合与保障权获得》，《中国人口科学》2007 年第 6 期。

② 张文宏、雷开春：《城市新移民社会融合的结构、现状与影响因素分析》，《社会学研究》2008 年第 5 期。

③ 楼玮群、何雪松：《乐观取向、社会服务使用与社会融合：香港新移民的一项探索性研究》，《西北人口》2009 年第 1 期。

④ 任远、乔楠：《城市流动人口社会融合的过程、测量及影响因素》，《人口研究》2010 年第 2 期。

⑤ 李培林、田丰：《中国农民工社会融入的代际比较》，《社会》2012 年第 5 期。

距离看，城市居民立场的社会距离比外来人口立场的社会距离要大得多"①。

温州综合改革课题组研究发现，"经济融入度较好，但新旧居民就业单位差异大；社会融入度一般，但内卷化下的隔离型特征突出；文化融入度不高，温州归属感不强；制度融入度较低，政治参与和子女入学成主要问题"②。杨菊华通过对 2013 年流动人口社会融合个人数据和社区数据的分析，得出结论认为，"以经济整合、社会适应、文化习得和心理认同四个维度测量，发现流动人口的总体融入水平一般，综合指数得分不足 50 分，且各维度的融入状况差别较大，文化习得和心理认同指数的得分较高，均超过 60 分，经济整合和社会适应指数的得分较低，均不足 30 分。制度约束和结构排斥使得经济和社会方面的融入进程严重滞后于文化和心理方面的融入，凸显融入的差异性。乡—城流动人口的融入水平不如城—城流动人口的融入水平，表现出融入的分层性。良好的社区服务与接纳环境可有效推进融入进程，凸显融入的社区依赖性。流入地和流出地以及流动人口和本地市民的联接影响流动人口的融入进程，凸显融入的互动性。推进融入既需要个人的努力，更需要消除歧视、排斥的制度障碍，以营造良好的制度环境和社区氛围。所以，流动人口的融合状况结论是：流动人口职业声望差，收入水平低，社会保障弱，居住隔离强；理念受冲击，文化交融乏；社交网络窄，社区参与少；心理隔阂大，身份认同低。无论是年轻一代还是年长一辈，常常徘徊在城乡之间，游走于城市之中；即使在某地长期居留，亦多未能融入"③。

综上所述，尽管学术界关于社会融合的认识还存在一些分歧，但我们可以清楚地看到，社会融合理论与包容性发展理论具有天然的紧密关系。社会融合的理论和实证研究，为我们从另一角度理解和把握社区包容性发展提供了极为重要的借鉴与启示，值得我们认真思考、领会和借鉴。

---

① 景晓芬：《空间隔离与外来人口的城市融入》，中国社会科学出版社，2014，第 159 页。
② 温州综合改革课题组：《社会融合的制度基础与条件——温州改革的调查与分析》，《社会主义研究》2013 年第 3 期。
③ 杨菊华：《中国流动人口的社会融入研究》，《中国社会科学》2015 年第 2 期。

第三章

超大城市城乡结合部社区包容性
发展的研究对象与分析

前两章介绍了中国城市化的概况及相关的理论基础，凸显了超大城市城乡结合部社区包容性发展问题提出的必要性和紧迫性。本章首先简要地介绍调查对象的确定过程和调查对象的基本情况，然后介绍本调查问卷关于社区发展的基本情况、测量指标的信度分析、测量指标的效度分析及各社区发展的差异等，为后文展开分析提供一个背景信息。

第一节　北京市和深圳市调查对象的确定与情况说明

一　调查对象的确定

在当代中国，无论是超大城市还是特大型城市、大城市、中小城市，都面临着城乡结合部社区包容性发展的共性问题。当前，影响中国城市城乡结合部社区包容性发展的因素包括人口、社会、区位、管理、政策、文化、生态等各个方面。截至 2020 年，中国共有北京、上海、深圳、重庆、广州、成都和天津等 7 个城区常住人口超过 1000 万的超大城市。北京和深圳分别是位于中国北方和南方的超大城市的代表。从调查研究的可操作性出发，本研究选择了北京和深圳作为超大城市的代表成为主要研究对象。

超大城市的城乡结合部地区是城乡二元矛盾最为突出、城市化进程最敏感、变化最迅速的地区，是推进新型城镇化战略的难点所在，社区包容性发展任务最为繁重。新型城镇化背景下推进中国城市城乡结合部社区包容性发展需要有多种路径和前景，需要政策措施创新。

《中共中央关于全面深化改革若干重大问题的决定》已经明确提出，要"推进农业转移人口市民化，逐步把符合条件的农业转移人口转为城镇居民。创新人口管理，加快户籍制度改革，全面放开建制镇和小城市落户限制，有序放开中等城市落户限制，合理确定大城市落户条件，严格控制特大城市人口规模"。国家还明确提出要"扎实推进户籍制度改革，取消暂住证制度，全面实施居住证制度，建立健全与居住年限等条件相挂钩的基本公共服务提供机制"[1]。国家关于新型城镇化和农业转移人口市民化的方向已经明确，但在具体实践中，农业转移人口市民化的进程充满着各种曲折和意想不到的困难。

如何解决超大城市"人口规模控制"与"户籍制度改革"之间的矛盾，成为中国超大城市人口服务管理和社区发展必须面对且应该解决的一个重要问题。探索社区包容性发展，努力减少城市化进程带来的"阵痛"与冲突无疑是超大城市城乡结合部社区发展值得考虑的重要选择之一，也是本课题研究的主要内容。

本课题组选择北京市和深圳市的城乡结合部社区作为主要研究对象。按照发展阶段、发展模式、发展效果等标准从北京和深圳两个城市城乡结合部社区中各挑选出 4 个代表性社区作为实际调查研究对象，其中在北京市挑选了地处城乡结合部的海淀区 DS 乡[2]（加挂地区办事处的牌子）的 3 个社区和 1 个村委会，在深圳市则挑选了关外地区最后一批村改居的宝安区 XX 街道的 4 个社区。

确定调研对象后，课题组先收集了这两个街镇的地方志书和其他相关资

---

① 《关于全面深化公安改革若干重大问题的框架意见》，2015 年 2 月。

② 按照学术惯例，这里对调查涉及的所有街道（乡）名称、社区（村）名称及相关访谈对象姓名进行匿名化处理。

料进行阅读，了解调查对象的情况，有针对性地修改调查问卷和访谈提纲，并分别在深圳大学和北京城市学院招聘在校大学生、研究生共 20 余人作为调查员，经过培训后组织调查员在深圳市和北京市的目标社区开展问卷调查和访谈。

其中，在深圳市每个社区，我们通过提取社区常住人口数据库和楼栋分布图进行抽样，考虑到深圳市宝安区 XX 街道的流动人口数量远多于本地户籍人口，每个社区调查 100~120 名居民（两个规模小的社区各调查本地居民 25 人和流动人口 75 人，两个规模较大的社区各调查本地居民 35 人和流动人口 85 人），组织调查员上门访问请社区居民填写调查问卷，共调查 440 人，并针对特定对象进行访谈。共回收有效问卷 415 份，有效问卷数量分别是 114 份、97 份、96 份和 108 份，4 个社区分别访谈了 25 人、29 人、25 人和 26 人。

在北京市，我们同样通过提取社区（村）常住人口数据库和楼栋分布图，组织调查员上门访问调查，由于被选中的唯一一个村的常住人口只有 118 人，所以我们在另外 3 个社区根据各自的常住人口规模适当增加了问卷调查对象和访谈对象的数量，分别将社区 18 岁以上的户籍人口和流动人口数据库作为样本框，按照等距抽样的方式抽取 414 人参加问卷调查。其中在 BJJY 社区 4206 名户籍人口中抽取 18 岁以上的居民 50 名，在 11754 名流动人口中抽取 100 人；在 QT 社区 5569 名户籍人口和 4060 名流动人口中分别抽取 18 岁以上的居民 75 人和流动人口 75 人，在 MF 社区 4565 名户籍人口抽取 18 岁以上的居民 80 人和 20 名流动人口参加问卷调查，在 BJ 村 118 名户籍人口中抽取 14 人参加问卷调查。共回收有效问卷 389 份，4 个社区（村）的有效问卷数量分别是 144 份、136 份、95 份和 14 份，访谈对象分别是 31 人、25 人、20 人和 0 人[1]，在乡政府（地区办事处）访谈 1 人。

---

[1]　出于各种原因，本课题组在北京市的问卷抽样和访谈工作面临一些困难且难以调整对象。个别社区（村）由于正处于向城市化转化的过程中，调查时该社区（村）只有本地户籍村民 118 人，流动人口则由相邻的社区居委会负责服务管理，访谈工作在该社区（村）的进展也不顺利，村集体经济组织、村委负责人和村民们均不愿意接受访谈，所以该社区（村）的访谈人数为 0，课题组不得不临时调整方案，在其他社区增加了一些访谈对象和问卷调查对象。所以，在北京市的调查对象实际上主要是 3 个社区。

　　深圳和北京两地共回收问卷854份，其中有效问卷合计804份，有效问卷所占比例为94.15%；共访谈社区（村）上级指导机构负责人、自治组织如社区居委会负责人、农村集体经济组织负责人、社区工作者、本地居民群众和流动人口等182人（见表3-1），收集了相关社区的第一手资料和文献资料。调查工作符合设计的总体要求，为课题的研究分析奠定了坚实的基础。

表 3-1　深圳市和北京市问卷调查对象基本情况

单位：份，人

所在城区街道(镇)	社区(村)编码	有效问卷数量	访谈对象情况
深圳市宝安区 XX 街道办事处	LT	114	25
	LD	97	29
	YT	96	25
	ZB	108	26
北京市海淀区 DS 乡（地区办事处）	BJ	14	0
	MF	95	20
	QT	136	25
	BJJY	144	31
	乡政府（地区办事处）	0	1
合计		804	182

　　资料来源：课题组根据调研收集信息整理。

　　特别需要说明的是，在问卷编码录入统计分析时，我们根据实际情况进行了一定程度的调整。比如，北京市海淀区的 BJ 村只回收14份问卷，访谈对象为0，与调查设计存在一定偏差，与其他7个社区相比，明显偏少，考虑到其居民已经成为 BJJY 社区的居民，故在后面分析（从第四章起）时并入 BJJY 社区。又如，问卷基本情况第4题，问的是调查对象的户口所在地，原选项除31个省、自治区、直辖市外，还有其他选项，编码录入时调整为广东本地人、广东外来人口、北京本地人和北京外来人口。再如，有部分问题存在无解的情况，新增了"不适用"选项。部分表示程度差异的问题选项，从原来的字母序号编为阿拉伯数字并赋值。

课题组拟通过对上述 8 个代表性社区（村）资料、访谈材料和问卷结果的分析解剖，梳理当前中国超大城市城乡结合部社区发展的实际状况，分析超大城市城乡结合部社区发展中存在的问题及面临的困难，探索提出中国超大城市城乡结合部社区包容性发展的可能路径和前景，从而为中国新型城镇化的推进和中国和谐社区建设提供有益的理论启示和政策建议。

二 深圳市宝安区调查对象基本情况的说明

XX 街道地处深圳市宝安区西南部，是深圳市西部中心区的重要片区。调整前，XX 街道东与南山区接壤，东南、南面与新安街道毗邻，东北连石岩和公明街道，西北邻福永街道，西南濒珠江口。2004 年，该街道根据《中共深圳市委深圳市人民政府关于加快宝安龙岗两区城市化进程的意见》并按照深圳市的统一部署启动农村城市化改造，原属村集体的土地全部转为国有，原属村建设、管理的市政与公共设施移交政府管理，农民户籍全部转为城市居民，村委会全部改为居委会，完成村集体经济股份制改造，成立股份合作公司，完成企业注册登记。

2004 年 7 月，撤销 XX 镇，成立 XX 街道办事处。2007 年，XX 街道辖区总面积为 93 平方公里，海岸线长 8.71 公里，辖 32 个社区，人口 110.73 万人，其中户籍人口 7.49 万人，流动人口 103.24 万人，流动人口占辖区总人口的 93.24%，是本地户籍人口的 13.78 倍，充分体现了深圳市作为移民城市的特点（见表 3-2）。

2016 年，深圳市宝安区对街道辖区进行调整，将原来的 4 个街道办事处调整为 8 个街道办事处，从 XX 街道办事处划出 9 个社区成立航城街道办事处。调整后，XX 街道东接石岩街道和新安街道，南接新安街道，西至珠江口岸边，北接航城街道，管辖的社区数量、辖区面积和人口总量与原来相比都有所减少，但户籍人口有所增长。

表 3-2　深圳市宝安区 XX 街道社区情况

时间	社区数量（个）	辖区面积（平方公里）	人口总量				
			户籍人口（万人）	占比（%）	流动人口（万人）	占比（%）	合计（万人）
2007 年	32	93	7.49	6.76	103.24	93.24	110.73
2017 年	25	64	12.90	13.47	82.90	86.53	95.80

资料来源：深圳市 XX 街道志，调研收集资料。

说明：2016 年 XX 街道进行调整，划出 9 个社区成立航城街道办事处，社区规模有所调整，所以社区数量、辖区面积和人口总量均有所减少。

　　XX 街道办事处现下辖 25 个社区，辖区面积 64 平方公里，建成区面积约 40.96 平方公里，总人口 95.80 万人，其中户籍人口 12.90 万人，流动人口 82.90 万人。流动人口数量占街道总人口的 86.53%，是本地户籍人口的 6.43 倍。XX 街道的户籍人口占总人口的比重从 2007 年的 6.76% 上升为 2017 年的 13.47%。10 年间，XX 街道流动人口和户籍人口数量比例的变化，反映了该街道人口城市化的实际进展，在一定程度上也反映了社区包容性发展的成果。

　　我们从 XX 街道分别抽取了 LT、LD、YT 和 ZB 4 个社区作为调查对象。2007 年，4 个社区具有十分鲜明的从"乡"向"城"转化的城市化特征（见表 3-3）。4 个社区的经济社会得到较好的发展，观察和分析 4 个社区包容性发展的状况及其影响因素，具有一定的代表价值。

　　综上所述，我们可以看到，深圳市宝安区 XX 街道 4 个社区在 20 年前已经完成了从农村管理体制向城市管理体制、从农民向居民的转变，农村集体经济组织均已完成股份制改革，"由乡转城"的步伐比较齐整，原有的村民都变成了居民，辖区的公用事业均得到较好的发展，居民享受着较好的就业、教育、医疗、文化、股份分红等保障。XX 街道 4 个社区的面积和规模普遍较大，辖区中居住着数量较多的流动人口，出租房屋的租金收入成为当地居民的重要收入来源，流动人口子女基本上可以就近入学就读，但社区包容性发展的信息并不完整，有待进一步的深入分析。

表 3-3 深圳市宝安区 XX 街道调查对象基本情况

类目		LT 社区	LD 社区	YT 社区	ZB 社区
人口	总人口	82500 人	50686 人	120810 人	10432 人
	户籍人口	865 户 2500 人	686 人	810 人	212 人
	流动人口	80000 人	50000 人	120000 人	10220 人
面积		0.92 平方公里	4.6 平方公里	0.6 平方公里	0.7 平方公里
位置与发展历程		位于街道东侧,东至锦花路,西至 107 国道,南至新安塘路,北至流塘路,地形以平地为主。1985 年隶属新安镇,1986 年 11 月划分流塘、径贝 2 个村,1994 年改隶西乡镇。2004 年 7 月改为社区居委会	位于街道西南部,东至西麻布社区,西至西海堤,南至珠江口,北至盐田社区,地形以平地为主,无河流、水减。原为翻身村的一自然村,1992 年 12 月从翻身村分出成立村,裹新安镇。1994 年改隶西乡镇,2004 年 7 月改为社区居委会	位于街道西部,东接西乡大道,北邻宝安大道,与碧海湾中心区相连接,西与固成社区相连。历史上曾是重要的产盐基地,1995 年 11 月从西乡村分出建立村,2004 年 7 月改为社区居委会	位于街道北侧,东至流塘社区,西接凤凰岗社区,北至铁岗社区,山地占 20%,平地占 80%。1996 年 10 月从西乡村分出建立村,2004 年 7 月改为社区居委会

类目	LT社区	LD社区	YT社区	ZB社区
辖区经济发展状况	有外资企业16家，其他企业56家，社区社会总产值27194万元，其中工业产值25920万元，商饮业产值670万元，运输、邮电、建筑业产值605万元。现有股东股份公司供租赁使用的商铺、厂房及宿舍面积20万平方米，社区户籍居民371人，总股份394股，社区内有农村商业银行、邮政所、国税分局、环保所、国土所等银行或政府机构。酒店有枫叶酒店、金都酒店、常临酒店、威龙酒店、狮王峰酒店、鸿森酒店等	社区社会总产值14151万元，其中工业总产值9906万元，第三产业总产值4245万元，三次产业结构为0:7:3。社区内共有企业250家，个体户127家，外资企业6家，港澳投资企业7家。"F518时尚创意园""台资企业"华亿科技有限公司"位于该社区。原有2个村民小组，第1小组集中居住蘅劳苑，第2小组由劳动一队旧村改造而成，1994年集体居住宝源新村，2003年由宝源商业街建成，是西乡农村第一个高标准文明新村。辖区内有宝源商业街区，宽7米，长520米	社区内有企业174家，其中三资企业35家，"三来一补"企业9家，民营企业108家，厂房33栋30万平方米，出租屋6530间，各类商铺559间，工厂，铺位租金月收入150多万元	社会总产值9125万元，其中工业总产值8482万元，商饮业总产值378万元，运输、邮电、建筑业产值265万元。有企业72家，其中三资企业4家，"三来一补"企业29家，民营企业32家，有从业者3600人，其中社区居民135人

续表

类目	LT 社区	LD 社区	YT 社区	ZB 社区
市政道路与市政管理	地处繁华的商业中心区域,交通便利,107 国道、流塘路、新安五路、锦花路等主要市政道路贯通整个社区,总长约 7 公里,有多条公交线路经过社区	市政道路有劳动路、宝源路、兴业路、西乡大道、电力、供水与排水设施完善,环境卫生、道路清扫、垃圾清运、小区保洁等由清洁公司负责,辖区内有银行 4 家	创建高标准"围合小区"7 个 22 万平方米,配备值班岗亭、电动门和电子监控系统,安装 72 个电子摄像头,实行 24 小时监控,配备 108 名治安员,分三班对所有道路实行 24 小时值班巡逻	有主要市政公路 2 条,庄边路和前进二路,有公交线路 611 路和 603 路。电力设施、排水供水设施完善。环境卫生设施有垃圾屋 2 间,垃圾桶 15 只,垃圾日处置 3 吨,实行日间环境保洁

续表

类目	LT 社区	LD 社区	YT 社区	ZB 社区
公用事业发展状况	社区文化、教育、体育、医疗等配套设施完善,辖区内流塘小学是市一级学校,占地面积 15000 平方米,校舍面积 8000 平方米,具备优质学校现代教育配备标准,有 30 个教学班,教职员工 77 人,学生 1433 人,升学率 100%。流塘幼儿园在园儿童数百人。社区居民子女入学、入园率 98%。社区健康中心外来人员 20 人,主治医生 5 名,一楼设有门诊室,注射室、配药室等,二楼设妇幼室,三楼设牙科室,有 B 超、心电图等常规仪器。有营业性新华书店 1 家,公益性社区图书馆 1 个、藏书 15600 册;另有居民健身休闲中心、青少年活动中心等。流塘公园位于前进二路一侧,占地 35000 平方米,公园内设有溜冰场、卡拉 OK 室、桌球室、休闲长廊等,已经成为社区居民文化、娱乐、休闲活动场所。大专以上学历比例为 10%	有公办学校 2 所,民办学校 3 所,有教师 200 人,校舍建筑面积 10 万平方米,有篮球场 4 个、羽毛球场 4 个,健身场 2 个、舞场 2 个,有休闲公园 2 个,面积 8000 平方米,社区图书室 1 个,面积 100 平方米,图书报刊亭 20 多个,社区健康服务中心面积 1600 平方米,有医护人员 15 人,病床 10 张	有社康中心 1 个,医务人员 10 人	有幼儿园 1 所,面积 1100 平方米,老师 18 人,在园幼儿 150 人。有公园 1 个,面积 250 平方米;有图书馆 1 个,面积 1000 平方米,有社康中心 1 个,医生 6 名,护士 6 名,病床 12 张

续表

类目	LT 社区	LD 社区	YT 社区	ZB 社区
居民收入与财产状况	人均拥有住宅面积 30 平方米,固定电话,手机拥有率 100%,户均私人汽车拥有率 50%	人均分红 1.5 万元,人均存款 8 万元,人均拥有住宅面积 100 平方米,社区原居民拥有固定电话,手机拥有比例为 95%,户均拥有私人汽车 0.46 辆	社区总收入 2500 万元,人均收入 13000 多元。人均拥有住宅面积 110 平方米,固定电话,手机拥有率 100%,户均汽车拥有率 20%	集体经济总收入 1260 万元,人均 35083 元。人均拥有住宅面积 105 平方米,每百人拥有固定电话 60 部,手机 75 部,户均拥有私人汽车 0.5 辆
社会保险参加情况	社会养老保险与医疗保险已经覆盖社区所有户籍居民	社区原居民参加社会养老保险及医疗保险比例为 100%	享有社会养老保险和医疗保险比例为 100%	享有社会养老保险与医疗保险 115 人,占户籍人口的 54%

资料来源:深圳市 XX 街道志。

三 北京市海淀区调查对象基本情况的说明

DS 乡（加挂地区办事处牌子）位于北京城的北侧、海淀区的东部，处于中关村科技园核心区，是北京市比较典型的城乡结合部地区，辖区内既有已经建成的若干居民区，也有若干村民委员会，既有城市居民，也有不少身份还是农民却不再从事农业生产的农民。2001 年 11 月 7 日，为贯彻落实北京市第二次城市管理工作会议精神和北京市《关于城乡结合部地区加快建设加强管理的意见》精神，海淀区政府决定撤销大钟寺和太平庄村委会建置，保留原大钟寺村和太平庄村集体经济组织。2001 年 12 月，DS 地区办事处成立，与 DS 乡实行一套人马、两块牌子，下辖 3 个居民委员会，即MF、QT、BJJY 社区居委会，地区办事处辖区 8.28 平方公里。2002 年，开始进行集体资产处置和经济体制改革工作，各经济合作体陆续向股份经济合作社转变。

DS 乡域南部早先为北京的近郊区，主要为京城提供丰富的果蔬、蛋禽，形成北下关老居民区，北京清河地区为京北交通要冲，较早建成近代工业企业区，形成清河集镇。新中国成立后，根据 1953 年首都城市建设总体规划方案和《改建与扩建北京市规划草案要点》，清河以南规划为西北郊文教区，清河地区规划为工业区的一部分。20 世纪 60 年代，乡域内大专院校、科研机构、企业、机关单位逐渐密集，村庄、耕地与现代建筑相互环绕，形成了"都市里的村庄"。改革开放后，北京城市进入大规模开发建设阶段，乡（办）企业、商业、服务业得到快速发展。乡域范围内村庄与现代化高大建筑交错，拥有三环路、四环路、五环路、学院路、知春路、成府路、双清路、八达岭高速公路、京新高速公路以及地铁 13 号线、10 号线、15 号线等，形成了四通八达、交通便捷的立体交通网络。DS 乡域内有五塔寺、大钟寺、大慧寺、元代土城、清华园火车站等著名文物古迹。

加挂地区办事处牌子以来，DS 乡承担了对辖区内社区建设和治理的指导任务。为了适应辖区内建成入住的住宅小区不断增加的现实，2014 年，DS 乡根据社区现有户数和党员人数，将社区调整为 6 个，社区工作人员数量由原来的 31 人增加到 76 人，社区工作者队伍结构和知识结构得到明显改善。乡域内 3 个社区共管辖小区 23 个，9844 户 21916 人。北京市海淀区 DS 乡社区情况如表 3-4 所示。2012 年 11 月，DS 乡（地区办事处）成立了社区建设与管理办公室，主要职责包括：一是负责社区居民委员会的新建、撤销和调整工作；二是指导社区居民委员会换届选举工作；三是指导社区居委会开展居民自治等工作；四是小区业主委员会备案登记工作；五是社区工作者队伍管理等。社区建设与管理办公室负责组织社区开展公益事业的资金渠道主要是社区公益金，每个社区每年 15 万元，全乡每年共计 90 万元，资金主要用于购买服务项目，培育发展社区社会组织，包括开展社区文体、教育、治安、精神文明建设等公益事业活动所需的活动场地、活动器械、活动宣传、活动奖品、活动劳务等费用。

表 3-4 北京市海淀区 DS 乡社区情况

| 时间 | 社区（村） | 辖区面积（平方公里） | 人口总量 | | | | |
			户籍人口（万人）	占比（%）	流动人口（万人）	占比（%）	合计（万人）
2005 年	5 个村、3 个社区居委会	54.60	1.6083（其中农业户口 6428 人）	19.84	6.500	80.16	8.1083
2017 年	5 个村、6 个社区居委会	8.28	2.1916	34.74	4.1167	65.26	6.3083

资料来源：DS 乡志，调研收集资料。

我们组织调查员进入 DS 乡开展调查，抽取该乡的 3 个社区和 1 个村，所调查的 3 个社区和 1 个村均具有由"乡"转"城"的特点，其中 2 个社区分别成立于 1964 年（BJJY 社区）和 1969 年（QT 社区），1 个社区（MF 社区）成立于 2003 年 6 月，1 个村（BJ 村）尽管依然保留村的行政编制，还有 100 多位农民，但实际上这些农民都已经不再从事农业生产。在 BJJY 社区、QT 社区、MF 社区和 BJ 村中，居住着数量不等的流动人口（见表 3-5），这些社区（村）处于不同的经济发展阶段。

表 3-5　北京市海淀区 DS 乡调查对象基本情况

类目		BJY 社区	QT 社区	MF 社区	BJ 村
人口	总人口	15960 人	9629 人	略	1121 人
	户籍人口	4206 人	5569 人	4565 人	1003 人转居+118 人未转居农民
	流动人口	11754 人	4060 人	不详	0 人
面积		5 平方公里	2.5 平方公里	原 3 平方公里,现 0.157 平方公里	约 8.45 平方公里
位置与发展历程		位于 DS 乡的西北部,东临双清路,西临京包线铁轨,南临五道口,北临学院路街。东起学院路北街;南起西王庄北街,北到清河清河纺厂一街。主要由前八家村,后八家村,前八家东区,前八家南区,东进村,成府路 35 号等构成。1964 年社区居委会成立,属学院路街道管辖。2003 年 6 月地区办事处成立,划归 DS 地区办事处管理。居委会下设 24 个居民小组,居民代表 45 人。1991 年是第一届三年换届选举。户籍居民中,有男性 1595 人,女性 1598 人,育龄妇女 1076 人,低保人员 9 人,残疾人 62 人,社区居民大多为农转非人员,极少数为学校及单位的干部,职工家庭及离退休人员。	位于 DS 乡的东北部,东接京昌临昌平乡小口,西接京昌路,南到冶金研究所,中国电力和科学院田,北起和田宽窑油厂,包括前屯,后窑,西小口 4 个村屯,潘庄,西小口 4 个村和君安家园,来镇家园 2 个小区,3275 户。前屯,潘庄,西小口至挂正在户 769 户,西小口拆正在建待回迁中。社区形成之前,基本上是稻田和蔬菜大棚,大多数是农民,只有少数居民。后社区形成了 20 世纪 60 年代后期,因地名得名,成立于 1969 年,原由清河街道管辖,2003 年由 DS 地区办事处接管,最早居委会只有 2 人,2006 年,居委会	位于 DS 乡东北部,东临朝阳区,西临西三旗,南临谈河路,北临昌平区。社区东到宝盛东路,西到清河滨河路,北到永泰东路北。社区成立于 2003 年 6 月,居委会由 7 人组成,原属西三旗街道管理。居民户籍 944 户 1780 人,外来流动人口 145 人,管辖宝盛里小区,河家北村,黑泉村,武警宿舍一座家属楼,有当地超转人员 11 人,地退人员 4 人,残疾人员 7 人,低保户 1 户。2005 年,居委会管理宝盛北里西区,观澳园南区,泰欣园,观林园,观景园和芳清园。随着城市化建设的加快,周边商品楼小区不断增加,并划入社区管理范围,泰欣苑小区为部队家属院,宝盛北里苑地	位于 DS 乡中部,其范围东至小月河,南到五道口,西到海淀区大石桥,北到清河以南。南北长,东西窄,地势平坦。地名始见于明朝,相传永乐年间建造地方文献时,这里曾土质黏结易做砖,北京城时,山东,河北等省的 8 座砖窑,故得名"八家儿"。又过些年,山东等地的移民来到这里的北边,男的给衣服,商居而住,维持生活,形成后八家。现代意义上的 BJ 村于 1976 年形成,由原 DS 公社前八家大队和后八家大队合并而成,辖前八家村,后八家村,东柳村,西柳村,石板房等十几个自然村。1984 年,八家大队更名为 BJ 村民委员会,八家大队党总支改为 BJ

续表

类目	BJJY社区	QT社区	MF社区	BJ村
位置与发展历程	主要包括楼房小区管理和平家园小区管理，其中楼房小区包括八家嘉园小区、成府路35号楼、双清路85号院、红杉国际公寓、平房区包括西直门平房、西王庄平房，以及已经拆迁但仍需提供计生服务的大石桥居民。	下设15个居民小组，有居民代表31人。社区党支部成立于1994年。2000年以前，居民代表会选举采取居民投票的方式进行，从2000年开始，选举采取居民代表大会的形式进行，每三年一届。居民代表大会每年至少举行2次。2006年，社区常住居民1740户（户籍数），社区有楼房19栋48个楼门，平房4个村共691人。居住人口有及部分转业居、纯居民和离退休人员	由科技大学职工、邮电大学职工、农转非人员、拆迁人员组成。2006年6月，居委会举行换届选举，通过入户宣传、登记，推选居民代表29人，居民小组长15名，由居民代表选出居委会工作人员7人。2013年12月，观林园、观景园、芳清园园成立奥北社区，2015年5月，宝盛里小区、观澳园小区、泰欣苑小区成立龙岗社区	BJ村党总支，八家大队集体经济组织改为DS乡农工商京海分公司（1990年经北京市工商行政管理局登记注册，成立了京海农工商公司）。其中BJ村党总支负责村的全面工作，BJ村民委员会负责村务及行政事务，管理5个村民小组。京海农工商公司负责经济工作。村域周边有国家自然科学基金委员会、清华大学等10余家中央及企事业单位
辖区经济发展状况或服务管理状况		社区党组织书记1人，副书记1人，居委会主任1人，副主任1人，委员6人，有社区卫生服务站工作人员3人，有残疾人协管员1人，劳动协管员1人，流动人口协管员1人，网格协管员1人，办公及活动室面积220平方米左右。社区内有一个	社区办公用房面积165平方米，居委会102平方米，服务站80平方米、室内活动场所面积94.2平方米、室外活动场所院300平方米，西院100平方米。社区服务设施有居委会、服务站、活动室，为居民提供安全维护、环境卫生、民政等服务、计生妇联、文体活动等服务。现有工作	21世纪以来，因为城市建设、奥运筹办、道路整治、退地建绿、退耕还林等工作的推进，BJ村的集体土地不断被征用，农业发展迅速萎缩。2000年10月，经过研究决定、撤销生产队建制，按照党、政、经分离的原则，成立了村民小组、农业管理站、物业公司、治安联防队伍，在此基础上成立老年

续表

类目	BJY社区	QT社区	MF社区	BJ村
辖区经济发展状况或服务管理状况	社区党支部成立于1989年3月,现有正式党员148人,3名预备党员。有支部书记1人,组织委员各1人,纪律委员和文体委员各1人。社区现有工作人员11人,其中主任1人,副主任1人,委员9人,交叉任职2人,39个居民代表。主要负责居民日常服务与管理,完善社区建设,举办各类活动,文化宣传,打造特色品牌服务、整治环境卫生,维护安全稳定等。社区服务站占地面积56平方米,现有工作人员11人,其中站长1人,劳动协管员2人,网格协管员1人,青年专职1人,残疾协管员1人。社区服务站主要为辖区居民服务。社区服务站老年人、生活困难群体、育龄妇女、计划生育家庭、青少年、流动人口、失业、灵活就业、社会化退休人员等各类群体提供社保、计生、妇联、残疾人等服务。社区流管站有工作人员10人,主要为流动人口提供办理居住证、居住卡、实有人口登记、拆除群租房及违建、非京籍适龄儿童入学房屋审核,配合社区开展社区网格管理工作等服务	社区服务站,80平方米左右,这是政府设在社区层面的公共服务平台,工作职责主要是代理代办政府在社区的公共事务,包括政府各职能部门延伸到社区的公共服务,如社会保障、社会福利、社区计划生育等,以及社区三级社区服务网络,利用96156社区服务便民服务热线,开展社区便民利民服务活动,及时了解反映社情民意,依法组织居民自治,开展人民调解,提供法律咨询等,做好宣传工作,向地区办事处、社区党组织等汇报工作,向社区居委会通报工作,与物业管理单位加强沟通。具体包括:社区统计,计划生育、青少年服务、社会保障、残疾人服务、为老服务、民政服务、劳动就业等	人员14人,其中支部专职工作人员2人,居委会工作人员1人,服务站专职工作人员1人,协管员5人。社区服务站办公场所80平方米,居委会主任兼任5名,配备工作人员6名,其中劳动协管员1人,流管员1人,网格协管员2人,服务站工作人员2人。主要承接地区各科室工作,为居民办理社会福利和为老服务、劳动就业和社会保障、住房保障和助残服务人口与计划生育、流动人口管理,社区综合事务等相关业务。设有警务室1人,社区民警1人,配备6名辅警人员	党支部、物业党支部、联营党支部、农业党支部。对村办、队办的25家企业根据实际情况分别予以关闭或改制,实现了"挂账"企业与集体资产脱离,清晰了产权,净化了集体资产,2001年确立了"寸土寸金,捷足先登"的开发思路,将土地资源转化为优良资产,通过近10年的努力,放大地壮大了集体资产。2004年启动集体经济体制改革,完成集体资产清产核资,确认BJ村集体资产总资产35180.4万元,净资产33393.2万元。完成退偿老股金工作,退偿961人老股金,共计2063040元。至2006年,集体资产处置和经济体制改革工作顺利推进。2008年,顺利完成体制改革组织建设,由387名股东选举出39名股东代表,正式成立股份合作社的董事会和监事会成员,选举产生第二届股东代表41名。2011年12月,实行换届选举,选举产生第三次换届,选举产生股东代表45名

续表

类目	BJY社区	QT社区	MF社区	BJ村
市政道路与市政管理	中关村东路（部分）、成府路、双清路、荷清路、月泉路，有京包铁路、京张高铁，13号地铁、15号地铁等通过	小营东路、育新花园西路、前屯路、西小口路	黑泉路、宝盛里路、永泰东路等	BJ村东有京昌路，南有成府路，北有五环路，还有林大北路，后八家路、学清路、双清路、清华东路等。建有BJ村新居民服务中心、社会服务中心和综治维稳中心。
公用事业发展状况或整体改造工作	社区增设电子大屏，紧急救援箱、药民展示柜，便民老花镜与雨伞、增设便民修脚、理发等项目。增设2家流动菜车，更换了破损的垃圾桶，安装了轨道座椅，完成断头路改造及车棚监控探头的安装，开展了灯门号变更的宣传。为成府路35号增设地笼、灭火器、安装监控探头及路灯、改造废弃车棚为老年活动门室、实现门禁设施全覆盖及楼道门窗更换。对西连平房区进行给排水设施改造，安装了路灯、增添了垃圾桶等。社区有志愿者服务队，增设健身器材、合唱队、秧歌队等社区组织13支，社区工编织组等。有图书室1个，社区内有1家文明市民学校1所，手工组、书法协会等人数超过500人。	社区有面积约400平方米的健身路径，有乒乓球桌1台，健身器材1套。社区有电脑、平板、交互式数学屏幕、全媒体科学视窗，智能检测一体机等。社区有面积75平方米的综合文化服务中心，人流量逐年增加，举办公共文化活动场次逐年增多与公共文化活动的参与人数逐年增长。公共投入文化经费逐年增长。社区有舞蹈队、秧歌队、合唱队、手工组、书法组织7支，社会群团组织7支，组织各种兴趣市民学校，组织各种兴趣	有舞蹈队1支、合唱队1支、晨练队1支，其中舞蹈队代表参赛多次，获奖4次以上。有志愿服务队1支，注册志愿者277人，共有5支志愿服务队，分别是社区宣传服务队、治安服务队、为老服务队，环保服务队和调解服务队。2013年1月，经过广泛宣传发动，推荐和自荐，社区共评选出522户"五好文明家庭"。持续开展了邻里互助等一系列活动。持续制定了2006~2009年，2009~2012年、2012~2015年、2015~2018年工作计划或规划	BJ村作为全市50个挂账重点村之一，于2009年正式启动改造。改造项目主体是北京市土地整理储备中心和海淀区分中心，由BJ村集体经济组织成立的某房地产公司作为实施单位，进行项目一级开发，二级房地产公司为主体。BJ设也以该房地产公司为主体。BJ地区位于双清路、城铁和北五环围成的三角区域内，于2009年下半年开始启动集体房屋的拆正腾退工作，当年底完成16万平方米集体房屋拆迁，2010年4月16日启动个人住户拆迁腾退，涉及总院落数1397个，截至2010年底完成拆迁腾退，并于2011年底向清华大学供地。共拆除农户838户，

续表

类目	BJJY 社区	QT 社区	MF 社区	BJ 村
公用事业发展状况或整体改造工作	中央直属单位。周边配套包括东升实验小学、便民超市、农商银行、小学生托管班、老年人日间照料所、东升社区卫生服务中心、邮政局等	班,开展文明礼仪教育、爱国主义教育、法律知识教育。社区还有文化室、多功能活动厅、图书室等,图书藏书 2000 册。社区志愿者队伍约 500 人。从 2003 年起,居委会每年举办一届金秋文化节、一届运动会。2004 年获海淀区先进居委会称号。2005 年获北京市先进居委会称号和海淀区学习型社区先进单位称号。社区与辖区物业、军休所、乐龄家苑(社会组织)、社区卫生院、社区居民、东坡小明星艺术学校、东坡居等开展共建共享活动		居民住户 1866 户,改造范围内安置人口 6026 人,其中农业人口 1433 人,居民 3593 人。拆除旧村建筑面积约 46 万平方米,其中拆除住宅建筑面积约 30 万平方米,非住宅建筑面积约 16 万平方米。回迁安置项目规划住宅及配套楼共计 24 栋,建筑层数为 27 层/负 3 层,建筑控制高度为 80 米,主要是住宅和居住公共服务设施。项目占地面积为 117300 平方米,总建筑面积 466067.88 平方米,安置房总套数 3926 套。于 2013 年 6 月启动拆迁前办理居住手续,截至 2017 年 3 月,99%的回迁户已经入住。转居工作自 2015 年 2 月开始启动,截至 2017 年 3 月已经完成 1003 人的转居工作,剩余 118 名农民未办理转居,整建制转居需资金 4 亿元,资金来源是村镇历年征地转人安置资金

资料来源:DS 乡志,调研收集资料。

综上所述，我们可以较为清晰地看到，北京市海淀区 DS 乡正处于由乡转城的城市化进程中，其中既有成立较早、早已按照城市管理体制提供服务管理的城市社区，也有 20 年前刚刚成立的社区，其中大多数居民已经按照城市居民的生活方式开展日常就业等活动，还有少量处于转变过程中的农村。我们看到，海淀区 DS 乡的城市化进程已经进入尾声，调查的 BJ 村早已完成拆迁安置工作，农民转居民的工作也已经完成绝大部分，只剩下 100 多人未完成转居工作，大部分村民已经成为城市居民融入各自的社区，同时作为股民享受一定的分红。辖区内流动人口有所减少。农村集体经济组织已经完成股份制改造并积累了较多的建筑资产，为未来股民的分红奠定了较好的经济基础。但目前的信息中对地区经济社会发展、公用事业、流动人口等的描述较少，因此，其包容性发展的情况同样有待进一步的研究分析。

第二节　调查的基本情况与信度效度分析

在城市化推进的过程中，超大城市中处于不同区域、不同发展阶段的城乡结合部社区包容性发展状况如何？其包容性发展状况是否与社区的各种因素紧密相关？这是一个值得深入研究的重大课题。

一　调查的基本情况

我们组织调查队员分别到深圳市宝安区某街道办事处和北京市海淀区某乡开展调查。

深圳市和北京市开展对比研究的街道办事处和乡由于各自所处的发展阶段不同，情况不一，且处于不同的调整变化中，所以面积和人口规模有所不同，所选取的 7 个社区和 1 个村的情况也千差万别，特别是人口数量存在较大差异，其中北京市海淀区 1 个村由于处于城市化的尾声，实际上只剩下 100 多名村民尚未转居，其主要职责是经营由集体经济组织转制而来的股份制公司，北京市海淀区另外 3 个社区人口数量不等，但规模相对均衡。深圳市宝安区有的社区尽管本地户籍居民只有 1000 人不到，但辖区内居住的流动人口高达 120000 人，有的社区本地户籍居民只有 200 多人，而流动人口在 10000 人以上。

根据对包容性理论的相关梳理，从政治发展、经济发展、文化发展、社会发展和公共服务等五个维度来考察社区包容性发展情况并设计了若干问题，加上调查对象个人基本情况，调查问卷主要包括 6 个方面 69 个问题。我们在深圳市和北京市共回收有效问卷 804 份，对有效问卷进行编码录入后，采用 SPSS 软件和 SAS 软件①对问卷结果进行统计分析。

基本情况共 15 个问题，主要包括性别、年龄、所在社区、是否本地户籍或外来人口、农业户口或非农业户口、家庭规模、婚姻状况、单独居住或家庭居住、子女情况、是否与子女在一起、是否与父母在一起、在本社区居住时间、文化程度、政治面貌和职业类型。调查对象的基本情况如表 3-6 所示。由于 H 社区的调查对象只有 14 人，考虑其居民正在变为 E 社区的居民，故统计分析时，将 1.3 问题的选项 H 与 E 合并。问题 1.7.1 是跳选题，录入分析时增加 C 选项"不适用"，1.8 题如果选 D，则 1.7.1 增加选项 C "不适用"，6.8 题增加选项 E "不适用"。2.1 题如果选 C，则 2.2、2.3、2.4.、2.5、2.6 和 2.7 增加选项 F "不适用"，6.1、6.2、6.3、6.4 和 6.5 增加选项 D "不适用"。

表 3-6　北京与深圳两地城乡结合部社区调查对象的基本情况

单位：%

问题	选项	比例
本地人口与外来人口比例	本地	42
	外地	58
性别结构	男性	46
	女性	54

① SAS 软件是由美国北卡罗来纳州立大学 1966 年开发的一个统计分析软件，这是一个模块化、集成化的大型应用软件系统，由数十个专用模块构成，功能包括数据访问、数据储存及管理、应用开发、图形处理、数据分析、报告编制、运筹学方法、计量经济学与预测等。

续表

问题	选项	比例
年龄结构	18~30 岁	30
	31~45 岁	39
	46~60 岁	22
	61 岁及以上	9
婚姻状况	单身	24
	已婚	71
	离异	4
	丧偶	1
是否与爱人住在一起	在一起	63
	不在一起	8
	不适合	29
子女数量	3 个及以上	5
	2 个	22
	1 个	44
	0 个	29
子女是否住在一起	在一起	50
	不在一起	20
	不适合	30
父母是否住在一起	在一起	36
	不在一起	64
户口类别	农业户口	24
	非农业户口	71
	不适合	5
家庭人口情况	5 口人及以上	24
	4 口人	24
	3 口人	36
	2 口人	11
	1 口人	5
在本社区居住时间	半年及以内	15
	半年至 2 年(含 2 年)	19
	2 年至 5 年(含 5 年)	19
	5 年至 10 年(含 10 年)	21
	10 年以上	26

问题	选项	比例
文化程度	中学、中专及以下	45
	大专	28
	本科	24
	研究生及以上	3
政治面貌	中共党员	15
	民主党派	1
	普通群众	80
	其他	4
职业状况	国家机关、党群组织、企业、事业单位负责人	8.6
	专业技术人员	16.7
	办事人员和有关人员	13.2
	商业和服务业人员	24.2
	农林牧渔水利业生产人员	0.4
	生产、运输设备操作人员及有关人员	3.0
	军人	1.6
	不便分类的其他从业人员	32.3

资料来源：根据问卷统计分析结果整理。

个人是实现包容性发展的重要前提，基本情况一定程度上可以反映不同个体在社区包容性发展中所处的位置。从表3-6可以看出，调查对象中本地人口与外来人口比例接近两市本地人口与外来人口的比例，其中北京市常住人口中本地户籍人口占比高于外来人口，深圳市外来人口比例高于本地户籍人口，性别中也是女性略多于男性，以就业阶段年龄人口、已婚、非农业户口、普通群众等为主，在本社区居住时间大多数在2年以上，职业分布的行业领域较广，文化程度高于全国总体情况，考虑到北京和深圳是中国两座超大城市，各类精英集聚，剔除年龄低于18岁的儿童和青少年，年龄较大的老年人，文化程度略高于全国平均水平也是合理的，所以可以得出结论，本次问卷调查对象与两地常住人口的状况是基本吻合的。

二 社区包容性发展相关指标的信度分析

问卷调查是一种测量，"测量的有效性和可信程度决定了整个研究的最终意义"[1]，信度分析和效度分析是评估调查问卷结果有效性和可信程度常用的两种方法。

所谓信度是指"量表或测量数据（结论）的可靠性或稳定性"[2]，一般用信度系数来表示。"检验内在信度最常用的方法是 L. J. Cronbach 所创的 alpha 系数。Cronbach's alpha 系数值介于 0~1，一个量表的信度愈高，代表量表愈稳定……Nuuanlly 认为，Cronbach's alpha 系数值等于 0.70 是一个较低但可以接受的量表边界值。De Vellis 提出，如果 Cronbach's alpha 系数值在 0.60~0.65 最好不要，Cronbach's alpha 系数值介于 0.65~0.70 是最小可接受值，Cronbach's alpha 系数值介于 0.70~0.80 相当好，Cronbach's alpha 系数值介于 0.80~0.90 非常好，Cronbach's alpha 系数值如果在 0.90 以上，表示测验或量表的信度甚佳。"[3] 课题组分别测量了经济发展、政治发展、文化发展、社会发展、公共服务等各部分变量的 Cronbach's alpha 系数，发现各部分变量的 Cronbach's alpha 系数均大于 0.8（见表 3-7），其中政治发展、文化发展和社会发展 3 个维度变量的信度大于 0.9，说明本次问卷调查结果很可靠稳定，各部分变量之间的一致性极好。

表 3-7 问卷调查结果的信度

经济发展变量信度	政治发展变量信度	文化发展变量信度	社会发展变量信度	公共服务变量信度
0.853545	0.923775	0.918096	0.909205	0.841315

资料来源：调查问卷分析结果。

---

[1] 郑杭生主编《社会学概论新修（第三版）》，中国人民大学出版社，2003，第 472 页。

[2] 袁振龙：《社会资本与社区治安》，中国社会出版社，2010，第 71 页。

[3] 吴明隆编著《SPSS 统计应用实务》，中国铁道出版社，2000，第 9、47 页；转引自袁振龙《社会资本与社区治安》，中国社会出版社，2010，第 71 页。

三 社区包容性发展相关指标的效度分析

"效度越高，表示测量结果越能显示其所要测量的对象的真正特征。效度是任何科学的测量工具所必须具备的条件。"[①] 这里使用主成分分析法对问卷调查的相关指标进行效度分析。所谓"主成分分析法"，是指通过正交换将一组可能存在相关性的变量转换成一组线性不相关的变量，转换后的这组变量叫作主成分。主成分分析法是考察多个变量间相关性的一种统计方法，即从原始变量中导出少数几个主成分，使它们尽可能多地保留原始变量的信息，且彼此间互不相关。北京市和深圳市超大城市城乡结合部社区发展相关指标的主成分分析结果如表3-8所示。

表3-8　社区发展各维度的主成分效度比较

单位：%

维度	主成分	可累计解释方差
经济发展	主成分1、主成分2和主成分3	83
政治发展	主成分1和主成分2	75
文化发展	主成分1	62
社会发展	主成分1和主成分2	61
公共服务	主成分1和主成分2	57

资料来源：调查问卷分析结果。

（一）经济发展主成分分析

经济发展维度共设计了11个指标，选取特征值大于1的主成分，为主成分1（prin2-1）、主成分2（prin2-2）和主成分3（prin2-3），可累计解释83%的方差。根据主成分的线性系数，主成分1可以描述为对工作和收入的满意程度，问题2.2、2.3、2.4、2.5、2.6、2.7的系数为正向最大，分别为0.406695、0.400095、0.405493、0.406726、0.402601和0.403213；主成分2可以描述为生活和居住情况，问题2.9、2.10和2.11的系数为正向最大，分

――――――――――

[①]　郑杭生主编《社会学概论新修（第三版）》，中国人民大学出版社，2003，第478页。

别为 0.545173、0.505039、0.650981。主成分 3 可以描述为收入水平，问题 2.8 的系数为正向最大，为 0.839918。所以，衡量经济发展水平的指标排序是主成分 1>主成分 2>主成分 3，可解释方差分别是 0.57、0.15 和 0.11。

（二）政治发展主成分分析

政治发展维度共设计了 9 个指标，选取特征值大于 1 的主成分，为主成分 1（prin3-1）和主成分 2（prin3-2），可累计解释 75%的方差。根据主成分的线性系数，主成分 1 可以描述为政治发展的综合水平，尤其是社区组织各项活动的参与程度，问题 3.1、3.2、3.3、3.4、3.5 和 3.6 的系数为正向最大，基本在 0.35 左右。主成分 2 可描述为社区业主委员会的被了解程度，问题 3.7 和 3.8 的系数为正向最大，基本在 0.5 左右。衡量政治发展水平的指标排序是主成分 1>主成分 2，可解释方差分别为 0.62 和 0.13。

（三）文化发展主成分分析

文化发展维度共设计了 9 个指标，选取特征值大于 1 的主成分，只有主成分 1（prin4-1），可解释 62%的方差。根据主成分的线性系数，主成分 1 可描述为文化发展的综合水平，尤其是社区文化活动的普及程度以及文体达人、风俗习惯、趣闻逸事的被了解程度，问题 4.9 的系数正向最小，只有 0.17，其他问题的系数都较大，均在 0.35 左右。因此，除问题 4.9 外，其他问题都对衡量文化发展水平有明显影响。

（四）社会发展主成分分析

社会发展维度共设计了 9 个指标，选取特征值大于 1 的主成分，为主成分 1（prin5-1）和主成分 2（prin5-2），可累计解释 61%的方差。根据主成分的线性系数，主成分 1 可以描述为社会发展的综合水平，尤其是与社会组织、社区居委会、社区服务站、社区其他居民的互动程度，以及对社区居委会、社区服务站和邻居的信任程度，问题 5.1、5.2、5.3、5.4、5.5、5.6、5.7、5.8 和 5.9 的系数为正向最大，均在 0.3 左右。主成分 2 可以描述为更愿意交往的人群和了解社区活动渠道的数量，问题 5.10 和 5.11 的系数为正向最大，为 0.7 左右。因此，衡量社会发展水平的指标排序是主成分 1>主成分 2，可解释方差分别为 0.49 和 0.12。

（五）公共服务主成分分析

公共服务维度共设计了 11 个指标，选取特征值大于 1 的主成分，为主成分 1（prin6-1）和主成分 2（prin6-2），可累计解释 57% 的方差。根据主成分的线性系数，主成分 1 可以描述为公共服务的综合水平，尤其是是否享有各项保险和补贴，问题 6.1、6.2、6.3、6.4、6.5、6.6、6.7 的正向系数最大，均在 0.3 左右。主成分 2 可以描述为当地政府提供的职业教育培训普及程度和公共服务、权利被保护的满意度，问题 6.9、6.10 和 6.11 的正向系数最大，均在 0.5 左右。因此，衡量公共服务水平的指标排序是主成分 1>主成分 2，可解释方差分别为 0.40 和 0.17，问题 6.8 的影响不明显。

简要小结：根据各主成分的方差比例，得到主成分综合得分作为各项指标的得分，各主成分的系数大小代表了能解释的方差比例，所以，系数越大对各部分得分的影响越大。

Score2（经济发展得分）= 0.5683×prin2-1+0.1536×prin2-2+0.1085×prin2-3。

Score3（政治发展得分）= 0.6247×prin3-1+0.1222×prin3-2。

Score4（文化发展得分）= 0.6211×prin4-1。

Score5（社会发展得分）= 0.4869×prin5-1+0.1192×prin5-2。

Score6（公共服务得分）= 0.4009×prin6-1+0.1719×prin6-2。

总体而言，运用主成分分析法，发现社区包容性发展五个维度的效度均不错，经济发展的解释力最强，政治发展的解释力最关键，文化发展、社会发展和公共服务也有较强的解释力，经济发展、政治发展、文化发展、社会发展与公共服务共同构成了包容性发展的基本框架。

四 北京市和深圳市城乡结合部社区发展的差异

使用 Kruskal-Wallis 检验和 ANOVA 分析法①分析发现，各社区在经济发

---

① Kruskal-Wallis 检测是利用多个样本的秩和来推断各样本分别代表的总体的位置有无差别，最后按所取检验水准做出推断结论。方差分析（Analysis of Variance，ANOVA），又称"变异数分析"，是 R. A. Fisher 发明的，用于两个及以上样本均数差别的显著性检验。

展、政治发展、文化发展、社会发展和公共服务等五个维度均存在显著的差异（p<0.0001）。

在经济发展方面，使用 Kruskal-Wallis 检验发现北京市和深圳市 8 个样本社区的经济发展状况有显著差异（p<0.0001）；使用 ANOVA 分析法进行两两比较发现，LD 社区、LT 社区、YT 社区、BJJY 社区、BJ 村的经济发展水平明显高于 QT 社区和 MF 社区；ZB 社区处于中间水平无显著差异。

在政治发展方面，使用 Kruskal-Wallis 检验发现北京市和深圳市 8 个样本社区的政治发展状况有显著差异（p<0.0001）；使用 ANOVA 分析法进行两两比较发现，BJJY 社区的政治发展水平明显高于 LD 社区和 ZB 社区；其他社区处于中间水平无显著差异。

在文化发展方面，使用 Kruskal-Wallis 检验发现北京市和深圳市 8 个样本社区的文化发展状况有显著差异（p<0.0001）；使用 ANOVA 分析法进行两两比较发现，BJJY 社区的文化发展水平明显高于 LD 社区、ZB 社区和 YT 社区；其他社区处于中间水平无显著差异。

在社会发展方面，使用 Kruskal-Wallis 检验发现北京市和深圳市 8 个样本社区的社会发展状况有显著差异（p<0.0001）；使用 ANOVA 分析法进行两两比较发现，BJJY 社区的社会发展水平明显高于 LD 社区、ZB 社区、YT 社区和 QT 社区；其他社区处于中间水平无显著差异。

在公共服务方面，使用 Kruskal-Wallis 检验发现北京市和深圳市 8 个样本社区的公共服务发展状况有显著差异（p<0.0001）；使用 ANOVA 分析法进行两两比较发现，BJJY 社区和 BJ 村的公共服务水平明显高于 LD 社区和 ZB 社区；其他社区处于中间水平无显著差异（见表 3-9）。

表 3-9　北京市和深圳市 8 个样本社区发展状态的比较

维度	好	中间	较差
经济发展	LD 社区、LT 社区、YT 社区、BJJY 社区、BJ 村	ZB 社区	QT 社区、MF 社区
政治发展	BJJY 社区	LT 社区、YT 社区、QT 社区、MF 社区、BJ 村	LD 社区、ZB 社区

维度	好	中间	较差
文化发展	BJJY 社区	LT 社区、QT 社区、MF 社区、BJ 村	LD 社区、ZB 社区、YT 社区
社会发展	BJJY 社区	LT 社区、MF 社区、BJ 村	LD 社区、ZB 社区、YT 社区、QT 社区
公共服务	BJJY 社区、BJ 村	LT 社区、MF 社区、YT 社区、QT 社区	LD 社区、ZB 社区

资料来源：根据调查问卷分析结果整理。

从表 3-9 可以看出，BJJY 社区在经济发展、政治发展、文化发展、社会发展和公共服务方面均处于好的状态；BJ 村在经济发展和公共服务方面处于好的状态，在政治发展、文化发展和社会发展方面处于中间状态；LD 社区在经济发展方面处于好的状态，在政治发展、文化发展、社会发展和公共服务方面处于较差状态；LT 社区在经济发展方面处于好的状态，在政治发展、文化发展、社会发展和公共服务方面处于中间状态；YT 社区在经济发展方面处于好的状态，在政治发展和公共服务方面处于中间状态，在文化发展和社会发展方面处于较差状态；ZB 社区在经济发展方面处于中间状态，在政治发展、文化发展、社会发展和公共服务方面处于较差状态；QT 社区在经济发展和社会发展方面处于较差状态，在政治发展、文化发展和公共服务方面处于中间状态；MF 社区在经济发展方面处于较差状态，在政治发展、文化发展、社会发展和公共服务方面处于中间状态。除了 BJJY 社区在五个方面均处于好的状态外，其他社区的发展总体上呈现一种不平衡的特征。

第四章

超大城市城乡结合部社区经济发展
包容性的现状与问题分析

经济发展是包容性发展的重要内容，也是实现社区包容性发展的重要基础。只有当超大城市城乡结合部地区的居民（含就业年龄阶段的户籍居民和流动人口）在城市中拥有稳定的职业，收入稳定且达到一定水平，并有较好的居住条件后，其融入城市才具备较好的经济基础。所以，观察分析超大城市城乡结合部社区包容性发展状况，首先需要观察的就是居住生活在城乡结合部的居民经济发展状况。同时，分析超大城市城乡结合部社区居民的不同经济发展状况主要受哪些因素的影响制约，从而为进一步探讨改善超大城市城乡结合部社区居民经济发展的思路与路径奠定一定的基础，以推动超大城市城乡结合部社区实现更高水平的包容性发展。

第一节　包容性经济发展研究概述

近些年来，国内外学术界对经济融合（经济整合、经济融入等）较为关注，涌现出一批较为重要的研究成果。学者们对准市民或农民工的收入和流动人口或农民工在城市及劳动力市场上的地位等展开较多的研究，同时还关注到农民工融入城市的成本及路径等问题。尽管学者多使用经济融合、经济融入或经济整合等概念，没有直接使用"包容性经济发展"的概念，但相关的思想和研究可以为我们分析城乡结合部社区包容性经济发展提供重要的基础和线索。

一 农民工（流动人口）经济融合理论

包容性经济发展与经济融合、经济融入、经济整合、农民工市民化等具有十分紧密的关系，学术界较早就关注和讨论了经济融合问题，因此，经济融合理论是研究包容性经济发展的一个重要参照。Alba 等将社会经济融合作为农民工社会融合的一个重要指标，认为社会经济融合是指"在社会经济地位的获得上，与城市主流社会中和自己社会经济背景相同的阶层相比，农民工逐渐达到这个阶层的平均水平或者高于平均水平的过程"[1]。

农民工（流动人口）经济融合的主要条件。田凯指出，"农民工适应城市生活，须具备三方面条件：一是在城市找到相对稳定的职业；二是这种职业带来的经济收入及社会地位能够形成一种与当地人接近的生活方式，最后，由于这种生活方式的影响，使他可能接受并形成新的、与当地人相同的价值观"[2]。朱宇则认为，"稳定的收入和好的保障水平是影响流动人口做出永久迁移的原因"[3]。赵艳枝的研究表明，"在迁入地工作时间长、工作稳定、家庭式流动、在迁入地已购买和自建住房、原来属于农业户籍的人口更愿意在迁入地定居"[4]。Myers 等认为，测量农民工社会经济融合的指标包括"移民的职业、收入、房产的拥有和居住条件等"[5]。周皓提出的社会融合指标体系中，经济融合"首先是迁入人口在迁入地居住并获得一定的经济收

① Alba R., Nee V., "Rethinking Assimilation Theory for a New Era of Immigration," *International Migration Review*, 1997, 31 (4): 826-874.

② 田凯：《关于农民工的城市适应性的调查分析与思考》，《社会科学研究》1995 年第 5 期。

③ 朱宇：《国外对非永久性迁移的研究及其对我国流动人口问题的启示》，《人口研究》2004 年第 3 期。

④ 赵艳枝：《外来人口的居留意愿与合理流动——以北京市顺义区外来人口为例》，《南京人口管理干部学院》2006 年第 4 期。

⑤ Myers D., Gao X., Emeka A., "The Gradient of Immigrant Age-at-Arrival Effects on Socioeconomic Outcomes in the U. S.," *International Migration Review*, 2009, 43 (1): 205-229.

入，其主要标志是有固定的住所及稳定、平等的经济收入，除此之外，职业属性和社会保障状况也可以考虑"①。杨菊华则指出，"经济整合是流动人口在流入地生存和发展的前提，也是全面融入流入地的最基础保障；若流动人口不能实现在流入地的生存立足，则会极大地制约其在其他方向的发展……经济整合的指标包括'职业、收入和社会保险'"②。学者们大多认为，稳定的职业、较好的经济收入及居住条件等是经济融合的重要条件。

农民工（流动人口）经济融合的实证研究分析。温州综合改革课题组对温州市新居民社区融合的调查发现，"经济融入度较好，但新旧居民就业单位差异大。具体表现在：近半数新居民认为就业机会均等，仅有28.4%的新居民认为在就业机会上和本地人有差别，接近半数的受访者（44.9%）认为本地人和外地人就业并无较大的差别；过半数新居民认为就业待遇公平，有54.8%的居民明确表示根本不存在这种差别，仅有13.5%的新居民认为在工作单位与本地居民相比有区别对待，有44.9%的新居民认为没有差别；但有针对性的就业培训稀缺，有26.9%的新居民参与过本地的职业培训，高达73.1%的新居民没有参与职业培训"③。

彭清华等提出"收入—地位"城乡间关系模型，来论证收入增长模式的包容性内涵。他们指出，"'收入—地位'关系曲线存在城乡二元性，且随着城镇化的推进，这种二元性日益强化。这说明在不同经济系统中，'收入—地位'关系曲线存在差异性，而在不同经济系统之间的迁移将改变个体原有的地位层次，这凸显了'准市民'转变收入增长模式的必要性"④。

柳建坤、张柏杨、陈云松通过定量分析发现，"在个人年收入同时增加的情况下，进城农民对政府解决社会不平等问题的评价会显著提升（0.518），但本地市民的满意度却显著降低（0.098＝0.518−0.616）……对

①　周皓：《流动人口社会融合的测量及理论思考》，《人口研究》2012年第3期。
②　杨菊华：《中国流动人口的社会融入研究》，《中国社会科学》2015年第2期。
③　温州综合改革课题组：《社会融合的制度基础与条件——温州改革的调查与分析》，《社会主义研究》2013年第3期。
④　彭清华、蔡秀玲：《包容性发展视角下"准市民"收入增长模式的转变研究——以农民工为例》，《江西农业大学学报》（社会科学版）2013年第4期。

进城农民保持经济优势的本地市民却因与内部群体的其他人以及自己过去状态的比较而产生'相对剥夺感',进而将不平等的根源归于政府工作的不力。相反,虽然进城农民在群体比较意义上处于弱势,但地域身份的转换却使其获得了相较于流动之前更多的收益"①。这些实证研究发现,经济融合的实现度较高,这主要源于相对均等的就业机会及移民稳定的收入增长,还有学者关注到城市中本地市民的相对剥夺感问题,提醒我们研究包容性经济发展不能忽视城市中的本地居民(含城郊农民)。

农民工(流动人口)的融合失败。谢桂华指出,"以往的国际经验表明,大量的农村移民往往在社会生活上与当地居民隔离,在经济上转化为城市贫民,导致城市社会群体间的割裂,引发群体间的社会矛盾,并带来其他一系列社会问题"②。这就提醒我们,要从包容性经济发展角度关注并防范"城市新贫民"的产生。

二 农民工(流动人口)收入研究

准市民或农民工的收入是 20 多年来国内外学术界研究的一个热点,有十分丰富的研究成果,学者们主要关注农民工的收入状况、与城市工人的收入差距及其原因、制约农民工市民化的因素、推动农民工经济融合的途径等主题。

农民工(流动人口)的收入状况研究。李强的研究发现,"我国城市农民工汇款占农村居民家庭收入的比例,是比较高的……对提高农村家庭收入起到重要作用"③,肯定了农民工收入的积极作用。朱信凯通过对农民工的问卷调查发现,"工资性收入占农民工收入的 93.5%"④,这表明农民工收入主要依靠单一性工资收入。

---

① 柳建坤、张柏杨、陈云松:《社会融合对政府工作满意度的户籍分化效应——基于 CSS2011 数据的实证分析》,《社会发展研究》2018 年第 4 期。
② 谢桂华:《农民工与城市劳动力市场》,《社会学研究》2007 年第 5 期。
③ 李强:《中国外出农民工及其汇款之研究》,《社会学研究》2001 年第 4 期。
④ 朱信凯:《农民市民化的国际经验及对我国农民工问题的启示》,《中国软科学》2005 年第 1 期。

彭清华等通过对农民工工资收入进行三阶移动平均，得到我国近年来农民工持续性收入变化轨迹。可以看出，"我国农民工的持续性收入占比不断下降，从 2003 年的 0.95 降到 2010 年的 0.85，这表明农民工对收入增加的预期不断弱化……当前农民工的收入增长模式不具有包容性内涵，其收入增量达不到地位维持或地位提升的收入要求，无法避免市民化后的'地位落差'"①。

但许光发现，"浙江省新生代农民工的收入水平较高，且分布均衡，72.8%的受访者表示收入水平比初到浙江时有所提高，82.3%的受访者表示工作单位能够按时足额支付工资。总体而言，浙江省新生代农民工的经济收入和工作环境比较优越"②。李振刚采用收入指标来测量农民工的经济融合，主张用"小时工资"然后取对数作为收入因变量，认为"这样更能反映我们关心的核心自变量对收入的真实贡献"③。

农民工（流动人口）的收入差距研究。明瑟尔（Mincer）将"人力资本与收入联系起来，建立教育收益率指标，并证明在统一、竞争的劳动力市场条件下，个体收入差异是人力资本差异在价格上的反映"④。周其仁也认为，"农民工内部也会因为人力资本的不同而产生一定的收入差异"⑤。刘精明结合中国劳动力市场发展过程和对人力资本收益的分析，认为"国家权力和市场力量常常以不同的结合形态相互交织在一起，通过不同的方式改变着各分割部门的结构特征和劳动力市场条件，从而共同决定着当前人力资本回报的基本格局及其变化路径"⑥。

---

① 彭清华、蔡秀玲：《包容性发展视角下"准市民"收入增长模式的转变研究——以农民工为例》，《江西农业大学学报》（社会科学版）2013 年第 4 期。

② 许光：《新生代农民工失范性融入的路径审视与政策创新——以包容性视角下浙江的社会实践为例》，《中共南京市委党校学报》2014 年第 2 期。

③ 李振刚：《新生代农民工文化资本对社会融合影响的实证研究》，《社会发展研究》2017 年第 4 期。

④ Mincer, J., "The Distribution of Labor Incomes: A Survey with Special Reference to the Human Capital Approach," *Journal of Economic Literature*, 1970 (8). 转引自田丰《城市工人与农民工的收入差距研究》，《社会学研究》2010 年第 2 期。

⑤ 周其仁：《机会与能力：中国农村劳动力的就业和流动》，《管理世界》1997 年第 5 期。

⑥ 刘精明：《劳动力市场结构变迁与人力资本收益》，《社会学研究》2006 年第 6 期。

刘林平、张春泥通过对珠江三角洲农民工问卷调查结果的回归分析指出，"农民工的工资处于分割的二元劳动力市场一端的，高度市场化的，缺乏企业内部劳动力市场或晋升机制，也少受劳动力市场用工情况变化影响的，没有地区性差异的一个实实在在的刚性的低工资"[①]。韩俊认为，"农民工在受教育程度和劳动技能上与城市工人相比存在明显的差距"[②]。田丰总结认为，"在解释收入差距的诸多理论中，人力资本和劳动力市场分割是两个占据主流地位的理论。在人力资本理论的解释框架下，人力资本是指劳动力所具有的知识、技能和健康水平等，而教育是其中最重要的人力资本投资……而人力资本理论对人力资本回报率的解释是建立在统一、竞争的劳动力市场的假定基础之上的"[③]。

关于城市居民与农民工教育收益率的研究，有两种不同的观点。阿普尔顿（Appleton）等根据1999年全国城市数据的分析发现，"城市中城镇居民与农民工的教育收益率已非常接近，城镇居民的教育收益率为6%，农民工教育收益率为5.6%"[④]。而武向荣根据2003年中国社会科学院经济研究所的调查数据分析则发现，"城市职工的教育收益率为7.64%，农民工的教育收益率为5.26%，两者人力资本要素的回报率仍然存在明显的差异"[⑤]。学者们普遍承认农民工的收入与城市工人存在差距，人力资本或受教育程度是其中的一个重要原因，但由于统一、竞争的劳动力市场实际上并不存在，因此，不同学者对农民工收入差距的分析存在一定的分歧。

农民工（流动人口）收入差距的原因分析。学者们主要认为分割的劳动力市场导致了农民工的收入差距，受教育程度差异则是另外一个因素。赖

---

① 刘林平、张春泥：《农民工工资：人力资本、社会资本、企业制度还是社会环境？——珠江三角洲农民工工资的决定模型》，《社会学研究》2007年第6期。

② 韩俊主编《中国农民工战略问题研究》，上海远东出版社，2009。

③ 田丰：《城市工人与农民工的收入差距研究》，《社会学研究》2010年第2期。

④ Appleton, S., J. Knight, L. Song & O. Xia, "Contrasting Paradigms: Segmentation and Competitiveness in the Formation of the Chinese Labour Market," *Journal of Chinese Economic and Business Studies*, 2004 (3).

⑤ 武向荣：《中国农民工人力资本收益率研究》，《青年研究》2009年第4期。

德胜认为，"分割的劳动力市场阻断了劳动力在不同地区、行业和职业间横向自由流动，因而产生工资差异和工资歧视问题"[①]，导致"农村居民的教育收益率一直低于城市居民"[②]。Zhao 认为，户籍制度导致农民工的待遇歧视，"表现在工作机会的获取上和工资收入上，同工不同酬现象比较普遍，较高的受教育程度并不一定能为农民工带来较高的回报"[③]。蔡昉指出，"当劳动力大规模地从农村向城市转移，而分割城乡劳动力市场的户籍制度尚未彻底改革，作为劳动力市场上的后来者，在城市劳动力市场上面临着双重的歧视，既在岗位获得处受到'进入'歧视，在工资待遇上也受到歧视——同工不同酬"[④]。王美艳利用中国社会科学院 2001~2002 年在五个城市的调查数据分析发现，"外来劳动力与城市本地劳动力之间的全部工资差异中劳动力市场歧视造成的收入差距占 43%，同时，就业岗位间的工资差异对总工资差异的作用（59%）大于就业岗位内工资差异的作用（41%）"[⑤]。谢嗣胜、姚先国利用浙江省 2003~2004 年的调查数据，使用 Oaxaca-Blinder 以及 Cotton 分解的方法，发现"劳动力市场歧视能够解释企业中城市工与农民工一半以上的收入差异"[⑥]。王春光指出，"城乡之间的劳动力市场分割依然存在，两者职业流动机会还不平等，农村流动人口与城市居民共同的劳动力市场并未完全形成……农村流动人口难于在正规领域就业，得不到就业政策与制度的保护"[⑦]。

邓曲恒利用中国社会科学院 2002 年的 CHIP 数据使用 Oaxaca-Blinder 分解方法，发现"城镇居民与流动人口收入差异的大部分是劳动力市场歧视

① 赖德胜：《论劳动力市场的制度性分割》，《经济科学》1996 年第 6 期。
② 李实、李文彬：《中国教育投资的个人收益率的估计》，载赵人伟、基斯·格里芬主编《中国居民收入分配研究》，中国社会科学出版社，1994。
③ Zhao Y. H., "Causes and Consequences of Return Migration: Recent Evidence from China," *Journal of Comparative Economics*, 2002, 30 (2): 376-394.
④ 蔡昉：《为什么劳动力流动没有缩小城乡收入差距?》，《理论前沿》2005 年第 20 期。
⑤ 王美艳：《城市劳动力市场上的就业机会与工资差异——外来劳动力就业与报酬研究》，《中国社会科学》2005 年第 5 期。
⑥ 谢嗣胜、姚先国：《农民工工资歧视的计量分析》，《中国农村经济》2006 年第 4 期。
⑦ 王春光：《我国城市就业制度对进城农村流动人口生存和发展的影响》，《浙江大学学报》（人文社会科学版）2006 年第 5 期。

造成的"①。田丰指出，"单位之间的收入差异是总体收入差距的主要部分，而入职户籍门槛是阻碍农民工进入公有制单位，获取较高收入的重要原因。在同一所有制性质单位内部，城市工人与农民工同工不同酬占总体收入差距比例不大。人力资本差异能够解释收入差距的 36.2%，说明人力资本要素虽然能够影响到收入状况，但统一、竞争的劳动力市场并未完全形成"②。

当前制约农民工转变收入增长模式的因素除宏观层面的户籍制度外，主要还有，"一是收入结构优化程度低，使得农民工对个别收入来源过度依赖，加大收入增长模型的转变难度；二是职业转化能力低，削弱了农民工对收入增长模式的转变力度"③。谢桂华的研究则发现，"至少对于在企业就职的农民工来讲，农民工的身份本身并未影响到他们的工资分配。城市劳动力市场政策对于农民工的影响很可能只是限制了他们的工作准入，并未影响到企业内部的分配机制"④。德姆希尔等也认为，"受教育程度差异是造成城市工人与农民工收入差距的主要原因"⑤。总体而言，分割的劳动力市场的观点占主流，受教育程度观点并不占主流。

制约农民工（流动人口）市民化的研究。农民工市民化是农民工社会融合的重要方向。国家统计局的相关研究结果表明，收入水平低和城市生活成本高的巨大反差，导致 67.2%的新生代农民工认为制约自身市民化的主要原因是"收入太低"；63.2%的新生代农民工认为，制约其在城市定居的重要困难和障碍是"住房问题"，相关统计结果表明，有 43.9%的新生代农民工住在单位宿舍里，租房的比例为 36.8%，自购房的比例仅为 0.7%。⑥

① 邓曲恒：《城镇居民与流动人口的收入差异：基于 Oaxaca-Blinder 和 Quantile 方法的分解》，《中国人口科学》2007 年第 2 期。

② 田丰：《城市工人与农民工的收入差距研究》，《社会学研究》2010 年第 2 期。

③ 彭清华、蔡秀玲：《包容性发展视角下"准市民"收入增长模式的转变研究——以农民工为例》，《江西农业大学学报》（社会科学版）2013 年第 4 期。

④ 谢桂华：《农民工与城市劳动力市场》，《社会学研究》2007 年第 5 期。

⑤ 西尔维·德姆希尔、马克·格甘特：《农民工是中国城市的二等工人吗？——一种相关的数学解析模型》，李贵苍译，《国外理论动态》2009 年第 8 期。

⑥ 国家统计局：《新生代农民工的数量、结构和特点》，http://www.stats.gov.cn/tjfx/fxbg/t20110310-402710032.html，2011 年 3 月 11 日。

韦向阳等指出，新生代农民工市民化面临的困境之一是经济的不包容，主要表现为："收入水平偏低和住房问题难以解决"①。这表明，收入水平低和住房困难等制约了农民工的市民化进程。

三 农民工（流动人口）在城市及劳动力市场的地位研究

学者们主要关注流动人口（农民工）在城市及城市劳动力市场的地位，并开展了较多的劳动力市场的实证研究。

农民工（流动人口）在城市中的地位研究。Yang &Guo 使用 1990 年人口普查 1% 样本数据的研究发现，"农村移民倾向于填充城镇居民不愿意从事的那些工作职位，例如体力型的、低技术的、地位和声望都比较低的职业类型，即使是控制了他们在人力资本上的差异情况也是如此"②。任远、邬民乐指出，流动人口在进入城市社会前后所处的弱势地位是造成其出现适应与融入困难的直接原因，其中一个不利条件表现为"较低的社会经济地位"③。苏黛瑞指出，"在传统的城市治理关系日益紧张之外，流动人口这一外部因素的出现则真正使城市成为社会矛盾生产的核心场域"④。

农民工（流动人口）在城市劳动力市场的地位研究。王汉生等把流动人口就业人员分为四大类："雇佣就业者、自营就业者、管理者和游民"⑤，反映了流动人口在城市劳动力市场的弱势地位。李强指出，"与城镇居民相比，流动农民前次职业的业绩不能积累、社会地位上升途径单一、各次工作机会获得的相关性很弱，因此再次职业流动后地位上升的较少"⑥。孟昕和张俊森发现，"城镇居民与农村移民之间不仅存在显著的职业隔离，而且还

---

① 韦向阳、刘亮：《包容性发展视角下新生代农民工市民化问题与对策研究》，《华东理工大学学报》（社会科学版）2014 年第 2 期。

② Yang, Quanhe &Fei Guo, "Occupational Attainments of Rural to Urban Temporary Economic Migrants in China, 1985-1990," *The International Migration Review*, 1996（30）.

③ 任远、邬民乐：《城市流动人口的社会融合：文献述评》，《人口研究》2006 年第 3 期。

④ 〔美〕苏黛瑞：《在中国城市中争取公民权》，王春光、单丽卿译，浙江人民出版社，2009。

⑤ 王汉生、刘世定、孙立平、项飚：《"浙江村"：中国农民进入城市的一种独特方式》，《社会学研究》1997 年第 1 期。

⑥ 李强：《中国大陆城市农民工的职业流动》，《社会学研究》1999 年第 3 期。

存在严重的社会歧视，因为他们之间的收入差异中的不可解释部分更多地来自于职业内部而非职业之间"①。李强、唐壮指出，"在未来的几十年中，非正规就业会是数以亿计的流入中国城市的农民工就业的主要形式"②。对此，任远、邬民乐指出，"流动人口在劳动力市场的地位和处境，是他们社会融合状况的表现，也影响其社会融合的能力"③。

有学者强调，"在劳动力市场，他们（农民工）大部分仍就业于'次级劳动力市场'，从事城里人所不愿意从事的'脏、累、险'的工作"④。谢桂华认为，"地方政府往往基于户籍制度，通过一系列政策来限制农民工的就业，如对企业招聘农民工设置配额，限制外来农民工就业的工种"⑤。张春泥认为，"农民工的就业不稳定，由于农民工被限制在次级劳动力市场，从事'脏、累、险'的工作，工作缺乏稳定性，经常更换工作"⑥。

农民工（流动人口）劳动力市场地位的实证研究。谢桂华通过对 1999～2000 年所做的 6 个城市（北京、天津、长春、南京、武汉、西安）劳动力市场融合调查结果分析发现，"城市工人和农民工之间的收入差异主要来源于社会保障"⑦。李培林、李炜通过对 2006 年在中国 28 个省区市进行的大规模问卷调查资料的分析却发现，"农民工的收入地位更多的是由教育、工作技能等获得性因素决定的，而不是身份歧视因素所决定的"⑧。张春泥、刘林平研究农民工求职效果影响因素后发现，"农民工在找工作过程中，并不是使用了人

① Meng, Xin & Junshen Zhang, "The Two-Tier Labor Market in Urban China: Occupational Segregation and Wage Differentials between Urban Residents and Rural Migrants in Shanghai," *Journal of Comparative Economics*, 2001 (29).
② 李强、唐壮:《城市农民工与城市中的非正规就业》,《社会学研究》2002 年第 6 期。
③ 任远、邬民乐:《城市流动人口的社会融合：文献述评》,《人口研究》2006 年第 3 期。
④ Wong D., Li C., Song H., "Rural Migrant Workers in Urban China: Living a Marginalised Life," *International Journal of Social Welfare*, 2007, 16 (1): 32-40.
⑤ 谢桂华:《农民工与城市劳动力市场》,《社会学研究》2007 年第 5 期。
⑥ 张春泥:《农民工为何频繁变换工作：户籍制度下农民工的工作流动研究》,《社会》2011 年第 6 期。
⑦ 谢桂华:《农民工与城市劳动力市场》,《社会学研究》2007 年第 5 期。
⑧ 李培林、李炜:《农民工在中国转型中的经济地位和社会态度》,《社会学研究》2007 年第 3 期。

际关系网络都能得到很好的效果，关键是要'找对了人'"①。

李骏、顾燕峰基于上海市 2005 年 1% 人口抽样调查数据的研究发现，"与农村移民被挤迫于城市劳动力市场的最低端不同，城镇移民相对于本地城镇居民却能更多地流入'商业、服务业人员'和'单位负责人和专业技术人员'这两个就业领域"②。卿石松的研究发现，"工资收入、晋升机会和劳动合同都是主观就业质量的影响因素"③。

还有学者研究了部分农村人通过教育等机制进入城市的情况。吴晓刚的研究揭示了中国城市社会中产生社会流动的一个独特机制，"一方面，农村（户口）出身的人有很高的代际职业继承性；另一方面，那些有能力克服结构性门槛向上流动的人，又导致中国城市很高的代际流动率"④。

四　农民工（流动人口）城市融入成本与路径研究

农民工（流动人口）城市融入成本研究。农民工（流动人口）被排除在城市住房保障体系之外，导致农民工城市融入的成本较高，从而阻碍了农民工的城市融入。吴维平、王汉生通过对京沪二地住房状况的考察发现，"流动人口获得住房的主要方式是租赁，单位提供的宿舍……流动人口基本上被置于主流的住房分配体制之外，而近来城市住房体制改革则似乎在很大程度上忽视了这一群体的需求"⑤。赵晔琴通过对上海旧城 C 小区的动迁改造研究，分析了作为城市居住者的大量乡城迁移人员的居住权益问题，她认为，"大量乡城迁移者在城市改造中遭到集体性的住房排斥，他们往往是改造中的最弱势群体，缺乏利益表达和诉求的可能性"⑥。

①　张春泥、刘林平：《网络的差异性和求职效果——农民工利用关系求职的效果研究》，《社会学研究》2008 年第 4 期。
②　李骏、顾燕峰：《中国城市劳动力市场中的户籍分层》，《社会学研究》2011 年第 2 期。
③　卿石松：《职业机会、收入增长与就业质量主观评价》，《社会发展研究》2015 年第 2 期。
④　吴晓刚：《中国的户籍制度与代际职业流动》，《社会学研究》2007 年第 6 期。
⑤　吴维平、王汉生：《寄居大都市：京沪两地流动人口住房现状分析》，《社会学研究》2002 年第 3 期。
⑥　赵晔琴：《"居住权"与市民待遇：城市改造中的"第四方群体"》，《社会学研究》2008 年第 2 期。

许光根据浙江省的一项调查结果指出，"2009～2011 年浙江省新生代农民工的城市融入私人总成本由 12.3 万元上涨到 33.2 万元，涨幅高达 169.91%，其中居住成本占融入总成本的 80.17%，成为制约新生代农民工在城市定居的最主要因素"①。国务院发展研究中心课题组的测算结果认为，"2013～2020 年农民工市民化静态总成本为 9676.81 亿元……2013～2020 年农民工市民化动态总成本为 2.07 万亿元"②。

推动农民工（流动人口）经济融合的途径研究。蔡昉指出，"农村劳动力转移到城市以后所遇到的重重障碍，直接来自地方政府制定的种种政策和规制"③。曹子玮的研究发现，"当市场失灵、组织低效时，社会网就成为农民工获取城市资源的主要路径"④。

彭清华等指出，"农民工应转变当前的收入增长模式，使收入增量达到地位维持或地位提升的收入要求，只有这样才能以收入增加的路径防止市民化的'地位落差'，实现个体的包容性发展"⑤。刘红岩则指出，"农民工只有参与到经济发展中来，才能分享经济发展成果"⑥。

小结：经济融合是实现包容性经济发展的重要基础。学者们的研究发现，农民工（流动人口）不仅遭受分割劳动力市场的歧视，在劳动力市场中处于不利地位，收入偏低，而且面临着较高的城市融入成本，融入路径受限，这进一步阻碍了农民工（流动人口）融入城市社会实现包容性发展的机会，为我们研究包容性经济发展提供了很有价值的启示借鉴。以往的研究主要站在宏观（国家）或中观（城市）层面，对超大城市城乡结合部社区

① 许光：《新生代农民工失范性融入的路径审视与政策创新——以包容性视角下浙江的社会实践为例》，《中共南京市委党校学报》2014 年第 2 期。

② 国务院发展研究中心课题组：《中国新型城镇化：道路、模式和政策》，中国发展出版社，2014，第 227～228 页。

③ 蔡昉：《劳动力迁移的两个过程及其制度障碍》，《社会学研究》2001 年第 4 期。

④ 曹子玮：《农民工的再建构社会网与网内资源流向》，《社会学研究》2003 年第 3 期。

⑤ 彭清华、蔡秀玲：《包容性发展视角下"准市民"收入增长模式的转变研究——以农民工为例》，《江西农业大学学报》（社会科学版）2013 年第 4 期。

⑥ 刘红岩：《包容性发展视角下促进农民工社会融入的路径》，《经济研究参考》2013 年第 56 期。

中的户籍人口关注较少。本研究将超大城市城乡结合部社区中的户籍人口和农民工（流动人口）一起纳入研究视野，既关注主动进入城市的农民工（流动人口）的包容性经济发展，也关注"被动"城市化的本地居民的包容性经济发展。

第二节　超大城市城乡结合部社区经济发展的研究设计与变量的测量

周小亮、刘万里提出的包容性发展水平之经济发展水平的测量评价指标主要包括经济发展、生产性就业和经济基础设施的可及性，提出了"（城镇、农村）居民人均可支配收入、城镇登记（农村调查）失业率、农村青壮年（18~40岁）劳动力技能培训率、城镇零就业家庭户数、电力消费人口占比、每百人移动电话拥有量"① 等6个指标，是宏观层面的测量。本研究利用课题组在深圳市宝安区和北京市海淀区开展的居民（含户籍居民和流动人口）问卷调查数据及访谈材料进行分析。深圳和北京两地共回收问卷854份，其中有效问卷合计804份，有效问卷所占比例为94.15%。本节主要介绍需要验证的理论假设及测量的主要变量和问题。

一　超大城市城乡结合部社区经济发展的理论假设

这里使用的"经济发展"概念，是指站在市民角度、微观层面的经济发展，主要包括个人对工作和收入的满意程度、生活和居住情况及收入水平等内容。

本章需要验证的是假设1：超大城市城乡结合部社区经济发展受社区类型、户籍类型、户口类别、婚姻状况、家庭结构、人力资本、政治面貌、职业类型等因素的影响；不同类型的社区、不同类别的户口、不同的婚姻状

① 周小亮、刘万里：《包容性发展水平测量评价的理论探讨》，《社会科学研究》2012年第2期。

况、不同的家庭结构、不同的人力资本、不同的政治面貌、不同的职业类型都会影响超大城市城乡结合部社区的经济发展。假设1可以具体细分为以下假设。

假设1-1：超大城市城乡结合部社区经济发展受社区类型的影响，社区类型不同，经济发展水平不同；不同城市的不同社区，经济发展水平存在明显差异。

假设1-2：超大城市城乡结合部社区经济发展受户籍类型的影响，户籍类型不同，经济发展水平不同；本地户籍居民的经济发展水平更高，流动人口经济发展水平更低。

假设1-3：超大城市城乡结合部社区经济发展受户口类别的影响，户口类别不同，经济发展水平不同；非农业户口的受访者经济发展水平更高，农业户口的受访者经济发展水平更低。

假设1-4：超大城市城乡结合部社区经济发展受婚姻状况的影响，婚姻状况不同，经济发展水平不同；已婚的受访者经济发展水平更高，非婚、丧偶、离异等的受访者经济发展水平更低。

假设1-5：超大城市城乡结合部社区经济发展受家庭结构的影响，家庭结构不同，经济发展水平不同；家庭人口越多的受访者经济发展水平越高，家庭人口越少的受访者经济发展水平越低。

假设1-6：超大城市城乡结合部社区经济发展受人力资本的影响，人力资本不同，经济发展水平不同，其中人力资本主要用文化程度表示；人力资本越多、文化程度越高的受访者则经济发展水平越高，人力资本越少、文化程度越低的受访者则经济发展水平越低。

假设1-7：超大城市城乡结合部社区经济发展受政治面貌的影响，政治面貌不同，经济发展水平不同；政治面貌为党员的受访者经济发展水平更高，政治面貌为普通群众等的受访者经济发展水平更低。

假设1-8：超大城市城乡结合部社区经济发展受职业类型的影响，职业类型不同，经济发展水平不同；职业类型为政治、经济、文化领域精英（国家机关、党群组织、企业、事业单位负责人，专业技术人员，办事人员和有关人员，商业和服务业人员，军人等）的受访者经济发展水平更高，职业为普通职员（农林牧渔水利业生产人员，生产、运输设备操作人员及有关人员，不便分类的其他从业人员）的受访者经济发展水平更低。

二　超大城市城乡结合部社区经济发展的测量指标及赋值

综合学术界关于经济融合的相关论述，这里拟通过以下 13 个指标及其结果来描述超大城市城乡结合部社区的经济发展状况，同时对前 11 个指标及选项分别进行赋值。经济发展维度的最高得分为 51 分，最低得分为 3 分，得分越高，表示经济发展状态越好。以下是具体指标及赋值。

一是您现在的就业状况。选项分别是"自己创业"、"在单位或他人公司上班"、"退休"、"离职"、"自由职业"和"其他"，其中"离职"表示当时处于失业状态，就业不稳定，赋值为-1，其他选项正常，均赋值 1 分。最高得分 1 分，最低得分-1 分，得分越高，就业状况越好。

二是您对现在的工作状况是否满意。选项分别是"非常满意"、"比较满意"、"一般"、"不太满意"和"非常不满意"，分别赋值为 5、4、3、2、1；增加选项"不适用"，赋值为 0。得分越高，表示满意度越高，最高得分为 5 分，最低得分为 0 分。

三是您对现在的收入状况是否满意。选项分别是"非常满意"、"比较满意"、"一般"、"不太满意"和"非常不满意"，分别赋值为 5、4、3、2、1；增加选项"不适用"，赋值为 0。得分越高，表示满意度越高，最高得分为 5 分，最低得分为 0 分。

四是您对现在的工作安全性是否满意。选项分别是"非常满意"、"比较满意"、"一般"、"不太满意"和"非常不满意"，分别赋值为 5、4、3、2、1；增加选项"不适用"，赋值为 0。得分越高，表示满意度越高，最高得分为 5 分，最低得分为 0 分。

五是您对现在的工作环境是否满意。选项分别是"非常满意"、"比较满意"、"一般"、"不太满意"和"非常不满意"，分别赋值为 5、4、3、2、1；增加选项"不适用"，赋值为 0。得分越高，表示满意度越高，最高得分为 5 分，最低得分为 0 分。

六是您对现在的工作时间是否满意。选项分别是"非常满意"、"比较满意"、"一般"、"不太满意"和"非常不满意"，分别赋值为 5、4、3、2、1；增加选项"不适用"，赋值为 0。得分越高，表示满意度越高，最高得分为 5 分，最低得分为 0 分。

七是您对现在的发展机会是否满意。选项分别是"非常满意"、"比较满意"、"一般"、"不太满意"和"非常不满意"，分别赋值为 5、4、3、2、1；增加选项"不适用"，赋值为 0。得分越高，表示满意度越高，最高得分为 5 分，最低得分为 0 分。

八是现在您每月的收入水平。选项分别有"5000 元及以下"、"5001~10000 元"、"10001~20000 元"和"20001 元及以上"，分别赋值 1、2、3、4。最高分 4 分，最低分 1 分，得分越高，表示每月收入水平越高。

九是与上一年相比，您的生活水平是否得到改善。选项分别是"得到明显改善"、"得到一定改善"、"基本保持不变"、"生活水平有所下降"和"生活水平明显恶化"，分别赋值 5、4、3、2、1。最高得分为 5 分，最低得分为 1 分，得分越高，表示生活水平得到越多改善。

十是您现在的居住情况。选项主要有"居住在本社区自己家的住房"、"在本社区以家庭为单位租住了他人的成套住房"、"居住在本社区的单位职工宿舍"、"与熟人合租了他人的住房"、"与陌生人合租了他人的住房"、"居住在公共租赁房"及"其他"，分别赋值 6、5、4、3、2、1。最高得分为 6 分，最低得分为 1 分，得分越高，表示受访者的居住情况越好。

十一是您对目前的居住条件是否满意。选项分别是"非常满意"、"比较满意"、"一般"、"不太满意"和"非常不满意"，分别赋值 5、4、3、2、1。最高得分为 5 分，最低得分为 1 分，得分越高，表示满意度越高。

十二是现在您的收入来源（至多选三项）。选项分别是"工资性收入"、"社会保障收入"、"股票证券等投资收入"、"房租收入"、"亲戚朋友接济"、"兼职工作收入"和"其他"。

十三是您现在日常生活的主要支出（至多选三项）。选项分别有"学习教育支出"、"食品支出"、"交通支出"、"住房支出"、"购物支出"、"医疗健康支出"、"旅游支出"、"休闲娱乐支出"、"子女抚养支出"和"其他"。

第三节　北京市与深圳市城乡结合部社区经济发展包容性的数据分析与研究发现

这里测量了超大城市城乡结合部社区经济发展变量的 Cronbach's alpha 系数，发现其 Cronbach's alpha 系数为 0.853545，具有较高的信度，较为稳定可靠。使用主成分分析法选取经济发展中特征值大于 1 的主成分，分别为主成分 1（对工作和收入的满意程度）、主成分 2（生活和居住情况）和主成分 3（收入水平），可累计解释 83% 的方差。

一　北京市与深圳市城乡结合部社区经济发展指标数据结果分析

经济发展维度共 13 个指标，主要包括就业状况、工作满意度、收入满意度、工作安全性、工作环境满意度、工作时间满意度、发展机会满意度、月收入、生活水平改善情况、居住情况、居住条件满意度、收入来源、日常生活支出等。经济发展是实现包容性发展的重要基础，个人经济发展状况反映了不同个体在社会分工体系中所处的位置，其个人感受反映了其对自身经济发展状况的满意程度，经济方面的包容性发展相对而言容易实现。深圳和北京两地问卷调查对象关于包容性经济发展的回答结果如表 4-1 所示。

表 4-1　北京市和深圳市城乡结合部社区经济发展各指标结果

单位：%

问题	选项	比例
就业状况	自己创业	8
	在单位或他人公司上班	62
	退休	15
	离职	1
	自由职业	9
	其他	5

续表

问题	选项	比例
对工作状况是否满意	非常满意	13
	比较满意	41
	一般	38
	不太满意	8
	非常不满意	0
对收入状况是否满意	非常满意	9
	比较满意	25
	一般	44
	不太满意	19
	非常不满意	4
对工作安全性是否满意	非常满意	12
	比较满意	48
	一般	36
	不太满意	3
	非常不满意	1
对工作环境是否满意	非常满意	14
	比较满意	43
	一般	34
	不太满意	7
	非常不满意	2
对工作时间是否满意	非常满意	13
	比较满意	46
	一般	33
	不太满意	7
	非常不满意	1
对发展机会是否满意	非常满意	11
	比较满意	30
	一般	46
	不太满意	11
	非常不满意	2
月收入情况	5000 元及以下	62
	5001~10000 元	23
	10001~20000 元	11
	20001 元及以上	4

问题	选项	比例
与上一年相比， 生活水平是否得到改善	得到明显改善	10
	得到一定改善	31
	基本保持不变	45
	生活水平有所降低	10
	生活水平明显恶化	4
居住情况	居住在本社区自己家的住房	51
	在本社区以家庭为单位租住了他人的成套住房	19
	居住在本社区的单位职工宿舍	4
	与熟人合租了他人的住房	11
	与陌生人合租了他人的住房	3
	居住在公共租赁房	8
	其他	4
对居住情况是否满意	非常满意	12
	比较满意	36
	一般	38
	不太满意	11
	非常不满意	3

资料来源：根据问卷统计分析结果整理。

从表4-1可以看出，北京市和深圳市城乡结合部社区居民就业以"在单位或他人公司上班"（62%）为主，总体对工作状况、收入状况、工作安全性、工作环境、工作时间、发展机会和居住情况比较满意，对收入状况、发展机会和居住情况的不满意度略高一些，月收入以"5000元及以下"为主，"5001~10000元"的略超两成，认为自己生活水平比上一年度有改善和基本持平的分别为41%和45%，"居住在本社区自己家的住房"的超过一半（51%），市场化租住的占比不少（合计占33%），住在单位宿舍（4%）和公共租赁住房（8%）的占比相对较少。

根据主成分分析结果，将上述11个指标分别归纳为"对工作和收入的满意程度"、"生活和居住情况"和"收入水平"三个主成分。其中，"对工作和收入的满意程度"的影响作用最大，其次是"生活和居住情况"，最后是"收入水平"。

当问到"现在您的收入来源主要包括哪些（至多选三项）"时，结果显示，调查对象的最主要收入来源是工资性收入（84%），其他来源从高到低依次是社会保障收入（12%）、兼职工作收入（10%）、房租收入（8%）、亲戚朋友接济（6%）、股票证券等投资收入（5%）和其他（5%）（见图4-1）。这表明，工资是北京市和深圳市城乡结合部社区居民的最主要收入来源，社会保障、兼职工作、房租也是比较重要的收入来源。

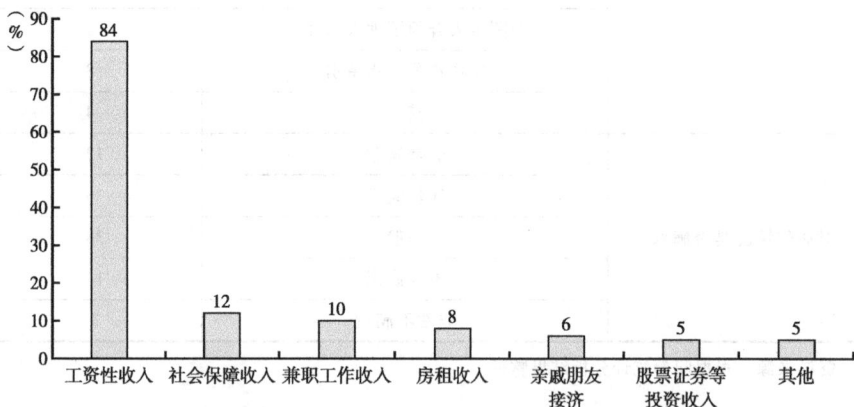

图4-1　北京市和深圳市城乡结合部社区调查对象的收入来源（至多选三项）

当问到"您现在日常生活支出中的主要支出有哪些（至多选三项）"时，结果显示，调查对象最主要的生活支出是食品支出（58%），其他支出从高到低依次是住房支出（38%）、购物支出（35%）、交通支出（29%）、医疗健康支出（27%）和学习教育支出（27%）、子女抚养支出（26%）、旅游支出（8%）、休闲娱乐支出（8%）和其他（2%）（见图4-2）。可见，食品、住房和购物是北京市和深圳市城乡结合部社区居民的三个最主要支出，交通、医疗健康、学习教育、子女抚养是另外四个重要支出，旅游、休闲娱乐和其他等支出相对较少。

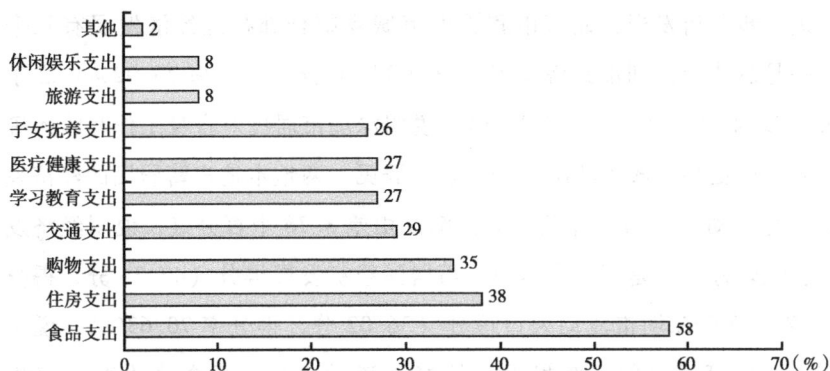

图4-2　北京市和深圳市城乡结合部社区调查对象日常生活的主要支出项目（至多选三项）

二　北京市与深圳市城乡结合部社区经济发展包容性的研究发现

（一）北京市和深圳市城乡结合部社区经济发展包容性总体状况

经济发展维度11个指标分别赋值后最高得分为51分，最低得分为3分。经统计分析汇总计算，我们发现，北京市和深圳市城乡结合部社区经济发展得分为34.95分，得分率为68.53%，处于相对较好的水平（见表4-2）。

表4-2　北京市与深圳市城乡结合部社区经济发展得分

单位：分，%

类目	北京市		深圳市	
	北京本地户籍居民	北京流动人口	深圳本地户籍居民	深圳流动人口
得分	31.17	33.66	42.34	36.02
得分率	61.12	66.00	83.02	70.63
合计得分	32.20		37.70	
合计得分率	63.14		73.92	
总计得分	34.95			
总计得分率	68.53			

资料来源：根据调查问卷统计分析结果整理。

进一步分析发现，北京市和深圳市城乡结合部社区经济发展有几个特点：一是总体上深圳市经济发展得分（37.70分，得分率73.92%）高于北京市（32.20分，得分率63.14%），说明深圳市居民对自身工作和收入等状况的满意度更高，收入状况优于北京市居民。两地本地户籍居民的经济发展得分率与流动人口的经济发展得分率仅相差3.76个百分点，说明经济发展的包容性较好。二是深圳市本地户籍居民经济发展得分（42.34分，得分率83.02%）高于深圳市流动人口得分（36.02分，得分率70.63%），说明深圳市本地户籍居民的经济发展总体好于流动人口，两个群体得分率相差12.39个百分点，深圳经济发展的包容性相对不足。三是北京市流动人口经济发展（33.66分，得分率66.00%）好于北京市本地户籍居民的经济发展（31.17分，得分率61.12%），北京市流动人口经济发展得分率高于北京本地户籍居民4.88个百分点，说明北京市城乡结合部社区经济发展不存在明显的对流动人口的歧视和排斥态度，其经济发展包容性处于比较好的水平，相反本地户籍居民经济发展处于相对弱势地位且满意度不高，值得重点关注。

结果表明，就北京市和深圳市城乡结合部社区居民的经济发展而言，总体上深圳本地户籍居民好于深圳流动人口，而深圳流动人口又好于北京流动人口，北京流动人口又好于北京本地户籍居民。这意味着，就经济发展的包容性而言，北京市和深圳市本地户籍居民与流动人口之间尽管有一些差距，但差距并不大，且北京市流动人口的经济发展好于北京本地户籍居民。

由此，假设1-2没有得到证明，经济发展受户籍类型的影响不显著。尽管不同户籍类型人口的经济发展水平不同，但结果并不相同，在深圳市，本地户籍居民的经济发展好于流动人口；而在北京市，流动人口的经济发展又好于本地户籍居民，表明目前经济发展与户籍类型的关系已经不够显著，其原因需进一步深入研究。

（二）北京市和深圳市城乡结合部社区经济发展比较分析

从社区角度看，使用ANOVA分析法进行两两比较发现，有5个社区的经济发展水平明显高于另外2个社区，还有1个社区处于中间水平无显著差异（见表4-3）。

表 4-3　北京市和深圳市城乡结合部社区经济发展状况

状况	好	中间	较差
经济发展	LD 社区、LT 社区、YT 社区、BJJY 社区、BJ 村	ZB 社区	QT 社区、MF 社区

资料来源：根据统计分析结果整理。

进一步分析发现，北京市和深圳市城乡结合部 8 个社区（其中 BJJY 社区和 BJ 村合并统计）的经济发展水平也存在明显差异（见表 4-4）。其中深圳市 LT 社区得分最高为 38.30 分，得分率为 75.10%；YT 社区次之，得分为 38.25 分，得分率为 75.00%；LD 社区得分 37.56 分，得分率为 73.65%；ZB 社区得分 36.56 分，得分率为 71.69%，得分率均高于 70%。北京市 BJJY 社区和 BJ 村得分 34.27 分，得分率为 67.20%；MF 社区得分 31.19 分，得分率为 61.16%；QT 社区得分 30.50 分，得分率为 59.80%。假设 1-1 得到初步证明，不同社区的经济发展水平确实不同，但不同社区的特质需进一步分析。

表 4-4　北京市和深圳市城乡结合部社区经济发展水平

单位：分，%

类目	北京市			深圳市			
	BJJY 社区、BJ 村	MF 社区	QT 社区	LD 社区	YT 社区	LT 社区	ZB 社区
社区平均得分	34.27	31.19	30.50	37.56	38.25	38.30	36.56
得分率	67.20	61.16	59.80	73.65	75.00	75.10	71.69

资料来源：根据问卷统计分析结果整理。

三　多元回归分析后超大城市城乡结合部社区经济发展水平影响因素分析

使用多元回归分析方法，分别对深圳本地户籍居民和深圳流动人口、北京本地户籍居民和北京流动人口经济发展的影响因素进行分析，对假设 1-

3、1-4、1-5、1-6、1-7 和 1-8 继续进行验证。

（一）影响深圳市城乡结合部社区本地户籍居民经济发展水平的主要因素

多元回归分析的结果表明，影响深圳市城乡结合部社区本地户籍居民经济发展水平的因素主要有年龄、职业类型、居住社区和在本社区居住时间。其中年龄（18~30 岁、31~45 岁、46~60 岁）、职业类型（国家机关、党群组织、企业、事业单位负责人，商业和服务业人员）、居住社区（YT 社区）是正向影响因素。而在本社区居住时间［半年至 2 年（含 2 年）］是负向影响因素，其他因素相对不显著。

深圳市城乡结合部社区本地户籍居民经济发展水平影响因素模型计算公式如下：

$$\begin{aligned}
Y_{(深户经)} &= 18.7 + 23 \times 年龄(18 \sim 30 \ 岁) + 23.8 \times 年龄(31 \sim 45 \ 岁) \\
&\quad + 22.6 \times 年龄(46 \sim 60 \ 岁) + 3.6 \times 职业类型 \\
&\quad (国家机关、党群组织、企业、事业单位负责人) \\
&\quad + 4.2 \times 职业类型(商业和服务业人员) + 2.7 \times 居住社区(YT \ 社区) \\
&\quad - 7.6 \times 在本社区居住时间[半年至2年(含2年)]
\end{aligned}$$

其中，$Y_{(深户经)}$ 表示深圳市城乡结合部社区本地户籍居民经济发展得分。

23×年龄（18~30 岁）表示受访者年龄 18~30 岁，经济发展加 23 分，对经济发展起正向的影响。

23.8×年龄（31~45 岁）表示受访者年龄 31~45 岁，经济发展加 23.8 分，对经济发展起正向的影响。

22.6×年龄（46~60 岁）表示受访者年龄 46~60 岁，经济发展加 22.6 分，对经济发展起正向的影响。

3.6×职业类型（国家机关、党群组织、企业、事业单位负责人）表示受访者职业为国家机关、党群组织、企业、事业单位负责人，经济发展加 3.6 分，对经济发展起正向的影响。

4.2×职业类型（商业和服务业人员）表示受访者职业为商业和服务业人员，经济发展加 4.2 分，对经济发展起正向的影响。

-7.6×在本社区居住时间［半年至 2 年（含 2 年）］表示受访者在本社

区居住时间在半年至 2 年（含 2 年），经济发展减 7.6 分，对经济发展起负向的影响。

（二）影响深圳市城乡结合部社区流动人口经济发展水平的主要因素

多元回归分析的结果表明，影响深圳市城乡结合部社区流动人口经济发展水平的因素主要有年龄、文化程度和户口类别。其中年龄（18～30 岁、31～45 岁、46～60 岁）、文化程度（中学、中专及以下，大专和本科）、户口类别（农业户口）是正向影响因素。其他因素相对不显著。

深圳市城乡结合部社区流动人口经济发展水平影响因素模型计算公式如下：

$$Y_{(深流经)} = 13.2 + 15.7 \times 年龄(18 \sim 30\,岁) + 13.3 \times 年龄(31 \sim 45\,岁)$$
$$+ 14.5 \times 年龄(46 \sim 60\,岁) + 8 \times 文化程度(中学、中专及以下)$$
$$+ 7.3 \times 文化程度(大专) + 7.3 \times 文化程度(本科)$$
$$+ 3.2 \times 户口类别(农业户口)$$

其中，$Y_{(深流经)}$ 表示深圳市城乡结合部社区流动人口经济发展得分。

15.7×年龄（18～30 岁）表示受访者年龄 18～30 岁，经济发展加 15.7 分，对经济发展起正向的影响。

13.3×年龄（31～45 岁）表示受访者年龄 31～45 岁，经济发展加 13.3 分，对经济发展起正向的影响。

14.5×年龄（46～60 岁）表示受访者年龄 46～60 岁，经济发展加 14.5 分，对经济发展起正向的影响。

8×文化程度（中学、中专及以下）表示受访者文化程度为中学、中专及以下，经济发展加 8 分，对经济发展起正向的影响。

7.3×文化程度（大专）表示受访者文化程度为大专，经济发展加 7.3 分，对经济发展起正向的影响。

7.3×文化程度（本科）表示受访者文化程度为本科，经济发展加 7.3 分，对经济发展起正向的影响。

3.2×户口类别（农业户口）表示受访者户口类别为农业户口，经济发展加 3.2 分，对经济发展起正向的影响。

（三）影响北京市城乡结合部社区本地户籍居民经济发展水平的主要因素

多元回归分析的结果表明，影响北京市城乡结合部社区本地户籍居民经济发展水平的因素主要有年龄（18~30岁、31~45岁、46~60岁）、职业类型（国家机关、党群组织、企业、事业单位负责人，专业技术人员，办事人员和有关人员）、子女是否住在一起等是正向影响因素，性别（男）是负向影响因素，其他因素影响相对不显著。

北京市城乡结合部社区本地户籍居民经济发展水平影响因素模型计算公式如下：

$$Y_{(京户经)} = 13.3 + 22.9 \times 年龄(18 \sim 30 \, 岁) + 21.5 \times 年龄(31 \sim 45 \, 岁)$$
$$+ 10.3 \times 年龄(46 \sim 60 \, 岁) + 8.1 \times 职业类型(国家机关、党群组织、$$
$$企业、事业单位负责人) + 6.2 \times 职业类型(专业技术人员) + 4.1 \times 职业类型$$
$$(办事人员和有关人员) - 3.7 \times 性别(男)$$
$$+ 4.4 \times 子女是否住在一起(在一起)$$

其中，$Y_{(京户经)}$ 表示北京市城乡结合部社区本地户籍居民经济发展得分。

22.9×年龄（18~30岁）表示受访者年龄 18~30 岁，经济发展加 22.9分，对经济发展起正向的影响。

21.5×年龄（31~45岁）表示受访者年龄 31~45 岁，经济发展加 21.5分，对经济发展起正向的影响。

10.3×年龄（46~60岁）表示受访者年龄 46~60 岁，经济发展加 10.3分，对经济发展起正向的影响。

8.1×职业类型（国家机关、党群组织、企业、事业单位负责人）表示受访者职业为国家机关、党群组织、企业、事业单位负责人，经济发展加8.1分，对经济发展起正向的影响。

6.2×职业类型（专业技术人员）表示受访者职业为专业技术人员，经济发展加 6.2 分，对经济发展起正向的影响。

4.1×职业类型（办事人员和有关人员）表示受访者职业为办事人员和有关人员，经济发展加 4.1 分，对经济发展起正向的影响。

-3.7×性别（男）表示受访者性别为男，经济发展减 3.7 分，对经济发展起负向的影响。

4.4×子女是否住在一起（在一起）表示受访者和子女居住在一起，经济发展加 4.4 分，对经济发展起正向的影响。

（四）影响北京市城乡结合部社区流动人口经济发展水平的主要因素

多元回归分析的结果表明，影响北京市城乡结合部社区流动人口经济发展水平的因素主要有年龄（18～30 岁、31～45 岁、46～60 岁）和父母是否住在一起（在一起）。年龄（18～30 岁、31～45 岁、46～60 岁）和父母是否住在一起（在一起）是正向影响因素，其他因素影响不显著。

北京市城乡结合部社区流动人口经济发展影响因素模型计算如下：

$$Y_{(京流经)} = 17 + 18.9 \times 年龄(18～30 岁) + 20.2 \times 年龄(31～45 岁) + 13 \times 年龄(46～60 岁) + 6.1 \times 父母是否住在一起(在一起)$$

其中，$Y_{(京流经)}$ 表示北京市城乡结合部社区流动人口经济发展得分。

18.9×年龄（18～30 岁）表示受访者年龄 18～30 岁，经济发展加 18.9 分，对经济发展起正向的影响。

20.2×年龄（31～45 岁）表示受访者年龄 31～45 岁，经济发展加 20.2 分，对经济发展起正向的影响。

13×年龄（46～60 岁）表示受访者年龄 46～60 岁，经济发展加 13 分，对经济发展起正向的影响。

6.1×父母是否住在一起（在一起）表示父母和受访者居住在一起，经济发展加 6.1 分，对经济发展起正向的影响。

第四节　北京市与深圳市城乡结合部社区经济发展包容性的研究结论

学术界较为关注农民工问题，关于农民工（流动人口）的研究成果，主要认为农民工（流动人口）受分割的劳动力市场的限制，在城市就业市场上处于相对不利的地位，往往在报酬偏低的行业和岗位就业，农民工的经济融合面临各种障碍，少量研究也关注到城市居民特别是城郊农民在与流动人口竞争劳动岗位中产生的"相对剥夺感"问题。本研究设计了 3 个客观指标和 8 个主观指标来测量超大城市城乡结合部社区（包含本地户籍居民和流动人口）经济发展水平，并判断其经济发展的包容性程度。一方面综合考虑了受访者的职业状况、收入状况和居住情况，另一方面又着重从主观上考察受访者对自身经济发展状况的满意程度。需要说明的是，经济发展水平的得分并不代表受访者的实际经济收入水平，这是在推广本研究结论时需要考虑的一个因素。

本研究发现，一是北京和深圳城乡结合部社区经济发展总体上处于相对较好的水平，总体得分率为 68.53%。两地本地户籍居民的经济发展得分率与流动人口的经济发展得分率相差 3.76 个百分点，包容性较好。其中深圳市城乡结合部社区经济发展得分（得分率 73.92%）高于北京市城乡结合部社区经济发展得分（得分率 63.14%），北京市城乡结合部社区经济发展的包容性（本地户籍居民的经济发展得分率低于流动人口经济发展得分率 4.88 个百分点）好于深圳市城乡结合部社区（本地户籍居民的经济发展得分率高于流动人口经济发展得分率 12.39 个百分点）。二是北京市和深圳市城乡结合部 8 个社区的经济发展确实存在明显的差异（最高得分率为 75.10%，最低得分率为 59.80%），假设 1-1 得到证实，不同类型的社区经济发展水平不同。三是从户籍所在地看，深圳市本地户籍居民的经济发展好于流动人口，而北京市本地户籍居民的经济发展却差于流动人口，假设 1-2 没有得到证实。因为深圳市和北京市两地的结果恰恰相反，北京市城乡结合部社区的经济发展是否不受户籍类型的影响，有待进一步的观察和研究。四是从户口类别看，户口类别（农业户口）对深圳市流动人口经济发展水平有正向影响，但与假设内容相反，另外户口类别对深圳市本地户籍居民、北京市本地户籍居民和流动人口等其他三类群体经济发展水平的影响均不显著，故假设 1-3 没有得到证实。五是从婚姻状况看，四类群体的经济发展水平与婚姻状况均没有显著的相关性，影响均不显著，故假设 1-4 也没有得到证实。六是从家庭结构看，家庭结构对四类群体的经济发展水平没有显著的影响，故假设 1-5 也没有得到证实。七是从人力资本看，人力资本对深圳市流动人口的经济发展水平有较显著的影响，但无论文化程度高低（中学、中专及以下，大专和本科），对经济发展均有正向的影响，而对其他三个群体的经济发展水平没有显著的影响，故假设 1-6 没有得到证实。八是从政治面貌看，政治面貌与四类群体的经济发展水平均没有显著的相关性，故假设 1-7 也没有得到证实。九是从职业类型看，职业类型（国家机关、党群组织、企业、事业单位负责人，专业技术人员，商业和服务业人员，办事人员和有关人员）对深圳市和北京市本地户籍居民的经济发展水平均有显著的正向影响，但职业类型对两地流动人口的经济发展水平没有显著的影响。假设 1-8 得到一定的证实。十是处于就业年龄阶段的受访者的经济发展水平均比较高，三个就业年龄阶段对四类群体的经济发展水平均有正向的影响，表明就业年龄对受访者经济发展的重要性。十一是深圳本地户籍居民的经济发展水平还受在本社区居住时间［半年至 2 年（含 2 年）］的负向影响，这说明入住本社区半年至 2 年的本地户籍居民处于事业发展的起飞期，各方面压力比较大，故影响其经济发展水平。十二是北京本地户籍居民的经济发展水平受子女住在一起的正向影响，却受到性别（男）的负向影响，而北京流动人口的经济发展水平受父母住在一起的正向影响，这表明受访者已经出现明显的家庭迁移倾向，经济发展水平较高。

综上所述，北京市和深圳市城乡结合部社区经济发展总体上处于比较好的状态，得分率较高（68.53%），两地本地户籍居民与流动人口经济发展得分率仅相差 3.76 个百分点，差距较小，表明两地城乡结合部社区经济发展的包容性较好。假设 1 中的假设 1-1 和 1-8 得到了部分的证实，假设 1-2、1-3、1-4、1-5、1-6 和 1-7 都没有得到证实。超大城市城乡结合部社区经济发展受社区类型和职业类型等因素的影响，不同的社区和不同的职业类型会影响超大城市城乡结合部社区的经济发展，而户籍类型、户口类别、婚姻状况、家庭结构、政治面貌等因素对经济发展的影响并不显著。除此之外，就业年龄、在本社区居住时间、子女是否住在一起等因素对经济发展也有一定的影响。

第五章

超大城市城乡结合部社区政治
发展包容性的现状与问题分析

政治发展是包容性发展的关键内容，是包容性发展的重要指标。只有当移民与当地居民一样获得了各项基本政治权利，积极参与所在地的基层政治生活时，才是真正开始融入当地的社会政治生活，成为社区的真正一员。因此，观察和分析超大城市城乡结合部社区包容性发展的状况，其政治发展状况是不可回避的一个重要问题。这里使用的"政治发展"概念，主要是指超大城市城乡结合部社区居民（包括户籍人口和流动人口）参加基层政治选举、关注并参与社区公共事务、知晓业主委员会等自治组织及其活动等情况。

第一节　包容性政治发展研究概述

不少学者主张，不仅要运用"生存—经济"叙事模式研究中国农民工问题，而且应该从公民权视野出发运用"身份—政治"叙事模式来研究农民工问题，认为农民工应该努力争取公民权（市民权），即争取获得这些待遇和机会的资格。陈映芳、陈鹏和熊易寒等学者研究了中产阶层的政治参与，为农民工的政治参与提供了参照。农民工面临的政治不包容和政治发展现状是学者们较为关注的主要话题，涌现出一批具有代表性的研究成果。

一　农民工（流动人口）政治参与研究

有学者指出，所谓"社会适应"，是指"在一个变化的环境中，移民对流入地政治、经济和社会环境的适应过程或对自身行为的一种调整"①。因此，包容性发展应该包括政治发展方面的内容。国内外学者对此开展过一些研究，美国的苏黛瑞和国内的王小章、陈映芳、陈鹏、熊易寒、刘红岩等学者是主要代表。

农民工市民权研究。王小章指出，"对于当代中国'农民工'问题的研究，存在着从生存论预设下的'生存—经济'叙事模式向公民权视野下的'身份—政治'叙事模式的转换"②。前者是经济发展的视角，后者则属于政治发展的视角。

农民工政治参与研究。与农民工遭受排斥不同，陈映芳和陈鹏认为，"中产阶层可以基于财产权进行政治参与，较高的社会经济地位和文化程度也赋予了他们更多的话语权，此外，比较强的行动能力和拥有较丰富的可动员资源"③，"使得他们可以更有效地影响基层政府的决策和治理"④。所以，刘红岩指出，"参与公共治理不仅是农民工作为主人、作为新市民的一项责任与义务，也是保证其利益得到照顾的一种手段，更是提升城市治理效率和水平的重要前提"⑤。如何引导农民工参与城市公共事务的治理，通过对城市公共事务的治理引导农民工（流动人口）逐步实现有效的政治发展，是新型城镇化不可忽视的重要课题。

---

① C. Goldscheider, *Urban Migrants in Development Nations: Patterns and Problems of Adjustment*, Boulder, CO: Westview Press, 1983, pp. 21-25, 248-250.

② 王小章:《从"生存"到"承认"：公民权视野下的农民工问题》,《社会学研究》2009 年第 1 期。

③ 陈映芳:《行动力与制度限制：都市运动中的中产阶层》,《社会学研究》2006 年第 4 期；陈鹏:《当代中国城市业主的法权抗争——关于业主维权活动的一个分析框架》,《社会学研究》2010 年第 1 期。

④ 熊易寒:《从业主福利到公民权利——一个中产阶层移民社区的政治参与》,《社会学研究》2012 年第 6 期。

⑤ 刘红岩:《包容性发展视角下促进农民工社会融入的路径》,《经济研究参考》2013 年第 56 期。

二 农民工（流动人口）面临的政治不包容研究

农民工身份错位研究。1995 年，王春光就指出，"农村人口外出流动，已经使他们的实际身份与制度性身份发生错位的现象"①。农民工这一身份错位的问题持续纠缠多年，导致农民工合法权益得不到有效的保护，并产生农民工的"政治不包容"和"法治不包容"等困境。2001 年，王春光发现，"新生代农村流动人口中想改变农民身份的只有 47.3%，有 51.9%的人表示不想改变现有的农民身份"②。

由于农民工的尴尬身份，其合法权益得不到有效的保护。全国总工会的调查数据显示，"2010 年新生代农民工的劳动合同签订率只有 61.6%，遭遇工资拖欠的人所占比例为 7.1%，人均拖欠工资 1538.8 元，差不多相当于人均 1.5 个月的工资"③。简新华指出，"在立法上，对新生代农民工该不该市民化、如何市民化、市民化过程中农民工享有哪些权益及如何维护这些权益没有明确的规定。合法权益不明确、侵权收益高而成本低、维权成本高、得不偿失，使得农民工应有的权利没有合法化，合法的权利得不到有效保护"④。

农民工政治不包容研究。韦向阳等指出，新生代农民工市民化面临的困境是"政治的不包容"和"法治的不包容"，具体表现为"制度壁垒坚固、政治权利缺失、立法缺失和执法不严"⑤。由于农民工难以真正融入城市的政治生活，在城市中缺乏相关的利益代表，其合法利益的维护必然遭遇各种阻碍，导致农民工的利益抗争行为不断。

---

① 王春光：《社会流动和社会重构——京城"浙江村"研究》，浙江人民出版社，1995。
② 王春光：《新生代农村流动人口的社会认同与城乡融合的关系》，《社会学研究》2001 年第 3 期。
③ 全国总工会新生代农民工问题课题组：《全国总工会关于新生代农民工问题研究报告》，《工人日报》2010 年 6 月 21 日。
④ 简新华：《新生代农民工融入城市的障碍与对策》，《求是学刊》2011 年第 1 期。
⑤ 韦向阳、刘亮：《包容性发展视角下新生代农民工市民化问题与对策研究》，《华东理工大学学报》（社会科学版）2014 年第 2 期。

农民工权益维护研究。蔡禾等人在 2006 年进行的珠江三角洲企业农民工问卷调查中发现，"遭受到利益侵害的受访农民工占 23.7%，其中有 28.2% 的人通过行政投诉进行利益抗争，有 24.8% 的人通过集体行动进行利益抗争"①。韦向阳等进一步指出，"法律地位的不平等，法律实施上的不公平，使得农民工的合法权益得不到有效的维护，市民化过程得不到法律保障，阻碍了新生代农民工市民化进程的脚步"②。

这些研究敏锐地意识到，由于农民工难以正常地参与城市的政治生活，其很难通过制度途径有效地维护自己的合法权益，因而不得不通过集体行动或行政投诉等渠道来维护自己的利益，导致社会运行蕴藏着一定的风险。

三　农民工（流动人口）的政治发展现状研究

农民工（流动人口）政治发展研究。朱力指出，"流动人口需适应流入地的生活方式和社交模式"③。但这一适应过程并不是流动人口单向的，而是双向的过程，要尽量多地创造制度性政治参与形式，以避免非制度性政治参与形式的激增。郭正林在研究农民的政治参与时指出，"当代中国农民政治参与有制度性参与和非制度性参与之分"④，但现实是，大部分农民工在城市中的制度性政治参与的机会和渠道极为有限。蔡禾等人指出，"由于缺乏制度化的、正式的组织安排来帮助农民工迅速适应城市的工作和生活，因此求助于社会网络成为他们应对城市生活的主要策略"⑤。熊易寒 2011 年在上海的抽样调查结果显示，"大部分农民工未参加过任何形式和层次的选

---

① 蔡禾、李超海、冯建华：《利益受损农民工的利益抗争行为研究——基于珠三角企业的调查》，《社会学研究》2009 年第 1 期。

② 韦向阳、刘亮：《包容性发展视角下新生代农民工市民化问题与对策研究》，《华东理工大学学报》（社会科学版）2014 年第 2 期。

③ 朱力：《论农民工阶层的城市适应》，《江海学刊》2002 年第 6 期。

④ 郭正林：《当代中国农民政治参与的程度、动机及社会效应》，《社会学研究》2003 年第 3 期。

⑤ 蔡禾、李超海、冯建华：《利益受损农民工的利益抗争行为研究——基于珠三角企业的调查》，《社会学研究》2009 年第 1 期。

举。95%的受访者未参加过居住地居委会选举，98%的受访者未参加过人大代表选举，86%的受访者未参加过企业内部选举，85%的人未在家乡参加过村委会选举"①。

温州综合改革课题组对温州市新居民社区融合的调查结果显示，"制度融入度较低，政治参与成主要问题。具体表现为绝大多数新居民难以或未能行使政治权利，绝大多数流动人口（89%）没有参加过社区事务的决策会议（村居民会议或代表会议），未行使自己的政治权利，高达75%的原住民认为流动人口不能参加本地村委会或社区的选举"②。许光根据浙江省的一项调查结果指出，"当遭受到不公正待遇时，新生代农民工选择'去政府部门投诉'的比例最高，达64.14%，其次是'辞职'（33.25%）和'求助工友'（33.25%），选择'求助媒体'的比例为17.3%，选择'忍耐'和'找机会报复'的分别是11.7%和13.4%"③。因此，杨菊华指出，"流动人口的生活环境、角色身份都发生了相应改变，迫使其进行多方面的调适"④。这为我们研究超大城市城乡结合部社区包容性政治发展提供了许多有价值的重要启示。

小结：政治生活中接纳农民工（流动人口），让农民工（流动人口）享受平等的市民权，是实现城乡包容性发展的关键所在。当前农民工（流动人口）在城市政治生态中地位缺失并且与城市政治生活疏离，农民工（流动人口）政治参与现状并不乐观，这潜藏着诸多社会风险。当前，学术界主要从宏观层面讨论或具体分析农民工（流动人口）的政治参与现状。在中国快速城市化的进程中，学术界关于北京、深圳这类超大城市城乡结合部社区包容性政治发展的研究还处于空白状态，这里将超大城市城乡结合部社区的户籍人口和流动人口一同纳入研究。

---

① 熊易寒：《新生代农民工的权利意识》，《文化纵横》2012年第1期。

② 温州综合改革课题组：《社会融合的制度基础与条件——温州改革的调查与分析》，《社会主义研究》2013年第3期。

③ 许光：《新生代农民工失范性融入的路径审视与政策创新——以包容性视角下浙江的社会实践为例》，《中共南京市委党校学报》2014年第2期。

④ 杨菊华：《中国流动人口的社会融入研究》，《中国社会科学》2015年第2期。

第二节 超大城市城乡结合部社区政治发展的研究设计与变量的测量

根据学术界的研究和笔者对基层政治发展的观测，拟主要选取基层人大代表选举、基层社区居委会换届选举、居民代表选举、社区听证会（公共事务）、居民代表会议、社区协商会议、业主委员会及其活动、是否关注社区公共事务等问题来测量基层社区政治发展状况。本研究利用课题组在深圳市宝安区和北京市海淀区开展的居民（含户籍居民和流动人口）问卷调查数据及访谈材料进行分析。深圳和北京两地共回收问卷854份，其中有效问卷合计804份，有效问卷所占比例为94.15%。本节主要介绍需要验证的理论假设及测量的主要变量和问题。

一 超大城市城乡结合部社区政治发展的理论假设

所谓包容性政治发展，主要是指超大城市城乡结合部社区政治生活中本地居民和流动人口的政治参与状况。本章需要验证的是假设2：超大城市城乡结合部社区政治发展受社区类型、户籍类型、户口类别、婚姻状况、家庭结构、人力资本、政治面貌、职业类型等因素的影响；不同类型的社区、不同类别的户口、不同的婚姻状况、不同的家庭结构、不同的人力资本、不同的政治面貌、不同的职业类型都会影响超大城市城乡结合部社区政治发展。具体可细分为以下若干假设。

假设2-1：超大城市城乡结合部社区政治发展受社区类型的影响，社区类型不同，政治发展水平不同；不同城市的不同社区，其政治发展水平存在明显差异。

假设2-2：超大城市城乡结合部社区政治发展受户籍类型的影响，户籍类型不同，政治发展水平不同；本地户籍居民的政治发展水平更高，流动人口政治发展水平更低。

假设2-3：超大城市城乡结合部社区政治发展受户口类别的影响，户口类别不同，政治发展水平不同；非农业户口的受访者政治发展水平更高，农业户口的受访者政治发展水平更低。

假设2-4：超大城市城乡结合部社区政治发展受婚姻状况的影响，婚姻状况不同，政治发展水平不同；已婚的受访者政治发展水平更高，非婚、丧偶、离异的受访者政治发展水平更低。

假设2-5：超大城市城乡结合部社区政治发展受家庭结构的影响，家庭结构不同，政治发展水平不同；家庭人口越多的受访者政治发展水平越高，家庭人口越少的受访者政治发展水平越低。

假设2-6：超大城市城乡结合部社区政治发展受人力资本的影响，人力资本不同，政治发展水平不同，用文化程度高低来表示人力资本的多少；人力资本越多、文化程度越高的受访者政治发展水平越高，人力资本越少、文化程度越低的受访者政治发展水平越低。

假设2-7：超大城市城乡结合部社区政治发展受政治面貌的影响，政治面貌不同，政治发展水平不同；政治面貌为党员的受访者政治发展水平更高，政治面貌为民主党派、普通群众和其他的受访者政治发展水平更低。

假设2-8：超大城市城乡结合部社区政治发展受职业类型的影响，职业类型不同，政治发展水平不同；职业类型为政治、经济、文化领域精英（国家机关、党群组织、企业、事业单位负责人，专业技术人员，办事人员和有关人员，商业和服务业人员，军人等）的受访者政治发展水平更高，职业为普通职员（农林牧渔水利业生产人员，生产、运输设备操作人员及有关人员，不便分类的其他从业人员）的受访者政治发展水平更低。

二　超大城市城乡结合部社区政治发展的测量指标及赋值

综合学术界关于基层政治参与的研究成果，这里拟通过以下9个指标及其结果来描述超大城市城乡结合部社区政治发展的状况。通过对相关指标及选项进行赋值，政治发展的最高得分为30分，最低得分为9分。得分越高，表示政治发展越好，得分越低，表示政治发展越不好。以下是具体指标及赋值。

一是您是否参加过所居住社区的人大代表选举投票。选项和赋值分别是"参加过"赋值3分，"没有参加过"表示了解这件事但没有参加，赋值2分，"不清楚"表示不关心，赋值1分。最高分3分，最低分1分，得分越高，表示政治参与越好。

二是您是否参加过所居住社区的居委会换届选举投票。选项和赋值分别是"参加过"赋值3分，"没有参加过"表示了解这件事但没有参加，赋值2分，"不清楚"表示不关心，赋值1分。最高分3分，最低分1分，得分越高，表示政治参与越好。

三是您是否参加过所居住社区居委会的居民代表选举投票。选项和赋值分别是"参加过"赋值3分，"没有参加过"表示了解这件事但没有参加，赋值2分，"不清楚"表示不关心，赋值1分。最高分3分，最低分1分，得分越高，表示政治参与越好。

四是您是否参加过所居住社区主持召开的社区（公共事务）听证会。选项和赋值分别是"参加过"赋值3分，"没有参加过"表示了解这件事但没有参加，赋值2分，"不清楚"表示不关心，赋值1分。最高分3分，最低分1分，得分越高，表示政治参与越好。

五是您是否参加过所居住社区组织的居民代表会议。选项和赋值分别是"参加过"赋值3分，"没有参加过"表示了解这件事但没有参加，赋值2分，"不清楚"表示不关心，赋值1分。最高分3分，最低分1分，得分越高，表示政治参与越好。

六是您是否参加过所居住社区组织的协商会议。选项和赋值分别是"参加过"赋值3分，"没有参加过"表示了解这件事但没有参加，赋值2分，"不清楚"表示不关心，赋值1分。最高分3分，最低分1分，得分越高，表示政治参与越好。

七是您是否了解所居住社区的业主委员会。选项和赋值分别是"了解"赋值3分，"不太了解"赋值2分，"不清楚"赋值1分。最高分3分，最低分 1 分，得分越高，表示政治参与越好。

八是您是否了解所居住社区业主委员会的活动。选项和赋值分别是"非常了解"赋值 4 分，"比较了解"赋值 3 分，"不太了解"赋值 2 分，"不清楚"赋值 1 分。最高分 4 分，最低分 1 分，得分越高，表示政治参与越好。

九是您是否关注所居住社区的公共事务。选项和赋值分别是"非常关注"赋值 5 分，"比较关注"赋值 4 分，"一般"赋值 3 分，"不太关注"赋值 2 分，"不关注"赋值 1 分。最高分 5 分，最低分 1 分，得分越高，表示政治参与越好。

第三节　北京市与深圳市城乡结合部社区政治发展包容性的数据分析与研究发现

这里测量了超大城市城乡结合部社区政治发展变量的 Cronbach's alpha 系数，发现其 Cronbach's alpha 系数为 0.923775，具有非常高的信度，相当稳定可靠。使用主成分分析法选取政治发展中特征值大于 1 的主成分，分别为主成分 1（政治发展的综合水平，尤其是社区组织各项活动的参与程度）和主成分 2（社区业主委员会的被了解程度），可累计解释 75% 的方差。

一　北京市与深圳市城乡结合部社区政治发展的数据结果分析

政治发展维度共 9 个指标，包括是否参加过社区人大代表选举投票、是否参加过社区居委会换届选举投票、是否参加过社区居民代表选举投票、是否参加过社区听证会、是否参加过社区居民代表会议、是否参加过社区协商会议、是否了解社区业主委员会、是否了解业委会活动、是否关注社区公共事务。政治发展是观察社区包容性发展的重要指标，也是相对比较难测量的指标。深圳和北京两地 8 个社区调查对象关于政治发展的回答结果如表 5-1 所示。

表 5-1　北京市和深圳市城乡结合部社区政治发展各指标结果

单位：%

问题	选项	比例
是否参加过所居住社区的人大代表选举投票	参加过	43
	没有参加过	47
	不清楚	10
是否参加过所居住社区的居委会换届选举投票	参加过	42
	没有参加过	49
	不清楚	9
是否参加过所居住社区居委会的居民代表选举投票	参加过	40
	没有参加过	50
	不清楚	10
是否参加过所居住社区主持召开的社区（公共事务）听证会	参加过	33
	没有参加过	53
	不清楚	14
是否参加过所居住社区组织的居民代表会议	参加过	34
	没有参加过	56
	不清楚	10
是否参加过所居住社区的协商会议	参加过	26
	没有参加过	62
	不清楚	12
是否了解所居住社区的业主委员会	了解	26
	不太了解	56
	不清楚	18
是否了解所居住社区业主委员会的活动	非常了解	13
	比较了解	20
	不太了解	45
	不了解	22
是否关注所居住社区的公共事务	十分关注	15
	比较关注	29
	一般	31
	不太关注	18
	不关注	7

资料来源：根据问卷调查统计分析结果整理。

从表5-1可以看出，参加过所居住社区人大代表选举投票、居委会换届选举投票、居民代表选举投票的均占四成及以上；参加过居住社区（公共事务）听证会、居民代表会议和协商会议的分别占33%、34%和26%；了解业主委员会和业主委员会活动的分别占26%和33%；十分关注和比较关注社区公共事务的合计占44%。

根据主成分分析结果，可以将上述9个指标概括为"政治发展的综合水平，尤其是社区组织各项活动的参与程度"和"社区业主委员会的被了解程度"两个主成分。"政治发展的综合水平，尤其是社区组织各项活动的参与程度"的影响作用高于"社区业主委员会的被了解程度"。

二　北京市与深圳市城乡结合部社区政治发展包容性的研究发现

（一）北京市和深圳市城乡结合部社区政治发展包容性总体状况

政治发展维度9个指标分别赋值后最高分为30分，最低分为9分。经统计分析汇总计算，我们发现，北京市和深圳市城乡结合部社区政治发展得分为21.15分，得分率为70.50%，处于相对较好的水平。总体上北京市城乡结合部社区政治发展水平（得分22.40分，得分率74.67%）高于深圳市城乡结合部社区政治发展水平（得分19.90分，得分率66.33%）（见表5-2）。

表5-2　北京市与深圳市城乡结合部社区政治发展得分

单位：分，%

类目	北京市		深圳市	
	北京本地户籍居民	北京流动人口	深圳本地户籍居民	深圳流动人口
得分	23.69	20.44	24.63	18.24
得分率	78.97	68.13	82.10	60.80
合计得分	22.40		19.90	
合计得分率	74.67		66.33	
总计得分	21.15			
总计得分率	70.50			

资料来源：根据调查问卷统计分析结果整理。

进一步分析发现，北京市和深圳市城乡结合部社区政治发展有几个特点：一是本地户籍居民政治发展得分率高于流动人口政治发展得分率，两者相差16.07 个百分点，不同户籍居民政治发展的差距比较大，表明政治发展的包容性不足。北京市和深圳市本地户籍居民的政治发展得分率比流动人口的政治发展得分率分别高出 10.84 个和 21.30 个百分点。相对而言，北京市政治发展的包容性稍好一些，深圳市政治发展的包容性更差一些。二是深圳本地户籍居民政治发展得分率高于北京本地户籍居民，但差距不太大，相差约 3 个百分点。三是北京流动人口政治发展得分率高于深圳市流动人口，相差约 7 个百分点。

由此，假设 2-2 得到较好的证实，超大城市城乡结合部社区政治发展受户籍类型的影响，户籍不同，政治发展水平不同。本地户籍居民的政治发展水平明显高于流动人口的政治发展水平。

（二）北京市和深圳市城乡结合部社区政治发展比较分析

从社区角度看，使用 ANOVA 分析法进行两两比较发现，有 1 个社区的政治发展水平明显高于另外 2 个社区，还有 5 个社区处于中间水平无显著差异（见表 5-3）。

表 5-3　北京市和深圳市城乡结合部社区政治发展状况

状况	好	中间	较差
政治发展	BJJY 社区	QT 社区、MF 社区、LT 社区、YT 社区、BJ 村	LD 社区、ZB 社区

资料来源：根据统计分析结果整理。

进一步分析发现，北京市和深圳市城乡结合部 8 个社区（其中 BJJY 社区和 BJ 村合并统计）的政治发展水平也存在明显差异（见表 5-4）。其中北京市 BJJY 社区和 BJ 村得分最高为 23.73 分，得分率为 79.10%；MF 社区次之，得分为 22.16 分，得分率为 73.87%；QT 社区 20.88 分，得分率为 69.60%。深圳市 LT 社区得分 20.78 分，得分率为 69.27%；YT 社区得分 20.06 分，得分率为 66.87%；LD 社区得分 19.35 分，得分率为 64.50%；ZB 社区得分 19.34 分，得分率为 64.47%。

表 5-4 北京市和深圳市城乡结合部社区政治发展水平

单位：分，%

类目	北京市			深圳市			
	BJJY 社区和 BJ 村	MF 社区	QT 社区	LD 社区	YT 社区	LT 社区	ZB 社区
社区平均得分	23.73	22.16	20.88	19.35	20.06	20.78	19.34
得分率	79.10	73.87	69.60	64.50	66.87	69.27	64.47

资料来源：根据问卷统计分析结果整理。

由此，假设 2-1 得到较好的证实，超大城市城乡结合部社区政治发展受社区类型的影响，社区类型不同，政治发展水平不同，但其原因还需要进一步分析。

三 多元回归分析后超大城市城乡结合部社区政治发展水平的影响因素分析

使用多元回归分析方法，分别对深圳本地户籍居民和深圳流动人口、北京本地户籍居民和北京流动人口政治发展的影响因素进行分析，对假设 2-3、2-4、2-5、2-6、2-7 和 2-8 继续进行验证。

（一）影响深圳市城乡结合部社区本地户籍居民政治发展水平的主要因素

多元回归分析的结果表明，影响深圳市城乡结合部社区本地户籍居民政治发展水平的因素主要有职业类型、子女数量、家庭结构、政治面貌和在本社区居住时间。其中子女数量（3 个及以上、2 个和 1 个）是正向影响因素。而职业类型（专业技术人员）、家庭结构（3 口人）、政治面貌（普通群众）和在本社区居住时间［2 年至 5 年（含 5 年）］是负向影响因素，其他因素相对不显著。

深圳市城乡结合部社区本地户籍居民政治发展水平影响因素模型计算公式如下：

$$Y_{(深户政)} = 24.2 - 5.3 \times 职业类型（专业技术人员）$$
$$+ 5.6 \times 子女数量（3 个及以上）+ 2.9 \times 子女数量（2 个）$$
$$+ 3.6 \times 子女数量（1 个）- 2.2 \times 家庭结构（3 口人）$$

$$-1.7 \times 政治面貌(普通群众) - 11.9 \times 在本社区居住时间$$
$$[2年至5年(含5年)]。$$

其中，$Y_{(深户政)}$表示深圳市城乡结合部社区本地户籍居民政治发展水平。

-5.3×职业类型（专业技术人员）表示受访者职业类型为专业技术人员，政治发展减5.3分，对政治发展起负向的影响。

5.6×子女数量（3个及以上）表示受访者有3个及以上的子女，政治发展加5.6分，对政治发展起正向的影响。

2.9×子女数量（2个）表示受访者有2个子女，政治发展加2.9分，对政治发展起正向的影响。

3.6×子女数量（1个）表示受访者有1个子女，政治发展加3.6分，对政治发展起正向的影响。

-2.2×家庭结构（3口人）表示受访者家庭有3口人，政治发展减2.2分，对政治发展起负向的影响。

-1.7×政治面貌（普通群众）表示受访者政治面貌为普通群众，政治发展减1.7分，对政治发展起负向的影响。

-11.9×在本社区居住时间［2年至5年（含5年）］表示受访者居住在本社区的时间在2年至5年（含5年），政治发展减11.9分，对政治发展起负向的影响。

（二）影响深圳市城乡结合部社区流动人口政治发展水平的主要因素

多元回归分析的结果表明，影响深圳市城乡结合部社区流动人口政治发展水平的因素主要有职业类型、家庭结构和在本社区居住时间。其中职业类型（国家机关、党群组织、企业、事业单位负责人）和家庭结构（2口人）是正向影响因素。而在本社区居住时间（半年及以内）是负向影响因素，其他因素相对不显著。

深圳市城乡结合部社区流动人口政治发展水平影响因素模型计算公式如下：

$$Y_{(深流政)} = 181. + 4.7 \times 职业类型(国家机关、党群组织、$$
$$企业、事业单位负责人) + 1.4 \times 家庭结构(2口人)$$

$$- 1.6 \times \text{在本社区居住时间（半年及以内）}$$

其中，$Y_{(\text{深流政})}$表示深圳市城乡结合部社区流动人口政治发展水平。

4.7×职业类型（国家机关、党群组织、企业、事业单位负责人）表示受访者职业类型为国家机关、党群组织、企业、事业单位负责人，政治发展加 4.7 分，对政治发展起正向的影响。

1.4×家庭结构（2 口人）表示受访者家庭有 2 口人，政治发展加 1.4 分，对政治发展起正向的影响。

-1.6×在本社区居住时间（半年及以内）表示受访者居住在本社区的时间为半年及以内，政治发展减 1.6 分，对政治发展起负向的影响。

（三）影响北京市城乡结合部社区本地户籍居民政治发展水平的主要因素

多元回归分析的结果表明，影响北京市城乡结合部社区本地户籍居民政治发展水平的因素主要有职业类型、社区名称、文化程度、户口类别、政治面貌和在本社区居住时间。其中职业类型（农林牧渔水利业生产人员）、居住社区（BJJY 社区和 BJ 村）、文化程度（中学、中专及以下，大专和本科）和户口类别（农业户口）是正向影响因素。而政治面貌（普通群众）和在本社区居住时间（半年及以内）是负向影响因素，其他因素相对不显著。

北京市城乡结合部社区本地户籍居民政治发展水平影响因素模型计算公式如下：

$$
\begin{aligned}
Y_{(\text{京户政})} = {} & 17 + 8.8 \times \text{职业类型（农林牧渔水利业生产人员）} \\
& + 2.8 \times \text{居住社区（BJJY 社区和 BJ 村）} + 3 \times \text{文化程度（中学、中专及以下）} \\
& + 3.9 \times \text{文化程度（大专）} + 2.6 \times \text{文化程度（本科）} + 4.1 \times \text{户口类别（农业户口）} \\
& - 1.6 \times \text{政治面貌（普通群众）} - 4 \times \text{本社区居住时间（半年及以内）}
\end{aligned}
$$

其中，$Y_{(\text{京户政})}$表示北京市城乡结合部社区本地户籍居民政治发展水平。

8.8×职业类型（农林牧渔水利业生产人员）表示受访者职业类型为农林牧渔水利业生产人员，政治发展加 8.8 分，对政治发展起正向的影响。

2.8×居住社区（BJJY 社区和 BJ 村）表示受访者所在社区为 BJJY 社区

和 BJ 村，政治发展加 2.8 分，对政治发展起正向的影响。

3×文化程度（中学、中专及以下）表示受访者文化程度为中学、中专及以下，政治发展加 3 分，对政治发展起正向的影响。

3.9×文化程度（大专）表示受访者文化程度为大专，政治发展加 3.9分，对政治发展起正向的影响。

2.6×文化程度（本科）表示受访者文化程度为本科，政治发展加 2.6分，对政治发展起正向的影响。

4.1×户口类别（农业户口）表示受访者户口类别为农业户口，政治发展加 4.1 分，对政治发展起正向的影响。

−1.6×政治面貌（普通群众）表示受访者政治面貌为普通群众，政治发展减 1.6 分，对政治发展起负向的影响。

−4×在本社区居住时间（半年及以内）表示受访者居住在本社区的时间为半年及以内，政治发展减 4 分，对政治发展起负向的影响。

（四）影响北京市城乡结合部社区流动人口政治发展水平的主要因素

多元回归分析的结果表明，影响北京市城乡结合部社区流动人口政治发展水平的因素主要有婚姻状况（已婚）。婚姻状况（已婚）是正向影响因素，其他因素相对不显著。

北京市城乡结合部社区流动人口政治发展水平影响因素模型计算公式如下：

$$Y_{(京流政)} = 17.1 + 4.4 × 婚姻状况（已婚）$$

其中，$Y_{(京流政)}$ 表示北京市城乡结合部社区流动人口政治发展水平。

4.4×婚姻状况（已婚）表示受访者婚姻状况为已婚，政治发展加 4.4分，对政治发展起正向的影响。

第四节　北京市与深圳市城乡结合部社区政治 发展包容性的研究结论

学术界在研究农民工问题时，对农民工在迁入地的政治参与问题也有所涉及，但与农民工经济发展相比，研究成果相对少得多。学者们主要认为，由于农民工缺少市民权，所以无法有效地参与迁入地的城市政治生活，其政治发展水平与迁入地户籍居民存在一定的差距，处于政治不包容状态，政治权利行使少，政治参与不足，农民工制度性政治参与渠道不畅通，导致农民工常常不得不通过非制度性政治参与方式来维护自己的合法权益。本研究设计了9个指标来测量超大城市城乡结合部社区居民（含本地户籍居民和流动人口）的政治发展水平，并判断其政治发展的包容性。一方面，这些指标涵盖了基层制度化的选举投票、听证协商议事、业主委员会等政治参与渠道；另一方面，又考察了受访者对社区公共事务的关注程度，关注受访者政治参与意愿等主观指标。

本研究发现，一是北京市和深圳市城乡结合部社区政治发展得分率为70.50%，处于相对较好的水平。本地户籍居民的政治发展得分率高于流动人口的政治发展得分率16.07个百分点，表明北京市和深圳市城乡结合部社区政治发展的包容性不足。总体上北京市城乡结合部社区政治发展水平得分率（74.67%）高于深圳市城乡结合部社区（66.33%），北京市城乡结合部社区政治发展的包容性（相差10.84个百分点）略好于深圳市城乡结合部社区政治发展的包容性（相差21.30个百分点）。二是从社区类型看，北京市和深圳市城乡结合部8个社区的政治发展水平存在较明显的差异，最高得分率为79.10%，最低得分率为64.47%，不同社区之间的差异有14.63个百分点，具体的社区名称对北京市城乡结合部社区政治发展有正向的影响，对另外三个群体的政治发展没有显著的影响，假设2-1得到证实，超大城市城乡结合部社区政治发展受社区类型的影响，社区类型不同，政治发展水平不同。当然，不同的社区是不是可以代表不同类型的社区，这个需要进一步讨论。三是从户籍类型看，本地户籍居民政治发展水平高于流动人口政治发展水平，北京市和深圳市本地户籍居民的政治发展得分率比流动人口的政治发展得分率分别高出10.84个和21.30个百分点，本地户籍居民的政治发展得分率比流动人口的政治发展得分率高16.07个百分点。假设2-2得到了较好的证实。四是从户口类别看，只有北京市本地户籍居民中农业户口对政治发展具有正向的影响，且与假设相反，户口类别对深圳市本地户籍居民、深圳市流动人口和北京市流动人口的政治发展影响不显著，因此，假设2-3没有得到证实。五是从婚姻状况看，只有已婚状况对北京市流动人口的政治发展有正向的影响，婚姻状况对北京市本地户籍居民、深圳市本地户籍居民和深圳市流动人口的政治发展影响不显著。假设2-4只得到部分证实。六是从家庭结构看，家庭结构（3口人）对深圳本地户籍居民的政治发展有负向影响，家庭结构（2口人）对深圳流动人口的政治发展有正向的影响，对其他两个群体的政治发展影响不显著，假设2-5没有得到证实。七是从人力资本看，文化程度（中学、中专及以下，大专和本科）对北京市本地户籍居民的政治发展有正向的影响，对其他三个群体政治发展的影响不显著。假设2-6没有得到证实。八是从政治面貌看，政治面貌（普通群众）对深圳市和北京市本地户籍居民的政治发展均有负向影响，对其他两个群体政治发展无显著影响。假设2-7得到证实。九是从职业类型看，职业类型（专业技术人员）对深圳市本地户籍居民的政治发展有负向影响，职业类型（国家机关、党群组织、企业、事业单位负责人）对深圳市流动人口的政治发展有正向影响，职业类型（农林牧渔水利业生产人员）对北京市本地户籍居民的政治发展有正向的影响，对北京市流动人口的政治发展影响不显著，假设2-8没有得到证实。十是子女数量（3个及以上、2个和1个）对深圳市本地户籍居民的政治发展有正向的影响，在本社区居住时间［2年至5年（含5年）］对深圳市本地户籍居民的政治发展有负向的影响，在本社区居住时间（半年及以内）对深圳市流动人口和北京市本地户籍居民的政治发展均有一定的负向影响。

综上所述，北京市和深圳市城乡结合部社区的政治发展总体上处于较好的状态，政治发展得分率（70.50%）高于经济发展得分率（68.53%），但本地户籍居民与流动人口的政治发展得分率差距比较大（相差16.07个百分点），政治发展的包容性不足。假设2中的假设2-1、2-2和2-7得到证实，假设2-4得到部分证实，假设2-3、2-5、2-6和2-8没有得到证实。超大城市城乡结合部社区的政治发展水平主要受社区类型、户籍类型和政治面貌等因素的影响。不同类型的社区、不同类型的户籍、不同的婚姻状况和不同的政治面貌会影响超大城市城乡结合部社区的政治发展。控制户籍因素后，各因素的影响存在明显的差异。除此之外，受访者的子女数量、在本社区居住时间对政治发展也有一定的影响。

第六章

超大城市城乡结合部社区文化发展包容性的现状与问题分析[*]

文化发展是包容性发展的本质内容，是考察包容性发展不可或缺的重要指标。只有当移民能够在迁入地获得稳定的职业及稳定生活下来，才可能拿出越来越多的时间和精力积极参与所在社区的文化活动，习得社区的文化，逐步接受社区所在地的文化价值观念和习惯。童莹指出，"文化是外部事物在人的内心世界的意识化，是作为知识观念、伦理规范、道德价值等内在于主体人的意识之中，活跃于人的心灵和精神世界的东西"[①]。观察和分析超大城市城乡结合部社区包容性发展的状况，就必须观照并考察其文化发展状况。城乡结合部社区的文化发展状况如何？其包容性如何？这些问题值得关注和研究。这里所使用的"文化发展"，主要是指超大城市城乡结合部社区文化发展的综合水平，居民（含本地户籍居民和流动人口）对文化活动的参与程度，及对社区文化和风俗习惯等的了解程度。

第一节　包容性文化发展研究概述

文化融合、文化适应、文化认同是国内外学术界研究的热点话题。近些年

＊　本文修改后在《北京行政学院学报》2022年第4期发表。

①　童莹：《包容性发展视角下"村改居"社区文化建设研究》，《内蒙古农业大学学报》（社会科学版）2014年第6期。

来，国内学者关于农民工（流动人口）文化融合、文化适应或文化发展以及农民工和城郊农民市民化等的研究日益增多。上述研究成果为我们考察和研究超大城市城乡结合部社区包容性文化发展状况提供了许多富有启示的借鉴。

一 文化融合和文化适应理论研究

文化融合研究。学术界多使用"文化融合""文化适应""文化认同"等概念来表达与文化发展相近的含义。所谓"文化融合"，是指"具有不同文化背景的不同群体的个体们在不断接触以后，其中一个群体或者所有群体的原有文化特征发生变化的现象"[1]。有学者指出，"一直以来，能够熟练运用迁入地语言进行交流是衡量文化融合的重要指标"[2]。悦中山等认为，"农民工文化融合的任务包括适应现代工业社会文化和适应流入城市的区域性文化"[3]。

文化适应研究。Heisler 指出，"文化适应不应是被动的适应，而应是作为行动主体的主动适应与自觉适应；文化适应是移民实现社会融合的初级阶段和必备条件，如果没有文化特别是语言方面的适应，就不可能有全方位的社会适应"[4]。Berry 指出，文化适应是指"个人或群体的文化类型随着文化环境的变化而变化，是指个人或群体对其所处文化环境的适应"[5]。Dietz 认为，"对移民来说，文化适应就是指移民对移民输入地通行语言、文化价值、文化氛围等方面的适应"[6]。张文宏、雷开春则认为，"文化认同

---

① Redfield R., Linton R., Herskivits M., "Memorandum for the Study of Acculturation," *American Anthropologist*, 1936, 38 (1)：149-152.

② Myers D., Gao X., Emeka A., "The Gradient of Immigrant Age-at-Arrival Effects on Socioeconomic Outcomes in the U. S.," *International Migration Review*, 2009, 43 (1)：205-229.

③ 悦中山、李卫东、李艳：《农民工的社会融合与社会管理——政府、市场和社会三部门视角下的研究》，《公共管理学报》2012 年第 4 期。

④ Heisler, Barbara Schmitter, "The Future of Immigrant Incorporation：Which Modals? Which Concepts?" *Internation Migration Review*, 1992, 26 (2).

⑤ Berry, John W., "Immigration, Acculturation, and Adaptation," *Applied Psychology*, 1997, 46 (1).

⑥ Dietz, Barbara, "Jewish Immigrants from the Former Soviet Union in Germany：History, Politics and Social Integration," *East European Jewish Affairs*, 2003, 33 (2).

（culture identification），即文化身份认同，是对'我应该采用哪一种文化模式'的回答"①。

文化融合地位研究。周皓提出的社会融合指标体系中"文化适应是迁入人口适应迁入地的社会文化，主要表现在语言、居住时间、外表、饮食等方面"②。悦中山等提出的心理融合是指"农民工在心理上对城市社会的认同才能最终说明他们已经完全地与迁入地社会实现融合"③。刘红岩指出，"文化共融是农民工融入城市社会的最高阶段。只有农民工融入到城市社会文化中，他们才能与城市居民有对话的共同平台，才能真正融入城市社会"④。梁鸿、叶华提出，"只有心理和文化的适应，才说明外来常住人口完全融入城市社会。也只有实现文化融合，创造有利于文化融合的环境才是最为深层次的，其影响也最为深远"⑤。杨菊华指出，"文化融合作为社会融合的高级阶段，是移民融合研究中最关键的一环"⑥。

二　农民工（流动人口）文化适应与发展研究

青年（新生代）农民工文化适应研究。周明宝从社会身份认同的角度，探讨滞留城市的青年农民工的文化适应和身份认同问题，认为"年轻农民工对城市生活方式高度认同，他们会对城市生活文化主动学习吸纳，并且自觉地内化和外显地模仿趋同"⑦。马杰伟通过工厂和酒吧的研究发现，"珠三角地区的青年农民工不再是传统意义上的省吃俭用族，有一些已经开始追求时尚，并且进入白领中产阶层的消费空间"⑧。张文宏、雷开春则指出，"文

① 张文宏、雷开春：《城市新移民社会认同的结构模型》，《社会学研究》2009 年第 4 期。

② 周皓：《流动人口社会融合的测量及理论思考》，《人口研究》2012 年第 3 期。

③ 悦中山、李卫东、李艳：《农民工的社会融合与社会管理——政府、市场和社会三部门视角下的研究》，《公共管理学报》2012 年第 4 期。

④ 刘红岩：《包容性发展视角下促进农民工社会融入的路径》，《经济研究参考》2013 年第 56 期。

⑤ 梁鸿、叶华：《对外来常住人口社会融合条件与机制的思路》，《人口与发展》2009 年第 1 期。

⑥ 杨菊华：《中国流动人口的社会融入研究》，《中国社会科学》2015 年第 2 期。

⑦ 周明宝：《城市滞留型青年农民工的文化适应与身份认同》，《社会》2004 年第 5 期。

⑧ 马杰伟：《酒吧工厂——南中国城市文化研究》，江苏人民出版社，2006。

化认同体现在穿戴的服装、吃的食物、交往的人群、坚持的价值观，以及用来适应新文化和当地人的策略等方面"①。郑松泰在珠三角地区东莞市一个工业区的田野调查发现，"信息及通信技术因为自身的高度便携性和多元功能性等特点，已经牢牢嵌入在新一代农民工的日常生活之中，广泛使用手机或互联网来进行沟通、娱乐和打发时间，这种现象成为我们了解新一代农民工的重要一环"②。

江小容指出，"虽然新生代农民工较上一代农民更认同城镇的价值观和文化，但是，在他们身上仍然存在农村文明的影子，体现了城镇文明与农村文明的冲突"③。韦向阳等指出，"新生代农民工希望在价值观念和行为方式上向市民靠近，但现实状况和他们的心理预期存在差距，导致新生代农民工在城镇中生活没有社会归属感"④。

"村改居"社区文化研究。李明圣指出，"城乡结合部地区明显地存在着文化短板的现象"⑤。童莹在研究"村改居"社区文化时指出，"随着'村改居'社区现代化进程的推进，传统村落文化的作用和地位发生很大的变化，传统文化对外来文化的闯入会产生一定的心理阻碍"⑥。

新居民（农民工）文化融合研究。2011 年 11 月以来，温州启用新居民来称呼流动人口。温州综合改革课题组通过对温州市新居民社区融合的调查发现，"文化融入度不高，温州归属感不强。具体表现为，外来人身份意识较为顽固，占 41.8% 的流动人口对自身的定位依然是'外来人'这一身份，

---

① 张文宏、雷开春：《城市新移民社会认同的结构模型》，《社会学研究》2009 年第 4 期。

② 郑松泰：《"信息主导"背景下农民工的生存状态和身份认同》，《社会学研究》2010 年第 2 期。

③ 江小容：《新生代农民工市民化问题研究》，《河南社会科学》2011 年第 3 期。

④ 韦向阳、刘亮：《包容性发展视角下新生代农民工市民化问题与对策研究》，《华东理工大学学报》（社会科学版）2014 年第 2 期。

⑤ 李明圣：《对城乡结合部地区的文化审视——以北京市丰台区为例》，《城市问题》2012 年第 5 期。

⑥ 童莹：《包容性发展视角下"村改居"社区文化建设研究》，《内蒙古农业大学学报》（社会科学版）2014 年第 6 期。

社区居住意识尚未形成"①。许光根据浙江省的一项调查指出，"新生代农民普遍存在身份认同困惑，他们中的很多人仍无法摆脱'外来人口'和'农民工'的身份标签，存在'内卷化'倾向"②。陈云松、张翼的研究则指出，"由于工资收入上的差距与户籍制度的限制，进城农民的文化消费能力较弱，因而和本地人形成了明显的文化落差"③。李振刚根据刘辉武关于农民工文化资本类型的划分，测量了新生代农民工的制度型文化资本和能力型文化资本。④ 柳建坤、张柏杨、陈云松的研究发现，"进城农民对城市文化的融入程度要明显低于城里人（1.21 vs 0.75），但文化行为对流动人口积极评价政府工作具有远超于本地人口的影响"⑤。

三　农民工（流动人口）与城郊农民市民化研究

农民工市民化研究。一部分学者从农民工市民化的角度来研究农民工的文化融合问题。文军强调，农民市民化是"一系列角色意识、思想观念、社会权利、行为模式和生产生活方式的变迁，是农民角色群体向市民角色群体的整体转型过程（市民化）"⑥。郑杭生还讨论过农民市民化问题，在他看来，农民市民化的独特内涵是指"作为一种职业的农民和作为一种身份的农民转变为市民，在获得市民资格的同时发展出相应的能力、素质和认同"⑦。

① 温州综合改革课题组：《社会融合的制度基础与条件——温州改革的调查与分析》，《社会主义研究》2013 年第 3 期。

② 许光：《新生代农民工失范性融入的路径审视与政策创新——以包容性视角下浙江的社会实践为例》，《中共南京市委党校学报》2014 年第 2 期。

③ 陈云松、张翼：《城镇化的不平等效应与社会融合》，《中国社会科学》2015 年第 6 期。

④ 李振刚：《新生代农民工文化资本对社会融合影响的实证研究》，《社会发展研究》2017 年第 4 期。

⑤ 柳建坤、张柏杨、陈云松：《社会融合对政府工作满意度的户籍分化效应——基于 CS2011 数据的实证分析》，《社会发展研究》2018 年第 4 期。

⑥ 文军：《农民市民化：从农民到市民的角色转型》，《华东师范大学学报》（哲学社会科学版）2004 年第 3 期。

⑦ 郑杭生：《农民市民化：当代中国社会学的重要研究主题》，《甘肃社会科学》2005 年第 4 期。

城郊农民市民化研究。毛丹等学者则关注到城郊农民市民化问题，他指出，"城郊农民市民化是中国农民发展的重大命题……城郊农民市民化政策作为一种积极干预设计，总体是粗放型的，在角色视角中看并不利于城郊农民认同和扮演市民角色"①。

小结：文化融合或文化适应是移民必须面对的一个重要问题，农民工和城郊农民市民化也是学者们关注的一个重要问题，他们都与农民工（流动人口）的包容性文化发展密切相关。学者们从文化适应或文化融合的角度考察了国际移民特别是我国农民工（流动人口）进入城市后的文化适应或文化融合问题，形成了许多重要的研究成果。尽管大多数研究成果给出的结论并不令人乐观，但这些研究成果为我们研究超大城市城乡结合部社区包容性文化发展提供了重要的参考借鉴。

第二节　超大城市城乡结合部社区文化发展的研究设计与变量的测量

李煜用"7个方面128个问题来测量被访者的文化偏好和口味，这7个方面的问题涉及各种主要闲暇活动，包括闲暇行为方式、书籍阅读类型、报纸阅读类型和收看电视节目类型、音乐欣赏偏好、对作家和作品的认知"②。张文宏、雷开春设计了4个间接测量本地文化认同的指标，"学习语言、熟悉风俗、接受价值和采纳节日"③。周皓提出的社会融合指标体系中"文化适应是迁入人口适应迁入地的社会文化，主要表现在语言、居住时间、外表、饮食等方面"④。杨菊华选择的"文化习得"指标包括"对本地语言的掌握程度，与本地居民的居住隔离情况，与本地市民在饮食习惯、服饰、卫

---

① 毛丹：《赋权、互动与认同：角色视角中的城郊农民市民化问题》，《社会学研究》2009年第4期。
② 李煜：《文化资本、文化多样性与社会网络资本》，《社会学研究》2001年第4期。
③ 张文宏、雷开春：《城市新移民社会认同的结构模型》，《社会学研究》2009年第4期。
④ 周皓：《流动人口社会融合的测量及理论思考》，《人口研究》2012年第3期。

生习惯、节庆习俗、人情交往等方面的差别"①。李振刚研究中的"制度型文化资本主要包括学历文凭，能力型文化资本主要包括城市语言、权利意识、城市生活常识和城市生活方式四个维度，分别操作化为语言能力、法律知识、日常生活能力和文化活动参与等"②。

本研究利用课题组在深圳市宝安区和北京市海淀区开展的居民问卷调查数据及访谈材料进行分析。深圳和北京两地共回收问卷 854 份，其中有效问卷合计 804 份，有效问卷所占比例为 94.15%。本节主要介绍需要验证的理论假设及测量的主要变量和问题。

一 超大城市城乡结合部社区文化发展的理论假设

所谓文化发展，主要是指超大城市城乡结合部社区文化生活中本地居民和流动人口的参与状况及对当地文化习俗的接受情况。本章需要验证的是假设 3：超大城市城乡结合部社区文化发展受社区类型、户籍类型、户口类别、婚姻状况、家庭结构、人力资本、政治面貌、职业类型等因素的影响；不同类型的社区、不同类别的户口、不同的婚姻状况、不同的家庭结构、不同的人力资本、不同的政治面貌、不同的职业类型都会影响超大城市城乡结合部社区文化发展。具体细分为以下 8 个假设。

假设 3-1：超大城市城乡结合部社区文化发展受社区类型的影响，社区类型不同，文化发展水平不同；不同城市的不同社区，文化发展水平不同。

假设 3-2：超大城市城乡结合部社区文化发展受户籍类型的影响，户籍类型不同，文化发展水平不同；本地户籍居民的文化发展水平更高，流动人口的文化发展水平更低。

假设 3-3：超大城市城乡结合部社区文化发展受户口类别的影响，户口类别不同，文化发展水平不同；非农业户口的受访者文化发展水平更高，农业户口的受访者文化发展水平更低。

---

① 杨菊华：《中国流动人口的社会融入研究》，《中国社会科学》2015 年第 2 期。
② 李振刚：《新生代农民工文化资本对社会融合影响的实证研究》，《社会发展研究》2017 年第 4 期。

假设3-4：超大城市城乡结合部社区文化发展受婚姻状况的影响，婚姻状况不同，文化发展水平不同；已婚的受访者文化发展水平更高，非婚、丧偶和离异的受访者文化发展水平更低。

假设3-5：超大城市城乡结合部社区文化发展受家庭结构的影响，家庭结构不同，文化发展水平不同；家庭人口越多的受访者文化发展水平越高，家庭人口越少的受访者文化发展水平越低。

假设3-6：超大城市城乡结合部社区文化发展受人力资本的影响，人力资本不同，文化发展水平不同，用文化程度高低来表示人力资本多少；文化程度越高的受访者文化发展水平越高，文化程度越低的受访者文化发展水平越低。

假设3-7：超大城市城乡结合部社区文化发展受政治面貌的影响，政治面貌不同，文化发展水平不同；政治面貌为党员的受访者文化发展水平更高，政治面貌为民主党派、普通群众和其他的受访者文化发展水平更低。

假设3-8：超大城市城乡结合部社区文化发展受职业类型的影响，职业类型不同，文化发展水平不同；职业类型为政治、经济、文化领域精英（国家机关、党群组织、企业、事业单位负责人，专业技术人员，办事人员和有关人员，商业和服务业人员，军人等）的受访者文化发展水平更高，职业为普通职员（农林牧渔水利业生产人员，生产、运输设备操作人员及有关人员，不便分类的其他从业人员）的受访者文化发展水平更低。

二 超大城市城乡结合部社区文化发展的测量指标及赋值

综合学术界关于文化融合和文化发展的研究成果和相关指标，这里拟通过以下9个指标及其结果来描述超大城市城乡结合部社区文化发展的状况。通过对相关指标及选项进行赋值，文化发展的最高得分为41分，最低得分为9分。得分越高，表示文化发展越好，得分越低，表示文化发展越不好。以下是具体指标及赋值。

一是您是否听说过所居住社区开展的文化活动。选项和赋值分别是

"经常听人说起"赋值4分,"有人说过多次"赋值3分,"听说过"赋值2分,"没有听说过"赋值1分。最高分4分,最低分1分,得分越高,表示文化发展越好。

二是您是否熟悉所居住社区内的文体组织。选项和赋值分别是"非常熟悉"赋值5分,"比较熟悉"赋值4分,"一般"赋值3分,"不太熟悉"赋值2分,"很不熟悉"赋值1分。最高分5分,最低分1分,得分越高,表示文化发展越好。

三是您是否加入了所居住社区内的文体组织。选项和赋值分别是"加入了2个及以上社区文体组织"赋值4分,"加入了1个社区文体组织"赋值3分,"没有加入任何社区文体组织"赋值2分,"不知道"赋值1分。最高分4分,最低分1分,得分越高,表示文化发展越好。

四是您是否认识所居住社区内的文化指导员或体育指导员。选项和赋值分别是"认识5个以上"赋值4分,"认识2~5个"赋值3分,"认识1个"赋值2分,"1个也不认识"赋值1分。最高分4分,最低分1分,得分越高,表示文化发展越好。

五是您对所居住社区的风俗习惯是否了解。选项和赋值分别是"非常了解"赋值5分,"比较了解"赋值4分,"一般"赋值3分,"不太了解"赋值2分,"很不了解"赋值1分。最高分5分,最低分1分,得分越高,表示文化发展越好。

六是您对所居住社区的趣闻逸事是否关心。选项和赋值分别是"非常关心"赋值5分,"比较关心"赋值4分,"一般"赋值3分,"不太关心"赋值2分,"很不关心"赋值1分。最高分5分,最低分1分,得分越高,表示文化发展越好。

七是您对所居住社区的历史是否了解。选项和赋值分别是"非常了解"赋值5分,"比较了解"赋值4分,"一般"赋值3分,"不太了解"赋值2分,"很不了解"赋值1分。最高分5分,最低分1分,得分越高,表示文化发展越好。

八是您是否认同您是所居住社区的成员。选项和赋值分别是"非常认同"赋值5分,"比较认同"赋值4分,"一般"赋值3分,"不太认同"赋值2分,"很不认同"赋值1分。最高分5分,最低分1分,得分越高,表示文化发展越好。

九是您是否能够熟练地使用本地方言与本社区邻居进行交流。选项和赋值分别是"能够使用本地方言熟练地进行交流"赋值4分,"基本能够听懂本地方言,但交流还不太熟练"赋值3分,"听不懂本地方言,一般使用普通话与邻居交流"赋值2分,"不会使用普通话,只会使用老家方言"赋值1分。最高分4分,最低分1分,得分越高,表示文化发展越好。

第三节　北京市与深圳市城乡结合部社区文化发展包容性的数据分析与研究发现

这里测量了超大城市城乡结合部社区文化发展变量的 Cronbach's alpha 系数,发现其 Cronbach's alpha 系数为 0.918096,具有非常高的信度,相当稳定可靠。使用主成分分析法选取文化发展中特征值大于 1 的主成分,只有主成分 1（文化发展的综合水平,尤其是社区文化活动的普及程度以及文体达人、风俗习惯、趣闻逸事等的被了解程度等）,可解释 62% 的方差。

一　北京市与深圳市城乡结合部社区文化发展的数据结果分析

文化发展维度共 9 个指标,包括是否听说过社区文化活动、是否熟悉社区文体组织、是否加入社区文体组织、是否认识社区文化指导员或体育指导员、是否了解社区风俗习惯、是否关心社区的趣闻逸事、是否了解社区历史、是否有社区认同、是否能够使用本地方言与邻居进行交流。文化发展是观察居民真正融入社区的重要指标,需要较长的时间才有可能实现。深圳市和北京市两地 8 个社区调查对象关于文化发展的回答结果如表 6-1 所示。

表 6-1　北京市和深圳市城乡结合部社区文化发展各指标结果

单位：%

问题	选项	比例
是否听说过所居住社区开展的文化活动	经常听人说起	25
	有人说过多次	15
	听说过	35
	没有听说过	25
是否熟悉所居住社区内的文体组织	非常熟悉	14
	比较熟悉	19
	一般	17
	不太熟悉	36
	很不熟悉	14
是否加入了所居住社区内的文体组织	加入了 2 个及以上社区文体组织	15
	加入了 1 个社区文体组织	18
	没有加入任何社区文体组织	38
	不知道	29
是否认识所居住社区的文化指导员或体育指导员	认识 5 个以上	8
	认识 2~5 个	20
	认识 1 个	22
	1 个也不认识	50
是否了解所居住社区的风俗习惯	非常了解	12
	比较了解	21
	一般	22
	不太了解	34
	很不了解	11
是否关心所居住社区的趣闻逸事	非常关心	11
	比较关心	20
	一般	27
	不太关心	36
	很不关心	6
是否了解所居住社区的历史	非常了解	10
	比较了解	17
	一般	19
	不太了解	42
	很不了解	12

续表

问题	选项	比例
是否认同自己是所居住社区的成员	非常认同	14
	比较认同	20
	一般	45
	不太认同	17
	很不认同	4
是否能够熟练地使用本地方言与本社区邻居进行交流	能够使用本地方言熟练地进行交流	51
	基本能够听懂本地方言，但交流还不太熟练	23
	听不懂本地方言，一般使用普通话与邻居交流	23
	不会使用普通话，只会使用老家方言	3

资料来源：根据问卷统计分析结果整理。

从表 6-1 可以看出，"认同自己是所居住社区的成员"和"听说过社区开展的文化活动"的受访者分别占 79% 和 75%，"关心所居住社区的趣闻逸事"的占比为 58%，"了解所居住社区的风俗习惯"的占比为 55%，"能够使用本地方言熟练地进行交流"的占比为 51%，"熟悉社区文体组织"和"认识社区文化指导员或体育指导员"的比例分别为 50%，"了解所居住社区历史"的占比为 46%。

二 北京市与深圳市城乡结合部社区文化发展包容性的研究发现

（一）北京市和深圳市城乡结合部社区文化发展包容性总体状况

文化发展维度 9 个指标分别赋值后最高分为 41 分，最低分为 9 分。经统计分析汇总计算，我们发现，北京市和深圳市城乡结合部社区文化发展得分为 25.20 分，得分率为 61.46%，处于中间状态。总体上文化发展维度北京市（得分 26.90 分，得分率 65.61%）优于深圳市（得分 23.50 分，得分率 57.32%）（见表 6-2）。

表 6-2　北京市与深圳市城乡结合部社区文化发展得分

单位：分，%

类目	北京市		深圳市	
	北京本地户籍居民	北京流动人口	深圳本地户籍居民	深圳流动人口
得分	27.86	25.48	30.06	21.17
得分率	67.95	62.15	73.32	51.63
合计得分	26.90		23.50	
合计得分率	65.61		57.32	
总计得分	25.20			
总计得分率	61.46			

资料来源：根据调查问卷统计分析结果整理。

进一步分析发现，北京市与深圳市城乡结合部社区文化发展具有以下几个特点：一是文化发展得分率（61.46%）低于经济发展得分率（68.53%）和政治发展得分率（70.50%）。二是本地户籍居民的文化发展得分率比流动人口文化发展得分率高 13.74 个百分点，表明两市城乡结合部社区文化发展的包容性比较差。三是北京市本地户籍居民和流动人口文化发展得分率相差 5.80 个百分点，两个群体的文化发展差距比较小，表明北京市城乡结合部社区文化发展的包容性较强。四是深圳市本地户籍居民与流动人口文化发展得分率相差 21.69 个百分点，两个群体的文化发展差距比较大，表明深圳市城乡结合部社区文化发展包容性有待加强。五是四个群体比较，深圳本地户籍居民的文化发展水平最高，得分率为 73.32%，北京本地户籍居民次之，得分率为 67.95%，北京流动人口第三，得分率为 62.15%，深圳流动人口最低，得分率为 51.63%。

由此，假设 3-2 得到较好的证实，超大城市城乡结合部社区文化发展受户籍类型的影响，户籍类型不同，文化发展水平不同。本地户籍居民的文化发展水平明显高于流动人口的文化发展水平。

（二）北京市和深圳市城乡结合部社区文化发展比较分析

从社区角度看，使用 ANOVA 分析法进行两两比较发现，有 1 个社区的文化发展水平明显高于另外 3 个社区，还有 4 个社区处于中间水平无显著差异（见表 6-3）。

表 6-3　北京市和深圳市城乡结合部社区文化发展状况

状况	好	中间	较差
文化发展	BJJY 社区	QT 社区、MF 社区、LT 社区、BJ 村	YT 社区、LD 社区、ZB 社区

资料来源：根据统计分析结果整理。

进一步分析发现，北京市和深圳市城乡结合部 8 个社区（其中 BJJY 社区和 BJ 村合并统计）的文化发展也存在明显差异（见表 6-4）。其中北京市 BJJY 社区和 BJ 村得分最高为 30.39 分，得分率为 74.12%；MF 社区得分 25.46 分，得分率为 62.10%；QT 社区得分 23.79 分，得分率为 58.02%。深圳市 LT 社区得分 26.28 分，得分率为 64.10%；YT 社区得分 22.67 分，得分率为 55.29%；LD 社区得分 22.49 分，得分率为 54.49%；ZB 社区得分 22.15 分，得分率为 54.02%。

表 6-4　北京市和深圳市城乡结合部社区文化发展水平

单位：分，%

类目	北京市			深圳市			
	BJJY 社区和 BJ 村	MF 社区	QT 社区	LD 社区	YT 社区	LT 社区	ZB 社区
社区平均得分	30.39	25.46	23.79	22.49	22.67	26.28	22.15
得分率	74.12	62.10	58.02	54.49	55.29	64.10	54.02

资料来源：根据问卷统计分析结果整理。

由此，假设 3-1 得到较好的证实，超大城市城乡结合部社区文化发展受社区类型的影响，社区类型不同，文化发展水平不同，但其原因还需要进一步分析。

三　经过多元回归分析后超大城市城乡结合部社区文化发展的影响因素分析

使用多元回归分析方法，分别对深圳本地户籍居民和深圳流动人口、北京本地户籍居民和北京流动人口文化发展的影响因素进行分析，对假设 3-

3、3-4、3-5、3-6、3-7 和 3-8 继续进行验证。

（一）影响深圳市城乡结合部社区本地户籍居民文化发展水平的主要因素

多元回归分析的结果表明，影响深圳市城乡结合部社区本地户籍居民文化发展水平的因素主要有职业类型和居住社区。其中居住社区（YT 社区）是正向影响因素，职业类型（专业技术人员）和居住社区（ZB 社区）是负向影响因素，其他因素的影响不显著。

深圳市城乡结合部社区本地户籍居民文化发展水平影响因素模型计算公式如下：

$$Y_{(深户文)} = 30.8 - 6.1 \times 职业类型（专业技术人员）$$
$$- 3.1 \times 居住社区（ZB 社区）+ 2.6 \times 居住社区（YT 社区）$$

其中，$Y_{(深户文)}$ 表示深圳市城乡结合部社区本地户籍居民文化发展水平。

-6.1×职业类型（专业技术人员）表示受访者职业类型为专业技术人员，文化发展减 6.1 分，对文化发展起负向的影响。

-3.1×居住社区（ZB 社区），表示受访者居住在 ZB 社区，文化发展减 3.1 分，对文化发展起负向的影响。

2.6×居住社区（YT 社区）表示受访者居住在 YT 社区，文化发展加 2.6 分，对文化发展起正向的影响。

（二）影响深圳市城乡结合部社区流动人口文化发展水平的主要因素

多元回归分析的结果表明，影响深圳市城乡结合部社区流动人口文化发展水平的因素主要有职业类型、居住社区、户口类别和家庭结构。其中职业类型（国家机关、党群组织、企业、事业单位负责人，办事人员和有关人员）、居住社区（LT 社区）、户口类别（农业户口）和家庭结构（2 口人）均是正向影响因素，其他因素相对不显著。

深圳市城乡结合部社区流动人口文化发展水平影响因素模型计算公式如下：

$$Y_{(深流文)} = 18.6 + 6.1 \times 职业类型（国家机关、党群组织、$$
$$企业、事业单位负责人）+ 4.6 \times 职业类型（办事人员和有关人员）$$
$$+ 2.9 \times 居住社区（LT 社区）+ 2.6 \times 户口类别（农业户口）$$

$$+ 2.5 \times 家庭结构（2口人）$$

其中，$Y_{(深流文)}$表示深圳市城乡结合部社区流动人口文化发展水平。

6.1×职业类型（国家机关、党群组织、企业、事业单位负责人）表示受访者职业类型为国家机关、党群组织、企业、事业单位负责人，文化发展加6.1分，对文化发展起正向的影响。

4.6×职业类型（办事人员和有关人员）表示受访者职业类型为办事人员和有关人员，文化发展加4.6分，对文化发展起正向的影响。

2.9×居住社区（LT社区）表示受访者居住在LT社区，文化发展加2.9分，对文化发展起正向的影响。

2.6×户口类别（农业户口）表示受访者的户口类别为农业户口，文化发展加2.6分，对文化发展起正向的影响。

2.5×家庭结构（2口人）表示受访者家庭有2口人，文化发展加2.5分，对文化发展起正向的影响。

（三）影响北京市城乡结合部社区本地户籍居民文化发展水平的主要因素

多元回归分析的结果表明，影响北京市城乡结合部社区本地户籍居民文化发展水平的因素主要有居住社区、文化程度、户口类别、婚姻状况和在本社区居住时间。其中居住社区（BJJY社区和BJ村）、文化程度（中学、中专及以下，大专和本科）、户口类别（农业户口）、婚姻状况（已婚）是正向影响因素，在本社区居住时间（半年及以内）是负向影响因素，其他因素相对不显著。

北京市城乡结合部社区本地户籍居民文化发展水平影响因素模型计算公式如下：

$$Y_{(京户文)} = 12.5 + 6.2 \times 居住社区（BJJY社区和BJ村）$$
$$+ 4.5 \times 文化程度（中学、中专及以下）+ 6.5 \times 文化程度（大专）$$
$$+ 5.1 \times 文化程度（本科）+ 4.1 \times 户口类别（农业户口）$$
$$+ 11.1 \times 婚姻状况（已婚）- 5.1 \times 在本社区居住时间（半年及以内）$$

其中，$Y_{(京户文)}$表示北京市城乡结合部社区本地户籍居民文化发展水平。

6.2×居住社区（BJJY社区和BJ村）表示受访者居住在BJJY社区和BJ

村，文化发展加 6.2 分，对文化发展起正向的影响。

4.5×文化程度（中学、中专及以下）表示受访者文化程度为中学、中专及以下，文化发展加 4.5 分，对文化发展起正向的影响。

6.5×文化程度（大专）表示受访者文化程度为大专，文化发展加 6.5 分，对文化发展起正向的影响。

5.1×文化程度（本科）表示受访者文化程度为本科，文化发展加 5.1 分，对文化发展起正向的影响。

4.1×户口类别（农业户口）表示受访者户口类别为农业户口，文化发展加 4.1 分，对文化发展起正向的影响。

11.1×婚姻状况（已婚）表示受访者婚姻状况为已婚，文化发展加 11.1 分，对文化发展起正向的影响。

−5.1×在本社区居住时间（半年及以内）表示受访者居住在本社区的时间在半年及以内，文化发展减 5.1 分，对文化发展起负向的影响。

（四）影响北京市城乡结合部社区流动人口文化发展水平的主要因素

多元回归分析的结果表明，影响北京市城乡结合部社区流动人口文化发展水平的因素主要有居住社区、文化程度和性别。其中文化程度（大专）和性别（男）是正向影响因素，居住社区（QT 社区）是负向影响因素，其他因素相对不显著。

北京市城乡结合部社区流动人口文化发展水平影响因素模型计算公式如下：

$$Y_{(京流文)} = 25.6 - 6 \times 居住社区（QT 社区）$$
$$+ 3.6 \times 文化程度（大专）+ 2.5 \times 性别（男）$$

其中，$Y_{(京流文)}$ 表示北京市城乡结合部社区流动人口文化发展水平。

−6×居住社区（QT 社区）表示受访者居住在 QT 社区，文化发展减 6 分，对文化发展起负向的影响。

3.6×文化程度（大专）表示受访者文化程度为大专，文化发展加 3.6 分，对文化发展起正向的影响。

2.5×性别（男）表示受访者性别为男性，文化发展加 2.5 分，对文化发展起正向的影响。

第四节 北京市与深圳市城乡结合部社区文化
发展包容性的研究结论

文化融合和文化发展是学术界关注的热点话题，学者们使用了文化适应、文化认同和文化融合等相近的概念来表达相近的含义。既有学者将文化适应看作移民社会融合的初级阶段，也有学者主张将文化共融看作农民工融入社会的高级阶段或最高阶段。前期学者们的研究发现，城乡结合部地区存在明显的文化短板现象，农民工的文化融入度不高，与当地居民存在一定的"文化落差"，还有部分学者关注到农民工和城郊农民市民化问题，发现了阻碍农民工和城郊农民市民化的一些因素。本研究设计了9个指标来测量超大城市城乡结合部社区文化发展水平，并判断其文化发展的包容性。一方面，这些指标涵盖了文化活动、文体组织、风俗习惯、社区历史、语言文化等内容；另一方面，又考察了受访者主观上是否认同自己是所居住社区的成员。

研究发现，一是北京市和深圳市城乡结合部社区文化发展得分率为61.46%，处于中间状态，低于经济发展得分率（68.53%）和政治发展得分率（70.50%），本地户籍居民的文化发展得分率比流动人口文化发展得分率高13.74个百分点，表明两市城乡结合部社区文化发展的包容性比较差。二是北京市本地户籍居民和流动人口文化发展得分率相差5.80个百分点，两个群体的文化发展差距比较小，表明北京市城乡结合部社区文化发展的包容性较强；深圳市本地户籍居民与流动人口文化发展得分率相差21.69个百分点，两个群体的文化发展差距比较大，表明深圳市城乡结合部社区文化发展包容性有待加强。三是从社区类型看，北京市和深圳市城乡结合部8个社区的文化发展确实存在比较大的差异，最高得分率为74.12%，最低得分率为54.02%，相差20.10个百分点，表明不同的社区文化发展水平确实不同，多元回归分析发现，不同的社区对深圳市本地户籍居民的文化发展分别有正向和负向的影响，对深圳市流动人口的文化发展有正向的影响，对北京本地户籍居民的文化发展有正向的影响，对北京流动人口的文化发展有负向的影响，假设3-1得到初步的证实，但不同社区的特质需进一步分析。四是从户籍类型看，本地户籍居民的文化发展得分率比流动人口的文化发展得分率高13.74个百分点，假设3-2得到证实。五是从户口类别看，农业户口分别对深圳市流动人口和北京市本地户籍居民的文化发展有正向的影响，对另两个群体文化发展的影响不显著。假设3-3没有得到证实。六是从婚姻状况看，已婚对北京市本地户籍居民文化发展起显著正向的影响，但婚姻状况对其他三个群体文化发展没有显著的影响，假设3-4得到一定的证实。七是从家庭结构看，家庭人口为2口人对深圳市流动人口的文化发展起正向的影响，2口人属于小型家庭，家庭结构对其他三个群体的文化发展无显著的影响，故假设3-4没有得到证实。八是从人力资本看，不同的文化程度（中学、中专及以下，大专和本科）对北京本地户籍居民的文化发展有正向的影响，文化程度（大专）对北京市流动人口的文化发展有正向的影响，假设3-6没有得到证实。九是从政治面貌看，政治面貌对四个群体的文化发展均没有显著的影响，故假设3-7没有得到证实。十是从职业类型看，职业类型（专业技术人员）对深圳市本地户籍居民的文化发展有负向的影响，职业类型（国家机关、党群组织、企业、事业单位负责人，办事人员和有关人员）对深圳市流动人口的文化发展有正向的影响，假设3-8得到部分证实，假设3-8需要修正为职业类型为国家机关、党群组织、企业、事业单位负责人，办事人员和有关人员，商业和服务业人员，军人等的受访者文化发展水平更高，职业类型为专业技术人员，农林牧渔水利业生产人员，生产、运输设备操作人员及有关人员，不便分类的其他从业人员的受访者文化发展水平更低。十一是在本社区居住时间在半年及以内的受访者对北京本地户籍居民的文化发展有负向的影响，男性对北京流动人口的文化发展有正向的影响。

综上所述，北京市和深圳市城乡结合部社区的文化发展综合得分率为61.46%，低于经济发展得分率（68.53%）和政治发展得分率（70.50%），处于中间状态。北京市和深圳市城乡结合部社区本地户籍居民的文化发展得分率比流动人口的文化发展得分率高 13.74 个百分点，文化发展的包容性不强。假设 3 中的假设 3-1、3-2 得到证实，假设 3-4 和 3-8 得到部分证实，假设 3-3、3-5、3-6 和 3-7 没有得到证实。超大城市城乡结合部社区文化发展主要受社区、户籍、婚姻和职业类型等因素的影响，不同的社区类型、不同的户籍、不同的婚姻状况和不同的职业类型对超大城市城乡结合部社区的文化发展有显著的影响。另外，在本社区居住时间偏短会对本地区的文化发展产生负向的影响。

| 第七章 |

超大城市城乡结合部社区社会发展包容性的现状与问题分析

社会发展是包容性发展的重要内容，是考察包容性发展的重要维度。只有当移民逐步融入和积极参与迁入地的社会生活，与当地人产生频繁的互动与交往，互相建立起信任关系，在迁入地感受到安全，才可能真正成为迁入地社区共同体的一员。因此，观察和研究超大城市城乡结合部社区包容性发展状况，就必须对其社会发展状况及其包容性水平进行研究。这里所使用的"社会发展"概念，主要是指超大城市城乡结合部社区社会发展的综合水平及受访者（本地户籍居民和流动人口）之间的互动、信任、社区活动、社区安全感等。

第一节　包容性社会发展研究概述

学术界主要从社会适应、社会吸纳等角度对包容性社会发展进行论述，学者们关注社会适应的理论和社会适应或社会融合的测量。农民工（流动人口）的社会融合状况是学者们研究的重点，形成了较丰硕的研究成果。前人的思想和研究为我们研究超大城市城乡结合部社区包容性社会发展提供了富有启示的借鉴。

一 社会适应的理论研究

社会适应研究。学者们在使用包容性发展概念时，并没有具体阐述包容性发展的内涵。学术界讨论的社会适应、社会融合等概念与我们使用的包容性社会发展概念的含义十分接近。比如 Goldlush 和 Richmond 就指出，"主观上，要把社会团体或社会的期望和要求转化为指导自身行动的规范；客观上，要在就业、收入、消费、社会组织参与等方面全面适应移民输入地主流社会的生活"[①]，以此来表示移民对迁入地的社会适应。Junger-Tas 认为，"移民只有实现社会适应，能够与移民输入地主流社会成员及群体进行良性互动，才有可能成功地融入移民输入地主流社会的生活"[②]。李振刚区分了社会适应与社会吸纳这两个既有联系又有区别的概念，他指出，"社会适应是指个人的行为方式随社会环境的变化而变化，是指个人对社会群体以及所处社会环境的适应……社会吸纳是指移民输入地及其居民主动通过制度安排、公共活动开展等使移民加入本地社会"[③]。由此可见，社会适应是移民的主动行为，社会吸纳则是移民输入地的主动行动，其中都包含了移民共同参与当地社会发展的思想，是包容性社会发展思想的重要源泉。

二 社会适应或社会融合的测量研究

社会适应或社会融合测量指标研究。学者们对社会适应或社会融合的测量包含很多指标。如张文宏等主张，社会适应的测量指标主要包括"社会、职业及住房等方面的满意度"[④]。这里，"社会"的指标并未具体展开，"职

---

① Goldlush, John & Anthony H. Richmond, "A Multivariate Model of Immigrant Adaptation," *International Migration Review*, 1974, 8 (1): 193-225.

② Junger-Tas, Josine, "Ethnic Minorities, Social Integration and Crime," *European Journal on Criminal Policy Research*, 2001, 9 (1): 5-29.

③ 李振刚：《新生代农民工文化资本对社会融合影响的实证研究》，《社会发展研究》2017 年第 4 期。

④ 张文宏、雷开春：《城市新移民社会融合的结构、现状与影响因素分析》，《社会学研究》2008 年第 5 期。

业和住房等方面的满意度"也经常被其他学者放在经济发展指标中进行测量。在另一项重要研究中，张文宏、雷开春根据亨廷顿关于社会身份的分类，主张用"群体认同、文化认同、地域认同、职业认同和地位认同"① 来考察除政治性身份外的五种社会身份之间的关系结构。周皓提出的"社会融合指标体系中的'社会适应'是指迁入人口逐步调整由迁移所带来的心理问题及在迁入地的各种满意度"②。

包容性发展社会和谐指数测量研究。周小亮、刘万里提出的包容性发展水平之社会和谐指数的测量评价包括"基尼系数、主要农产品质量安全监测超标率、药品安全抽样合格率、达到Ⅰ级和Ⅱ级空气质量天数、交通事故死亡率、城乡居民人均储蓄存款余额、文明社区达标率、安全社区达标率、新农村建设示范村累计数、每万人拥有公共交通标台数"③等10个指标。杨菊华选择的"'社会适应'指标包括主要交往对象、困难求助对象、社区活动参与和组织参与……'心理认同'指标包括长期居留打算、家庭团聚意愿以及是否认为自己是本地人"等。④ 李振刚主张，"用社区邻里关系融合量表测量社会层面的融合。社区邻里关系融合量表由5个题目组成，我认识社区里很多居民，我和邻居经常来往，当邻居有事我会主动提供帮助，我帮助过社区里的其他居民，我接受过社区里其他居民的帮助"⑤。上述三个研究提出的测量指标对本研究具有较好的参考价值。

三　农民工（流动人口）的社会融合实证研究

农民工社会融合困境研究。发展社会学的社区发展理论强调，"在外来

---

① 张文宏、雷开春：《城市新移民社会认同的结构模型》，《社会学研究》2009 年第 4 期。
② 周皓：《流动人口社会融合的测量及理论思考》，《人口研究》2012 年第 3 期。
③ 周小亮、刘万里：《包容性发展水平测量评价的理论探讨》，《社会科学研究》2012 年第 2 期。
④ 杨菊华：《中国流动人口的社会融入研究》，《中国社会科学》2015 年第 2 期。
⑤ 李振刚：《新生代农民工文化资本对社会融合影响的实证研究》，《社会发展研究》2017 年第 4 期。

者的帮助下，通过社区成员的广泛参与促进社区发展，同时保障社区成员共享社区发展的成果。社区发展需要通过参与性的制度安排，对弱势群体'赋权'，也就是通过学习、组织与行动，刺激并支持人们理解、质疑并抵抗不平等的结构性原因"[①]。但农民工（流动人口）参与社区发展的实际情况并不尽如人意。周大鸣和郭星华等学者指出，"由于外来打工者流动性强及内部异质性高，没有户籍和住房，不具备城市居民的资格，加之行政社区的制度性排斥，难以形成对行政社区的认同归属和对社区公共事务的参与行动"[②]。王春光的研究也发现，"农村流动人口作为外来者，基本上与流入地社会没有很多的交往，这在新生代那里也是一样的：他们中只有 21.6% 的人与周围的当地人经常有交往，占 48.6% 的人不经常交往，另外有 10% 和 19.7% 的人与周围的当地人基本没有交往和完全没有交往"[③]。

那如何才能破解农民工（流动人口）的参与行动困境呢？沈红指出，"穷人的主体性是通过社区参与来构建的，借助参与性制度安排，穷人才能进入制度创新所营造的情境，依靠自己的力量营建一个共同意义上的'生活世界'，使得原本日益隔绝于社区边缘的贫困者回到社区，并且充分生活于自己的社区"[④]。王毅杰等指出，"心理认同指基于城乡分类之上的个体对自我身份的认知（即身份意识），进而对这一身份的情感归属"[⑤]。杨菊华认为，"只有流动人口对流入地有较强的认同感和归属感，才是真正实现了社会融入"[⑥]。

农民工社会融合进展研究。张文宏、雷开春运用探索性因子分析方法来界定城市新移民社会融合的结构，形成了"本地语言掌握程度、熟悉本地

---

① Gardner, Katy & David Lewis, *Anthropology, Development and the Post-Modern Challenge.* Chicago: Piuto Press, 1996.

② 周大鸣：《外来工与"二元社区"——珠江三角洲的考察》，《中山大学学报》（社会科学版）2000 年第 2 期；郭星华等：《漂泊与寻根：流动人口的社会认同研究》，中国人民大学出版社，2011。

③ 王春光：《新生代农村流动人口的社会认同与城乡融合的关系》，《社会学研究》2001 年第 3 期。

④ 沈红：《穷人主体建构与社区性制度创新》，《社会学研究》2002 年第 1 期。

⑤ 王毅杰、王刘飞：《从身份认同看农民工社会融入》，《人口与发展》2014 年第 3 期。

⑥ 杨菊华：《中国流动人口的社会融入研究》，《中国社会科学》2015 年第 2 期。

风俗程度、接受本地价值观念的程度、职业稳定程度、亲属相伴人数、本地户籍状况、本地人身份认同程度、社会交往范围、社会心理距离、日常交往人数、社会满意度、职业满意度、住房满意度、添置房产意愿等"[1] 测量社会融合程度的指标。

流动人口（农民工）弱势地位研究。李树茁等研究发现，流动人口在进入城市社会前后所处的弱势地位是由于"支持力度弱的社会网络"[2]。王春光则指出，流动人口在进入城市社会前后所处的弱势地位是由于"低频率的异质性社会交往"[3]。悦中山等也指出，"农民工的社会参与不足，与市民互动比较匮乏，与城市社会其他群体交流不多，社会网络仍以农村社会的亲缘、地缘关系为主"[4]。

有学者试图通过社区空间构建或居民参与来推动社区共同体的形成。庄仲雅指出，"社区必须被看成个人与群体挣扎的场域，一个权力斗争与社会想象的混合体，一个历史的产物"[5]。杨敏提出，"居民的参与是社区形成的核心机制，它使居民能以主体的身份介入有关社区决策的过程"[6]。黄晓星指出，"空间、人口和组织等要素使得初级的社区关联（邻里）逐步被结构化，社区性逐步稳定下来并且触发社会运动"[7]。周皓则指出，"在与本地居民的社会交往与互动过程中，迁移者逐步对自己的身份取得新的认同，且在双向的交往过程中取得原居住地居民的认同，最终形成相互认可与接纳

① 张文宏、雷开春：《城市新移民社会融合的结构、现状与影响因素分析》，《社会学研究》2008 年第 5 期。

② 李树茁、任义科、靳小怡、费尔德曼：《中国农民工的社会融合及其影响因素研究——基于社会支持网络的分析》，《人口与经济》2008 年第 2 期。

③ 王春光：《新生代农村流动人口的社会认同与城乡融合的关系》，《社会学研究》2001 年第 3 期。

④ 悦中山、李树茁、靳小怡等：《从"先赋"到"后致"：农民工的社会网络与社会融合》，《社会》2011 年第 6 期。

⑤ 庄仲雅：《五饼二鱼：社区运动与都市生活》，《社会学研究》2005 年第 2 期。

⑥ 杨敏：《作为国家治理单元的社区——对城市社区建设运动过程中居民社区参与和社区认知的个案研究》，《社会学研究》2007 年第 4 期。

⑦ 黄晓星：《社区运动的"社区性"——对现行社区运动理论的回应与补充》，《社会学研究》2011 年第 1 期。

状态"①。

农民工社会排斥研究。刘红岩的研究发现,"农民工被城市社会排斥的一个突出表现是心理排斥。进城农民工由于自身素质等原因通常会受到城市市民甚至城市管理部门的各种歧视,这大大增加了农民工融入的难度"②。韦向阳等指出,"由于城镇居民对农民工的偏见与歧视,认为农民工就是导致城镇脏乱差的罪魁祸首……缺乏群体依恋和心理认同是新生代农民工市民化的最大心理障碍"③。

农民工社会交往研究。许光根据浙江省一项调查指出,"当前浙江省新生代农民工的社会交往仍较多停留在基础交往和利益交往上,精神层面的交往相对不足。从与城市居民的交往意愿来看,新生代农民工的心态比较主动,有66.7%的受访者愿意与流入地居民交朋友,高于'不愿意'的比例(7.2%)。44.1%的城市居民也愿意与新生代农民工接触,高于'不愿意'的比例(12.6%)……但当问到遇到困难时的求助对象时,新生代农民倾向于选择'弱关系'社会网络。有61.5%的受访者选择了'亲友'和'老乡',选择'本地人'的只有6.3%"④。温州综合改革课题组对温州市新居民社区融合的调查结果显示,"社会融入度一般,但内卷化下的隔离型特征突出"⑤。李春南指出,"外来打工者在社区层面的行动分散且琐碎,难以与以城市居民为主体的社区运动理论相关联"⑥。

小结:学者们较早就提出了社会适应、社会吸纳和社会融合等概念,也

---

① 周皓:《流动人口社会融合的测量及理论思考》,《人口研究》2012年第3期。

② 刘红岩:《包容性发展视角下促进农民工社会融入的路径》,《经济研究参考》2013年第56期。

③ 韦向阳、刘亮:《包容性发展视角下新生代农民工市民化问题与对策研究》,《华东理工大学学报》(社会科学版)2014年第2期。

④ 许光:《新生代农民工失范性融入的路径审视与政策创新——以包容性视角下浙江的社会实践为例》,《中共南京市委党校学报》2014年第2期。

⑤ 温州综合改革课题组:《社会融合的制度基础与条件——温州改革的调查与分析》,《社会主义研究》2013年第3期。

⑥ 李春南:《发展视角下的社区运动——京郊外来打工者的社区经验》,《社会发展研究》2015年第2期。

有学者提出包容性发展社会和谐指数的测量指标。学者们一方面主张移民或农民工（流动人口）要主动适应迁入地的文化，另一方面也提出迁入地要主动吸纳移民（农民工或流动人口）。大多数实证研究都发现，我国农民工（流动人口）的社会适应并不顺利，城市居民对农民工（流动人口）存在一定的偏见与歧视，农民工（流动人口）与城市当地居民的互动不足，参与社区活动不多，社会支持网络不够，认同感与归属感不高，社会融入存在许多制度性和其他障碍，社会融合度不高，农民工（流动人口）市民化程度不高。上述研究尽管没有专门分析超大城市城乡结合部社区包容性社会发展，主要关注的是农民工（流动人口）的社会融合，没有充分关注城市居民与流动人口两个群体的社会发展水平及其包容性，但这些研究成果为我们研究超大城市城乡结合部社区包容性社会发展提供了启示、借鉴和参照。

第二节　超大城市城乡结合部社区社会发展的研究设计与变量的测量

不少学者针对社会适应或社会融合或包容性发展提出一些测量指标。张文宏等主张，社会适应的测量指标主要包括"社会、职业及住房等方面的满意度"[1]。在另一项重要研究中，张文宏、雷开春主张用"群体认同、文化认同、地域认同、职业认同和地位认同"[2] 来考察除政治性身份外的五种社会身份之间的关系结构。

周小亮、刘万里提出的包容性发展水平之社会和谐指数的测量评价包括"基尼系数、主要农产品质量安全监测超标率、药品安全抽样合格率、达到Ⅰ级和Ⅱ级空气质量天数、交通事故死亡率、城乡居民人均储蓄存款余额、文明社区达标率、安全社区达标率、新农村建设示范村累计数、每万人拥有

---

[1]　张文宏、雷开春：《城市新移民社会融合的结构、现状与影响因素分析》，《社会学研究》2008 年第 5 期。

[2]　张文宏、雷开春：《城市新移民社会认同的结构模型》，《社会学研究》2009 年第 4 期。

公共交通标台数"① 等 10 个指标。杨菊华选取的"'社会适应'指标包括主要交往对象、困难求助对象、社区活动参与和组织参与"②。

社会、群体认同、地域认同、主要交往对象、困难求助对象、与邻居的互助等测量指标对本课题的设计及包容性社会发展测量指标的确定有很大帮助。本研究利用课题组在深圳市宝安区和北京市海淀区开展的居民问卷调查数据及访谈材料进行分析。深圳和北京两地共回收问卷 854 份,其中有效问卷合计 804 份,有效问卷所占比例为 94.15%。本节主要介绍需要验证的理论假设及测量的主要变量和问题。

一 超大城市城乡结合部社区社会发展的理论假设

这里所研究的"社会发展"主要是指超大城市城乡结合部社区社会发展的综合水平及受访者(本地户籍居民和流动人口)之间的互动、信任、社区活动、社区安全感等。本章需要验证的是假设 4:超大城市城乡结合部社区社会发展受社区类型、户籍类型、户口类别、婚姻状况、家庭结构、人力资本、政治面貌、职业类型等因素的影响;不同类型的社区、不同类别的户口、不同的婚姻状况、不同的家庭结构、不同的人力资本、不同的政治面貌、不同的职业类型都会影响超大城市城乡结合部社区社会发展。具体细分为以下 8 个假设。

假设 4-1:超大城市城乡结合部社区社会发展受社区类型的影响,社区类型不同,社会发展水平不同;不同城市的不同社区,社会发展水平不同。

假设 4-2:超大城市城乡结合部社区社会发展受户籍类型的影响,户籍类型不同,社会发展水平不同;本地户籍居民的社会发展水平更高,流动人口的社会发展水平更低。

假设 4-3:超大城市城乡结合部社区社会发展受户口类别的影响,户口类别不同,社会发展水平不同;非农业户口的受访者社会发展水平更高,农

① 周小亮、刘万里:《包容性发展水平测量评价的理论探讨》,《社会科学研究》2012 年第 2 期。
② 杨菊华:《中国流动人口的社会融入研究》,《中国社会科学》2015 年第 2 期。

业户口的受访者社会发展水平更低。

假设4-4：超大城市城乡结合部社区社会发展受婚姻状况的影响，婚姻状况不同，社会发展水平不同；已婚的受访者社会发展水平更高，非婚、丧偶和离异的受访者社会发展水平更低。

假设4-5：超大城市城乡结合部社区社会发展受家庭结构的影响，家庭结构不同，社会发展水平不同；家庭人口越多的受访者社会发展水平越高，家庭人口越少的受访者社会发展水平越低。

假设4-6：超大城市城乡结合部社区社会发展受人力资本的影响，人力资本不同，社会发展水平不同，用文化程度高低来测量人力资本的多少；文化程度越高的受访者社会发展水平越高，文化程度越低的受访者社会发展水平越低。

假设4-7：超大城市城乡结合部社区社会发展受政治面貌的影响，政治面貌不同，社会发展水平不同；政治面貌为党员的受访者社会发展水平更高，民主党派、普通群众和其他政治面貌的受访者社会发展水平更低。

假设4-8：超大城市城乡结合部社区社会发展受职业类型的影响，职业类型不同，社会发展水平不同；职业类型为政治、经济、文化领域精英（国家机关、党群组织、企业、事业单位负责人，专业技术人员，办事人员和有关人员，商业和服务业人员，军人等）的受访者社会发展水平更高，职业为普通职员（农林牧渔水利业生产人员，生产、运输设备操作人员及有关人员，不便分类的其他从业人员）的受访者社会发展水平更低。

二 超大城市城乡结合部社区社会发展的测量指标及赋值

综合学术界关于社会融合和包容性发展的研究成果和相关指标，这里拟通过以下11个指标及其结果来描述超大城市城乡结合部社区社会发展的状况。通过对相关指标及选项进行赋值，社会发展的最高得分为46分，最低得分为12分。得分越高，表示社会发展越好，得分越低，表示社会发展越不好。以下是具体指标及赋值。

一是您所居住的社区发生了不好的事情时，您会有什么感受。选项和赋值分别是"很不开心"赋值5分，"不太开心"赋值4分，"一般"赋值3分，"不太关注"赋值2分，"事不关己"赋值1分。最高分5分，最低分1分，得分越高，表示社会发展越好，得分越低，表示社会发展越不好。

二是您是否愿意为了您所居住社区的发展与安全，无偿奉献自己的时间和精力。选项和赋值分别是"非常愿意"赋值5分，"比较愿意"赋值4分，"一般"赋值3分，"不太愿意"赋值2分，"很不愿意"赋值1分。最高分5分，最低分1分，得分越高，表示社会发展越好，得分越低，表示社会发展越不好。

三是您是否参加过所居住社区的社会组织。选项和赋值分别是"参加过2个及以上社区社会组织"赋值4分，"参加过1个社区社会组织"赋值3分，"没有参加过社区社会组织"赋值2分，"没有听说过社区社会组织"赋值1分。最高分4分，最低分1分，得分越高，表示社会发展越好，得分越低，表示社会发展越不好。

四是您是否经常与社区居委会、社区服务站等机构打交道。选项和赋值分别是"经常接触"赋值4分，"有较多接触"赋值3分，"有过接触"赋值2分，"没有打过交道"赋值1分。最高分4分，最低分1分，得分越高，表示社会发展越好，得分越低，表示社会发展越不好。

五是您是否与所居住社区其他居民经常联系与互动。选项和赋值分别是"经常联系与互动"赋值3分，"有过联系与互动"赋值2分，"从不联系与互动"赋值1分。最高分3分，最低分1分，得分越高，表示社会发展越好，得分越低，表示社会发展越不好。

六是您对社区居委会、社区服务站等机构的信任度如何。选项和赋值分别是"非常信任"赋值5分，"比较信任"赋值4分，"一般"赋值3分，"不太信任"赋值2分，"很不信任"赋值1分。最高分5分，最低分1分，得分越高，表示社会发展越好，得分越低，表示社会发展越不好。

七是您对您的邻居的信任度如何。选项和赋值分别是"非常信任"赋值5分，"比较信任"赋值4分，"一般"赋值3分，"不太信任"赋值2

分，"很不信任"赋值1分。最高分5分，最低分1分，得分越高，表示社会发展越好，得分越低，表示社会发展越不好。

八是您认为您所居住社区是否安全。选项和赋值分别是"非常安全"赋值5分，"比较安全"赋值4分，"一般"赋值3分，"不太安全"赋值2分，"很不安全"赋值1分。最高分5分，最低分1分，得分越高，表示社会发展越好，得分越低，表示社会发展越不好。

九是您是否参加过所居住社区组织的活动。选项和赋值分别是"经常参加"赋值4分，"偶尔参加"赋值3分，"不参加"赋值2分，"不知道"赋值1分。最高分4分，最低分1分，得分越高，表示社会发展越好，得分越低，表示社会发展越不好。

十是当您遇到困难或问题时，您更愿意向哪一类人群或组织寻求帮助（至多选三项）。选项和赋值分别是"家人亲戚""好友老乡""领导上司""工作同事""同学战友""其他人员"等传统交往圈，各赋值1分，"邻居""社区工作人员""政府管理人员""专业社会工作者"等属于难度更大的次级交往圈，各赋值2分。最高分为6分，最低分为3分。得分越高，表示社会发展越好，得分越低，表示社会发展越不好。

十一是如果您参加过所居住社区组织的活动，您是通过什么渠道知道的（至多选三项）。选项分别有社区宣传栏、社区居委会通知、楼门院长通知、居民群众通知、社区网站通知、社区微博通知、社区微信公众号和其他渠道。

第三节　北京市与深圳市城乡结合部社区社会发展包容性的数据分析与研究发现

这里测量了超大城市城乡结合部社区社会发展变量的 Cronbach's alpha系数，发现其 Cronbach's alpha 系数为 0.909205，具有非常高的信度，相当稳定可靠。使用主成分分析法选取社会发展中特征值大于1的主成分，分为主成分1（社会发展的综合水平，尤其是与社会组织、社区居委会、社区服务站、社区其他居民的互动程度，以及对社区居委会、社区服务站和邻居的信任程度等）和主成分 2（更愿意交往的人群和了解社区活动渠道的数量），可累计解释 61% 的方差。

一 北京市与深圳市城乡结合部社区社会发展的数据结果分析

社会发展维度共 11 个问题，包括对社区不良事情发生的感受，是否愿意奉献自己的时间和精力，是否参加社区社会组织，是否经常与社区居委会、服务站等机构打交道，是否与社区其他居民联系互动，对社区居委会和社区服务站的信任程度，对邻居的信任程度，社区安全感，是否参加社区活动，有困难时向谁求助，通过什么渠道了解社区组织的活动等。深圳和北京两地调查对象关于社会发展状况的感受如表 7-1 所示。

表 7-1 北京市与深圳市城乡结合部社区社会发展各指标结果

单位：%

问题	选项	比例
当居住的社区发生了不好的事情时,您会有什么感受	很不开心	18
	不太开心	28
	一般	34
	不太关注	17
	事不关己	3
是否愿意为了居住社区的发展与安全,无偿奉献自己的时间和精力	非常愿意	18
	比较愿意	25
	一般	40
	不太愿意	15
	很不愿意	2
是否参加过居住社区的社会组织	参加过 2 个及以上社区社会组织	21
	参加过 1 个社区社会组织	21
	没有参加过社区社会组织	32
	没有听说过社区社会组织	26
是否经常与社区居委会、社区服务站等机构打交道	经常接触	20
	有较多接触	15
	有过接触	35
	没有打过交道	30

问题	选项	比例
是否经常与社区其他居民联系与互动	经常联系与互动	25
	有过联系与互动	50
	从不联系与互动	25
对社区居委会、社区服务站等机构的信任度	非常信任	20
	比较信任	26
	一般	34
	不太信任	15
	很不信任	5
对社区邻居的信任度	非常信任	15
	比较信任	29
	一般	37
	不太信任	17
	很不信任	2
居住社区的安全度	非常安全	13
	比较安全	37
	一般	33
	不太安全	14
	很不安全	3
是否参加过社区组织的活动	经常参加	20
	偶尔参加	34
	不参加	29
	不知道	17

资料来源：根据问卷统计分析结果整理。

从表 7-1 可以看出，有 80% 的受访者会因为社区发生了不好的事情而有不好的感受，有 83% 的受访者愿意为了居住社区的发展与安全无偿奉献自己的时间和精力，有 70% 的受访者与社区居委会、社区服务站等机构打过交道，有 75% 的受访者与社区其他居民有过联系与互动，有 80% 的受访者信任社区居委会和社区服务站等机构，有 81% 的受访者对社区邻居表示信任，有 83% 的受访者认为所居住社区安全，有 54% 的受访者参加过社区组织的活动，有 42% 的受访者参加过居住社区的社会组织。

当问到"遇到困难或问题时，更愿意向哪一类人群或组织寻求帮助（至多选三项）"时，排在第一位的是"好友老乡"（83%），其余依次是"家人亲戚"（75%）、"社区工作人员"（44%）、"工作同事"（33%）、"邻居"（19%）、"同学战友"（16%）、"政府管理人员"（14%）、"专业社会工作者"（12%）、"领导上司"（6%）和"其他人员"（1%）（见图7-1）。这在一定程度上反映出"好友老乡"和"家人亲戚"依然处于人们社会关系网络的核心位置，但"社区工作人员"所处的位置也比较靠前，充分说明经过持续多年的社区建设，社区工作者逐渐获得了社会各界的认可和信任，成为继"好友老乡"和"家人亲戚"之后人们最愿意求助的对象。

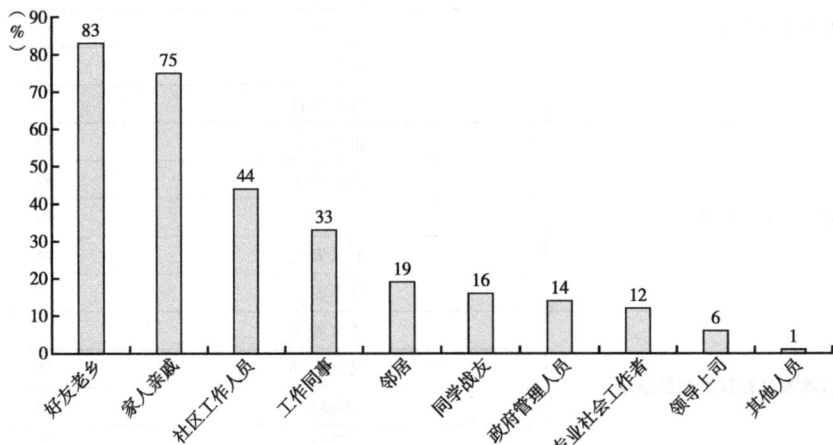

图 7-1　调查对象遇到困难或问题时求助对象排序

当问到"如果您参加过所居住社区组织的活动，是通过什么渠道知道的（至多选三项）"时，"社区宣传栏"（66%）排在第一位，其余依次是"社区居委会通知"（54%）、"居民群众通知"（28%）、"社区微信公众号"（26%）、"楼门院长通知"（13%）、"社区网站通知"（7%）、"其他渠道"（6%）和"社区微博通知"（5%）（见图7-2）。现代信息工具除"社区微信公众号"作用比较明显外，"社区网站通知"和"社区微博通知"的作用很不明显，社区信息沟通主要依靠传统的社区宣传栏及社区居委会通知等渠道。

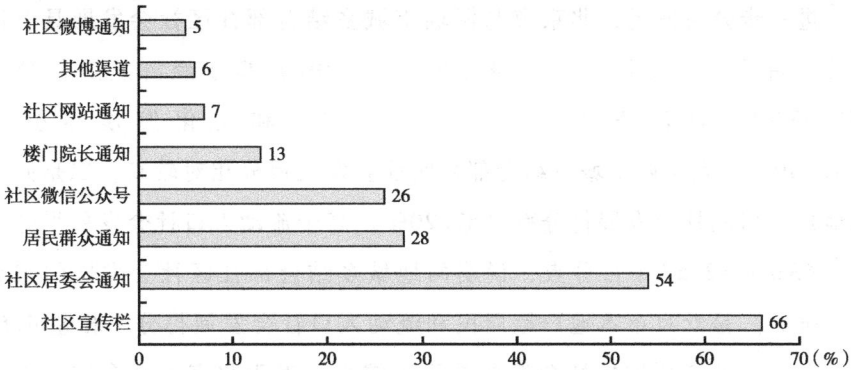

图 7-2 调查对象了解社区组织活动的渠道

二 北京市与深圳市城乡结合部社区社会发展包容性的研究发现

（一）北京市和深圳市城乡结合部社区社会发展包容性状况

社会发展维度前 10 个指标分别赋值后最高分为 46 分，最低分为 12 分。经统计分析汇总计算，我们发现，北京市和深圳市城乡结合部社区社会发展得分为 36.20 分，得分率为 78.70%，处于非常好的水平。总体上社会发展维度北京市（得分 37.90 分，得分率 82.39%）优于深圳市（得分 34.50 分，得分率 75.00%）（见表 7-2）。

表 7-2 北京市与深圳市城乡结合部社区社会发展得分

单位：分，%

类目	北京市		深圳市	
	北京本地户籍居民	北京流动人口	深圳本地户籍居民	深圳流动人口
得分	38.76	36.61	41.46	32.05
得分率	84.26	79.59	90.13	69.67
合计得分	37.90		34.50	
合计得分率	82.39		75.00	
总计得分	36.20			
总计得分率	78.70			

资料来源：根据调查问卷统计分析结果整理。

189

进一步分析发现,北京市与深圳市城乡结合部社区社会发展具有以下几个特点:一是社会发展得分率(78.70%)高于经济发展得分率(68.53%)、政治发展得分率(70.50%)和文化发展得分率(61.46%),表明两市城乡结合部社区社会发展得分相对较高。二是两地本地户籍居民社会发展得分率(87.20%)高于流动人口社会发展得分率(74.63%)12.57个百分点,说明两地城乡结合部社区社会发展的包容性不强。三是北京市本地户籍居民和流动人口社会发展得分率相差4.67个百分点,两个群体的社会发展差距比较小,表明北京市城乡结合部社区社会发展包容性较好。四是深圳市本地户籍居民与流动人口社会发展得分率相差20.46个百分点,本地户籍居民与流动人口两个群体的社会发展差距比较大,表明深圳市城乡结合部社区社会发展包容性有待加强。五是北京市和深圳市四个群体互相比较,深圳市本地户籍居民的社会发展水平最高,得分率为90.13%,北京市本地户籍居民次之,得分率为84.26%,北京市流动人口第三,得分率为79.59%,深圳市流动人口最低,得分率为69.67%。

由此,假设4-2得到较好的证实,超大城市城乡结合部社区社会发展受户籍类型的影响,户籍类型不同,社会发展水平不同。本地户籍居民的社会发展水平明显高于流动人口社会发展水平。

(二)北京市和深圳市城乡结合部社区社会发展比较分析

从社区角度看,使用 ANOVA 分析法进行两两比较发现,有 1 个社区的社会发展水平明显高于另外 4 个社区,还有 3 个社区处于中间水平无显著差异(见表7-3)。

表 7-3　北京市和深圳市城乡结合部社区社会发展状况

状况	好	中间	较差
社会发展	BJJY 社区	QT 社区、MF 社区、LT 社区	YT 社区、LD 社区、ZB 社区、BJ 村

资料来源:根据统计分析结果整理。

进一步分析发现，北京市和深圳市城乡结合部 8 个社区（其中 BJJY 社区和 BJ 村合并统计）的社会发展也存在明显差异（见表 7-4）。其中北京市 BJJY 社区和 BJ 村得分最高为 40.66 分，得分率为 88.39%；MF 社区得分 36.15 分，得分率为 78.59%；QT 社区得分 35.85 分，得分率为 77.93%。深圳市 LT 社区得分 37.03 分，得分率为 80.50%；ZB 社区得分 33.83 分，得分率为 73.54%；YT 社区得分 33.45 分，得分率为 72.72%；LD 社区得分 33.32 分，得分率为 72.43%。

表 7-4　北京市和深圳市城乡结合部社区社会发展水平

单位：分，%

类目	北京市			深圳市			
	BJJY 社区和 BJ 村	MF 社区	QT 社区	LD 社区	YT 社区	LT 社区	ZB 社区
社区平均得分	40.66	36.15	35.85	33.32	33.45	37.03	33.83
得分率	88.39	78.59	77.93	72.43	72.72	80.50	73.54

资料来源：根据问卷统计分析结果整理。

由此，假设 4-1 得到较好的证实，超大城市城乡结合部社区社会发展受社区类型的影响，社区类型不同，社会发展水平不同，但其原因还需要进一步分析。

三　经过多元回归分析后超大城市城乡结合部社区社会发展的影响因素分析

使用多元回归分析方法，分别对深圳本地户籍居民和深圳流动人口、北京本地户籍居民和北京流动人口社会发展的影响因素进行分析，对假设 4-3、4-4、4-5、4-6、4-7 和 4-8 继续进行验证。

（一）影响深圳市城乡结合部社区本地户籍居民社会发展水平的主要因素

多元回归分析的结果表明，影响深圳市城乡结合部社区本地户籍居民社会发展水平的因素主要有年龄、职业类型、居住社区、婚姻状况、子女数量、在本社区居住时间。其中年龄（18~30 岁）、职业类型（国家机关、党群组织、企业、事业单位负责人）、居住社区（YT 社区）、婚姻状况（已婚、离异）、子女数量（3 个及以上、2 个）、在本社区居住时间（半年及以内）是正向影响因素，职业类型（专业技术人员）和在本社区居住时间［2年至 5 年（含 5 年）］是负向影响因素，其他因素的影响不显著。

深圳市城乡结合部社区本地户籍居民社会发展水平影响因素模型计算公式如下：

$$Y_{(深户社)} = 35.9 + 4.6 \times 年龄(18 \sim 30 岁)$$
$$+ 4.6 \times 职业类型(国家机关、党群组织、企业、$$
$$事业单位负责人) - 7.9 \times 职业类型(专业技术人员)$$
$$+ 3.6 \times 居住社区(YT 社区) + 6.4 \times 婚姻状况(已婚)$$
$$+ 8.8 \times 婚姻状况(离异) + 4.8 \times 子女数量(3 个及以上)$$
$$+ 2.3 \times 子女数量(2 个) + 4.5 \times 在本社区居住时间$$
$$(半年及以内) - 13.6 \times 在本社区居住时间[2 年至 5 年(含 5 年)]$$

其中，$Y_{(深户社)}$ 表示深圳市城乡结合部社区本地户籍居民社会发展水平。

4.6×年龄（18~30 岁）表示受访者年龄在 18~30 岁，社会发展加 4.6分，对社会发展起正向的影响。

4.6×职业类型（国家机关、党群组织、企业、事业单位负责人）表示受访者职业类型为国家机关、党群组织、企业、事业单位负责人，社会发展加 4.6 分，对社会发展起正向的影响。

-7.9×职业类型（专业技术人员）表示受访者职业类型为专业技术人员，社会发展减 7.9 分，对社会发展起负向的影响。

3.6×居住社区（YT 社区）表示受访者所在社区为 YT 社区，社会发展加 3.6 分，对社会发展起正向的影响。

6.4×婚姻状况（已婚）表示受访者婚姻状况为已婚，社会发展加 6.4分，对社会发展起正向的影响。

8.8×婚姻状况（离异）表示受访者婚姻状况为离异，社会发展加 8.8分，对社会发展起正向的影响。

4.8×子女数量（3 个及以上）表示受访者有 3 个及以上的子女，社会发展加 4.8 分，对社会发展起正向的影响。

2.3×子女数量（2个）表示受访者有2个子女，社会发展加2.3分，对社会发展起正向的影响。

4.5×在本社区居住时间（半年及以内）表示受访者居住在本社区的时间在半年及以内，社会发展加4.5分，对社会发展起正向的影响。

-13.6×在本社区居住时间［2年至5年（含5年）］表示受访者居住在本社区的时间在2年至5年（含5年），社会发展减13.6分，对社会发展起负向的影响。

（二）影响深圳市城乡结合部社区流动人口社会发展水平的主要因素

多元回归分析的结果表明，影响深圳市城乡结合部社区流动人口社会发展水平的因素主要有职业类型、居住社区、性别和户口类别。其中职业类型（国家机关、党群组织、企业、事业单位负责人，办事人员和有关人员）、居住社区（LT社区）和户口类别（农业户口）是正向影响因素，性别（男）是负向影响因素，其他因素相对不显著。

深圳市城乡结合部社区流动人口社会发展水平影响因素模型计算公式如下：

$$Y_{(深流社)} = 30.9 + 8.6 × 职业类型（国家机关、党群组织、企业、事业单位负责人）+ 5.8 × 职业类型（办事人员和有关人员）+ 3.5 × 居住社区（LT社区）- 1.8 × 性别（男）+ 2.5 * 户口类别（农业户口）$$

其中，$Y_{(深流社)}$表示深圳市城乡结合部社区流动人口社会发展水平。

8.6×职业类型（国家机关、党群组织、企业、事业单位负责人）表示受访者职业类型为国家机关、党群组织、企业、事业单位负责人，社会发展加8.6分，对社会发展起正向的影响。

5.8×职业类型（办事人员和有关人员）表示受访者职业类型为办事人员和有关人员，社会发展加5.8分，对社会发展起正向的影响。

3.5×居住社区（LT社区）表示受访者所居住的社区为LT社区，社会发展加3.5分，对社会发展起正向的影响。

-1.8×性别（男）表示受访者性别为男性，社会发展减1.8分，对社会发展起负向的影响。

2.5×户口类别（农业户口）表示受访者户口类别为农业户口，社会发展加 2.5 分，对社会发展起正向的影响。

（三）影响北京市城乡结合部社区本地户籍居民社会发展水平的主要因素

多元回归分析的结果表明，影响北京市城乡结合部社区本地户籍居民社会发展水平的因素主要有职业类型、居住社区和在本社区居住时间。其中职业类型（办事人员和有关人员）和居住社区（BJJY 社区和 BJ 村）是正向影响因素，在本社区居住时间（半年及以内）是负向影响因素，其他因素相对不显著。

北京市城乡结合部社区本地户籍居民社会发展水平影响因素模型计算公式如下：

$$Y_{(京户社)} = 36.5 + 2.5 \times 职业类型(办事人员和有关人员)$$
$$+ 5.5 \times 居住社区(BJJY\ 社区和\ BJ\ 村)$$
$$- 6.3 \times 在本社区居住时间(半年及以内)$$

其中，$Y_{(京户社)}$ 表示北京市城乡结合部社区本地户籍居民社会发展水平。

2.5×职业类型（办事人员和有关人员）表示受访者职业类型为办事人员和有关人员，社会发展加 2.5 分，对社会发展起正向的影响。

5.5×居住社区（BJJY 社区和 BJ 村）表示受访者居住的社区为 BJJY 社区和 BJ 村，社会发展加 5.5 分，对社会发展起正向的影响。

-6.3×在本社区居住时间（半年及以内）表示受访者居住在本社区的时间在半年及以内，社会发展减 6.3 分，对社会发展起负向的影响。

（四）影响北京市城乡结合部社区流动人口社会发展水平的主要因素

多元回归分析的结果表明，影响北京市城乡结合部社区流动人口社会发展水平的因素主要有户口类别。户口类别（农业户口）是正向影响因素，其他因素相对不显著。

北京市城乡结合部社区流动人口社会发展水平影响因素模型计算公式如下：

$$Y_{(京流社)} = 35 + 3 \times 户口类别(农业户口)$$

其中，$Y_{(京流社)}$表示北京市城乡结合部社区流动人口社会发展水平。

3×户口类别（农业户口）表示受访者的户口类别为农业户口，社会发展加 3 分，对社会发展起正向的影响。

第四节　北京市与深圳市城乡结合部社区社会发展包容性的研究结论

学术界从社会适应和社会融合的角度关注移民群体在迁入地融入主流社会的情况。有学者主张用社区邻里关系量表来测量社会融合的程度，也有学者提出了社会适应的测量指标，不少学者关注到农民工（流动人口）的社会融合问题，开展了许多新生代农民工（流动人口）社会融合的实证研究，总体认为农民工（流动人口）在城市社会遭受社会排斥和歧视，社会融合遭遇了诸多困境。比较少见城乡结合部地区当地居民与流动人口包容性社会发展方面的研究。本研究用 10 个定量指标来测量超大城市城乡结合部社区社会发展的水平，并判断其社会发展的包容性。一方面，这些指标涉及参加社区社会组织及其活动、与社区居委会和社区服务站等机构打交道、与社区其他居民联系与互动、遇到困难时的求助对象等；另一方面，又关注到受访者对社区的关心程度及感受、为社区共同体自愿奉献精神与意愿，对社区居委会及社区服务站、社区邻居的信任程度，社区安全感等。

研究发现，一是北京市和深圳市城乡结合部社区社会发展得分率为 78.70%，高于经济发展得分率（68.53%）、政治发展得分率（70.50%）和文化发展得分率（61.46%），表明两市城乡结合部社区社会发展水平相对较高。二是北京市和深圳市城乡结合部社区本地户籍居民社会发展得分率（87.20%）高于流动人口社会发展得分率（74.63%）12.57 个百分点，说明两地城乡结合部社区社会发展的包容性不强，假设 4-2 得到证实。三是从不同社区看，北京市和深圳市城乡结合部 8 个社区的社会发展确实存在一定的差异。最高得分率为 88.39%，最低得分率为 72.43%，两者相差 15.96 个百分点，假设 4-1 得到初步的证实；多元回归分析发现，YT 社区对深圳市本地户籍居民的社会发展起正向的影响，LT 社区对深圳市流动人口的社会发展起正向的影响，BJJY 社区和 BJ 村对北京市本地户籍居民的社会发展起正向的影响，这表明，不同社区的社会发展水平确实不同，且部分社区对社会发展水平产生正向的影响，假设 4-1 得到进一步的证实。四是从户口类别看，农业户口对深圳市流动人口和北京市流动人口的社会发展均起正向的影响，假设 4-3 没有得到证实，需要修正为农业户口的受访者社会发展水平更高。五是从婚姻状况看，已婚和离异对深圳市本地户籍居民社会发展起正向的影响，且离异的影响更大一些，这表明，假设 4-4 没有得到证实，不成立。六是从家庭结构看，子女数量（3 个及以上和 2 个）对深圳市本地户籍居民社会发展起正向的影响，且子女越多影响越大，假设 4-5 得到证实。七是从人力资本看，人力资本对四个群体的社会发展均无显著影响，假设 4-6 没有得到证实，不成立。八是从政治面貌看，政治面貌对四个群体的社会发展均无显著影响，假设 4-7 没有得到证实，不成立。九是从职业类型看，职业类型（国家机关、党群组织、企业、事业单位负责人）对深圳市本地户籍居民社会发展有正向的影响，而职业类型（专业技术人员）对深圳市本地户籍居民的社会发展有负向的影响，职业类型（办事人员和有关人员）对深圳市流动人口和北京市本地户籍居民的社会发展均有正向的影响。表明假设 4-8 需要修正，职业类型为国家机关、党群组织、企业、事业单位负责人，办事人员和有关人员，商业和服务业人员，军人等的受访者社会发展水平更高，职业类型为专业技术人员，农林牧渔水利业生产人员，生产、运输设备操作人员及有关人员，不便分类的其他从业人员的受访者社会发展水平更低。十是男性对深圳市流动人口的社会发展起负向的影响，年龄（18~30 岁）对深圳市本地户籍居民的社会发展起正向的影响，居住时间在半年及以内对北京市本地户籍居民的社会发展起负向影响，居住时间在半年及以内对深圳市本地户籍居民的社会发展却起正向的影响，而居住时间在 2 年至 5 年（含 5 年）对深圳市本地户籍居民的社会发展起负向的影响，这背后有着较为复杂的因素。

综上所述，北京市和深圳市城乡结合部社区社会发展得分率为

78.70%，高于经济发展得分率（68.53%）、政治发展得分率（70.50%）和文化发展得分率（61.46%），处于比较好的水平。北京市和深圳市城乡结合部社区本地户籍居民的社会发展得分率比流动人口的社会发展得分率高12.57个百分点，说明北京市和深圳市城乡结合部社区社会发展的包容性有待加强。假设4中的假设4-1、4-2和4-5得到证实，假设4-3、4-4、4-6和4-7没有得到证实，假设4-8需要修正。超大城市城乡结合部社区社会发展受社区类型、户籍类型、家庭结构、职业类型等因素的影响；不同类型的社区、不同类型的户籍、不同的家庭结构、不同的职业类型都会影响超大城市城乡结合部社区社会发展。

第八章

超大城市城乡结合部社区公共服务
包容性的现状与问题分析

公共服务是体现包容性发展成果的重要指标。一个地区公共服务的供给能力和覆盖范围，在很大程度上体现了该地区包容性发展的综合水平。这里将公共服务的供给能力、覆盖范围及效果等作为一个重要的维度进行研究，旨在通过观察和分析公共服务的供给能力、覆盖范围及效果，对超大城市城乡结合部社区公共服务的包容性进行评价。这里所研究的"公共服务"，主要包括养老保险、失业保险、医疗保险、工伤保险、住房补贴（含住房公积金）、社会保障制度的效果、办理社会保障的渠道、未成年子女上学地点、职业培训、公共服务满意度及合法权利保护情况等内容。

第一节　包容性公共服务研究概述

公共服务是学术界研究的热门话题，政治学、管理学、社会学、社会政策等不同学科的学者围绕公共服务开展了大量的研究，形成极为丰硕的研究成果。这里不准备全面研究公共服务问题，重点研究部分公共服务的供给、覆盖范围及效果。学术界关于公共服务的概念与内涵形成了基本共识，重点围绕农民工（流动人口）公共服务供给和农民工（流动人口）公共服务实证研究两个核心话题，就农民工及市郊农民的公共服务开展了大量的深入研究，为我们研究分析超大城市城乡结合部社区包容性公共服务问题提供了有益的启示与参照。

一　公共服务的概念与内涵

公共服务的内涵与外延。学者在讨论公共服务时，广泛使用"公共服务"和"基本公共服务"两个概念。在实际使用时，学者们基本上把"公共服务"和"基本公共服务"作为同义词或近义词，其内涵基本吻合。冯晓英指出，所谓"公共服务"，是指"政府为社会公众提供基本的、在不同阶段具有不同标准的、最终大致均等的公共物品和公共服务。现阶段主要包括：义务教育及普及教育、基本医疗及公共卫生、公益性文化、公众体育健身、基本社会保障和公共安全维护等领域"[①]。姜爱华、马静指出，所谓"基本公共服务"，"是指建立在一定社会共识基础上，由政府根据经济社会发展阶段和总体水平来提供、旨在保障个人生存权和发展权所需要的最基本社会条件的公共服务……主要包括：社会保障和就业、基本医疗与公共卫生、公共安全、义务教育、住房保障、公共交通、城市环境、文化体育等"[②]。张英洪等指出，"基本公共服务是直接关系个人生存权和发展权的公共服务，主要包括三个部分：一是保障生存的基本需要的服务，如就业、养老和最低生活保障、居住等；二是满足尊严和能力需要的服务，如基本的教育和文化服务；三是满足基本健康需要的服务，如医疗卫生、环境保护等"[③]。

综合上述几位学者关于公共服务的看法，可以看出，学者们对公共服务内涵和外延的认识基本稳定。由于篇幅所限，这里重点关注公共服务中的社会保障、养老保障、医疗保险、住房保障、失业保障、义务教育、职业培训等内容。

---

① 冯晓英：《当代北京流动人口管理制度变迁研究》，北京出版社，2008，第228页。
② 姜爱华、马静：《城乡结合部公共服务供给的财政政策研究》，经济科学出版社，2012，第43页。
③ 张英洪等：《北京市城乡基本公共服务问题研究》，社会科学文献出版社，2014，第77页。

二 农民工（流动人口）服务供给研究

农民工服务问题的提出。随着大量流动人口在乡城间的频繁流动，是否给流动人口提供与城市居民一样的公共服务，如何给流动人口提供基本公共服务，一直考验着各城市执政者的智慧与魄力。2002 年 9 月 1 日，上海市开始施行《上海市外来从业人员综合保险暂行办法》，要求各用人单位到外来人口就业管理机构办理综合保险登记手续，依照本办法规定履行缴费义务的，可按相关规定享受包括工伤（或者意外伤害）、住院治疗和老年补贴三项在内的综合保险待遇[①]，是城市政府早期有限地为流动人口提供公共服务的一种努力。但郑功成、李培林等学者的研究依然发现，"农民工虽然被纳入城镇社会保险体系之中，但是农民工社会保险的覆盖率和待遇水平依然较低"[②]。究其原因，是中国特有的城乡二元户籍管理体制分割和央地事权财权分配导致的结果。

农民工服务供给研究。陈映芳指出，"在目前跨地区社会流动频繁的情况下，现行户籍制度使得人口流入地政府可以设法免去为流入人员提供公共教育服务和制度性保障及其他各种社会服务、社会支持的职责"[③]。陆益龙和彭希哲、郭秀云等学者发现，"流动人口虽然脱离了户籍制度所塑造的城乡二元社会结构的限制，但其在身份上的制度性约束却很难通过空间流动来打破，从而在城市内部面临着工资收入、社会保障、公共服务等方面的不平等待遇"[④]。李春玲也指出，"随着农民工流入到城市，以户籍制度为核心的城乡二元结构的某些部分也被移入城市，从而在城市内部形成了一种二元结

① 杜立捷：《浅析上海市近年来对外来流动人口的政策变迁》，《南方人口》2004 年第 4 期。

② 郑功成、黄黎若莲：《中国农民工问题：理论判断与政策思路》，《中国人民大学学报》2006 年第 6 期；李培林、李炜：《农民工在中国转型中的经济地位和社会态度》，《社会学研究》2007 年第 3 期。

③ 陈映芳：《"农民工"：制度安排与身份认同》，《社会学研究》2005 年第 3 期。

④ 陆益龙：《社会需求与户籍制度改革的均衡点分析》，《西北师范大学学报》（社会科学版）2006 年第 3 期；彭希哲、郭秀云：《权利回归与制度重构——对城市流动人口管理模式创新的思考》，《人口研究》2007 年第 4 期。

构，将农民工和城市居民区隔在不同的领域"①。陈丰指出，"在现行的社会服务管理体制下，很大一部分流动人口仍不能在流入地享受与城市户籍人口平等的基本公共服务，流动人口基本公共服务的供给层面存在着诸多问题"②。

城市空间排斥研究。景晓芬、李世平从城市空间排斥的视角指出，"改革开放以来，我国的城市空间格局已经不再是由单一力量决定的，而是呈现出一种多重力量共同作用的态势……这方面的动力综合起来可以概括为两个方面：一是基于社会结构层面的城市空间排斥，主要包括经济管理体制和社会管理体制两个方面，经济管理体制主要是产权制度改革，社会管理体制包括住房制度、政府的城市政策、户籍制度和单位制度等，二是基于个体层面的城市空间排斥，包括主动的排斥和被动的排斥"③。

公共服务均等化研究。罗云指出，"尽管农民工子女义务教育政策已经调整为'两为主'，但是在现行的义务教育管理体制下，流入地政府优先考虑辖区户籍居民，流动人口子女则更多地被安排在薄弱学校"④。谢宝富通过对北京市城乡结合部的研究指出，政府相关管理部门应为城乡结合部流动人口提供基本的属地化服务，包括"住居服务、基础设施及环境卫生服务、公共安全服务、就业及社会保障服务、文化及子女教育服务"⑤。但流动人口能否真正享受到这些服务，情况并不乐观。刘红岩指出，"能否共享到城市均等化、合理化的公共服务和基础设施，既是农民工融入的重要指针，也是影响其融入过程、步伐和结果的关键要素，更是当前阶段我国促进农民工城市融入和促进农民工市民化、城镇化的重要任务。其中，求职就业、住房提供、子女就学以及文体娱乐，尤其是子女就学问题的解决，是目前亟待解决的公共服务问题……社会保障是农民工社会经济生活的防护网、安全阀、

---

① 李春玲：《城乡移民与社会流动》，《江苏社会科学》2007年第2期。

② 陈丰：《城市化进程中流动人口服务管理创新研究》，华东理工大学出版社，2015，第146页。

③ 景晓芬、李世平：《城市空间生产过程中的社会排斥》，《城市问题》2011年第10期。

④ 罗云：《城市公立学校中的流动人口子女教育：区别还是融合》，《教育发展研究》2011年第8期。

⑤ 谢宝富：《城乡结合部流动人口属地化服务问题研究——以北京市城乡结合部为例》，《北京联合大学学报》（人文社会科学版）2013年第1期。

保护器，社会保障水平是反映农民工社会融入程度的核心要素"①。韦向阳等指出，"没有城镇户籍的农民工虽然生活在城市，工作在城市，可是无法享受与市民在就业、医疗、养老、子女教育和社会公共服务等方面的平等待遇……依附于户籍的严格的学籍管理制度，使得农民工子女教育问题得不到有效的解决，导致了贫困和社会地位的代际转移"②。另外，城市政府为农民工（流动人口）提供公共服务的政策措施也往往得不到当地市民的支持。王晓莹和罗教讲发现，"市民会把不满情绪发泄到当地政府，集中表现为市民对政府在公共服务供给上会作出负面评价"③。

尽管如此，一些城市政府依然努力为农民工（流动人口）提供包括公租房在内的各种公共服务。据媒体报道，2018 年，北京市"全年分配公租房3.23 万套（户）、网申共有产权住房 2.9 万套，其中 30% 的房源面向符合条件的非京籍家庭，首批 6019 人实现积分落户"④。其中不仅城市的公租房和共有产权住房面向符合条件的非京籍家庭开放，而且有 6019 人通过积分成功在北京市落户，这是值得肯定的。但这有限的公共服务供给相对于庞大的城市流动人口数量来说，无异于杯水车薪。

三 农民工（流动人口）与征地农民公共服务实证研究

农民工（流动人口）公共服务现状研究。农民工（流动人口）流入城市的首要原因是寻找更好的发展机会，平等地享受城市的公共服务是其题中应有之义。朱宇认为，"稳定的收入和好的保障水平是影响流动人口做出永久迁移的原因"⑤。赵艳枝的研究表明，"在迁入地工作时间长、工作稳定、

① 刘红岩：《包容性发展视角下促进农民工社会融入的路径》，《经济研究参考》2013 年第56 期。
② 韦向阳、刘亮：《包容性发展视角下新生代农民工市民化问题与对策研究》，《华东理工大学学报》（社会科学版）2014 年第 2 期。
③ 王晓莹、罗教讲：《生活境遇与政府工作满意度——基于对 CSS2013 数据的实证分析》，《国家行政学院学报》2016 年第 1 期。
④ 陈吉宁：《2019 年北京市政府工作报告》，《北京日报》2019 年 1 月 14 日。
⑤ 朱宇：《国外对非永久性迁移的研究及其对我国流动人口问题的启示》，《人口研究》2004年第 3 期。

家庭式流动、在迁入地已购买和自建住房、原来属于农业户籍的人口更愿意在迁入地定居"①。但严胜等对上海市浦东新区外来流动人口医疗保障现状的调查发现，"浦东新区在企业和个体工商户就业的外来人口中分别有79.0%和91.0%的人无任何医疗保障，参加社会医疗保险的比重分别为6.8%和2.9%，购买商业医疗保险的比例更低，分别仅为调查人数的0.7%和0.9%"②。

李培林、李炜的研究发现，"农民工和城市工人因为身份差异而造成的工作待遇差异，主要不是在工资收入方面，而是在社会保障方面。如在养老保险方面，农民工拥有养老保险的占16.3%，城市工人占67.3%；在失业保险方面，农民工拥有失业保险的占6.2%，城市工人占44.5%；在医疗保险方面，农民工能够报销部分或全部医疗费的占28.4%，城市工人占66.3%。回归分析进一步证明，即使在同样的人力资本、工作状况、就业地点的条件下，农民工和城市工人拥有的社会保障也有着明显的差异。城市工人享有养老保险、失业保险和医疗费报销的机会分别是农民工的2.99倍（1∶0.335）、3.22倍（1∶0.311）和1.62倍（1∶0.619）"③。

根据人力资源和社会保障部及国家统计局调查，"2009年外出农民工参加养老、医疗、工伤和失业保险的比例分别是18.2%、29.8%、38.4%和11.3%"④。国家人口计生委2010年在106个流入地城市进行的调查显示，"农民工参加养老、医疗、工伤和失业保险的比例分别是24.2%、32.4%、29.6%和10.3%"⑤。"低参保率说明农民工绝大多数都没有参加社保，而是

---

① 赵艳枝：《外来人口的居留意愿与合理流动——以北京市顺义区外来人口为例》，《南京人口管理干部学院》2006年第4期。

② 严胜、倪云华、张青、车莲鸿、程晓明：《浦东新区外来流动人口医疗保障现况的分析》，《中国卫生资源》2004年第1期。

③ 李培林、李炜：《农民工在中国转型中的经济地位和社会态度》，《社会学研究》2007年第3期。

④ 国务院发展研究中心课题组：《农民工市民化：制度创新与顶层政策设计》，中国发展出版社，2011。

⑤ 国家人口和计划生育委员会流动人口服务管理司编《中国流动人口发展报告2011》，中国人口发展出版社，2011。

选择游离在社保体系之外。"①

温州综合改革课题组通过对温州市社区融合的调查结果显示,"超半数新居民无法解决子女入学问题,有高达61.5%的新居民子女仍在家上学,仅有38.5%的新居民子女就读于温州,且基本都分布在各个农民工子弟学校和其他非正规学校。基本社会保障仍有很大推进空间。调查显示,当前新居民中完全没有享受任何社会保障的新居民占总人数的26.9%,绝大多数新居民享受到了社会保障权,但五项保险的享受率都不高,分别是养老保险28.1%、医疗保险42.9%、失业保险9.9%、工伤保险37.7%和生育保险9.9%"②。

农民工参保影响因素研究。学者们对农民工参保率低的原因进行了大量的探讨,概括起来,主要包括两个方面,"一是城镇职工社会保险的缴费较高,农民工和企业负担很重。二是社会保险政策不统一,社会保险关系无法转移续接,导致农民工参保困难"③。高文书指出,"不同个体特征的农民工参保的情况不同,职业、区域等因素对农民工参保都具有重要影响"④。孙婧芳发现,"在打工地居住时间长于平均居住时间的农民工参加养老、医疗、失业保险的比例显著高于居住时间短于平均居住时间的农民工"⑤。徐增阳等对广东省Z市的调查发现,"仅有10.8%的农民工表示有子女在打工地接受义务教育,而且以民办学校为主"⑥。

---

① 孙婧芳:《农民工参加社会保险比例偏低的原因——农民工市民化及制度统筹的视角》,《社会发展研究》2015年第2期。

② 温州综合改革课题组:《社会融合的制度基础与条件——温州改革的调查与分析》,《社会主义研究》2013年第3期。

③ 彭宅文、乔利滨:《农民工社会保障的困境与出路政策分析的视角》,《甘肃社会科学》2005年第6期;国务院发展研究中心课题组:《农民工市民化:制度创新与顶层政策设计》,中国发展出版社,2011;国务院研究室课题组:《中国农民工调研报告》,中国言实出版社,2006;华迎放:《农民工社会保障模式选择》,《中国劳动》2005年第5期;孙婧芳:《农民工参加社会保险比例偏低的原因——农民工市民化及制度统筹的视角》,《社会发展研究》2015年第2期。

④ 高文书:《进城农民工社会保障的影响因素研究》,《市场与人口分析》2007年第5期。

⑤ 孙婧芳:《农民工参加社会保险比例偏低的原因——农民工市民化及制度统筹的视角》,《社会发展研究》2015年第2期。

⑥ 徐增阳、翟延涛:《农民工公共服务的现状与意愿——基于广东省Z市调查的分析》,《社会科学研究》2012年第6期。

城乡结合部和城郊农民公共服务研究。马静等对北京城乡结合部地区的调研结果显示，"有42.3%的受访居民未参加任何社会保险，参加医疗保险的居民相对比例最高为46.77%，参加各项社会保险的居民比例均未超过被调查对象的50%。被调查居民及其周围居民没有领取过失业保险金和不知道怎样领取的比例为82.83%，被调查居民及其配偶没有报销过生育医疗费的比例高达75.12%"[①]。姜爱华、马静指出，北京市城乡结合部地区社会保障主要存在五大问题，"呈现出典型的双重二元结构、存在真空地带且保障水平差距大、失地农民的社会保障政策不能有效保护农民切身利益、流动人口参与社会保障受到限制、村集体承担了较重的村民社会保障责任"[②]。

柳建坤、张柏杨、陈云松的研究则发现，"随着经济地位和生活水平的提高，外来人口对政府部门提供的公共服务愈加满意，而本地人的满意度却处于衰减趋势"[③]。这是一个值得关注的新情况。城郊被征地农民享受的公共服务状况也开始受到一些学者的关注。袁方、蔡银莺通过对武汉市江夏区五里界镇的实证研究发现，"征地后农民的总体福利水平有所改善，其模糊评价指数由征地前的0.296上升到征地后的0.363，其中征地后政府投资增加导致社会保障和生活条件改善是被征地农民福利改善的主要原因，但被征地农民福利仍处于0.3~0.4的较低水平，存在较大的改进空间"[④]。

小结：学者们对公共服务的内涵与外延有基本共识，并对城乡间公共服务供给差异的制度因素进行了深刻分析。各城市政府开始尝试给农民工（流动人口）和城郊农民提供一些基本公共服务，但总体进展还是不大。学者们结合主动进城的农民工（流动人口）和被动城市化的市郊农民公共服

---

① 马静：《我国城乡结合部社会保障的问题与对策：基于公共服务均等化视角的分析》，《软科学》2012年第10期。

② 姜爱华、马静：《北京市城乡结合部社会保障的问题与对策研究》，《中国行政管理》2012年第8期。

③ 柳建坤、张柏杨、陈云松：《社会融合对政府工作满意度的户籍分化效应——基于CS2011数据的实证分析》，《社会发展研究》2018年第4期。

④ 袁方、蔡银莺：《城市近郊被征地农民的福利变化测度——以武汉市江夏区五里界镇为实证》，《资源科学》2012年第3期。

务状况进行了较多的实证研究，发现了很多值得重视的问题，提出了很多具有启示的结论观点，提出了一系列有价值的对策建议。上述研究结果对于我们观察和分析超大城市城乡结合部社区包容性公共服务有很重要的启示价值和参照意义。

第二节　超大城市城乡结合部社区公共服务的研究设计与变量的测量

比较接近的相关研究是周小亮等学者关于人类能力指数与社会保障的包容性测量。周小亮、刘万里提出的包容性发展水平之人类能力和社会保障指数的测量评价包括"人均受教育年限、职工在职培训学时数、人均公共图书馆馆藏图书、主要饮用水水源水质达标率、每万人拥有医生数、城乡居民健康档案建档率、应届大中专毕业生就业比例、社会保险综合参保率、劳务工工伤保险参保率、劳务工医疗保险参保率、社会保障和就业支出占财政支出比例"① 等指标，与本研究提出的公共服务指标相近。

本研究利用课题组在深圳市宝安区和北京市海淀区开展的居民问卷调查数据及访谈材料进行分析。深圳和北京两地共回收问卷854份，其中有效问卷合计804份，有效问卷所占比例为94.15%。本节主要介绍需要验证的理论假设及测量的主要变量和问题。

一　超大城市城乡结合部社区公共服务的理论假设

这里所研究的"公共服务"，主要包括养老保险、失业保险、医疗保险、工伤保险、住房补贴（含住房公积金）、社会保障制度的效果、办理社会保障的渠道、未成年子女上学地点、职业培训、公共服务满意度及合法权利保护情况等内容。本章需要验证的是假设5：超大城市城乡结合部社区公共服务受社区类型、户籍类型、户口类别、婚姻状况、家庭结构、人力资本、政治面

---

① 周小亮、刘万里：《包容性发展水平测量评价的理论探讨》，《社会科学研究》2012年第2期。

貌、职业类型等因素的影响；不同类型的社区、不同类别的户口、不同的婚姻状况、不同的家庭结构、不同的人力资本、不同的政治面貌、不同的职业类型都会影响超大城市城乡结合部社区公共服务。具体细分为以下 8 个假设。

假设 5-1：超大城市城乡结合部社区公共服务受社区类型的影响，社区类型不同，公共服务水平不同；不同城市的不同社区，其公共服务水平不同。

假设 5-2：超大城市城乡结合部社区公共服务受户籍类型的影响，户籍类型不同，公共服务水平不同；本地户籍居民享受的公共服务更好，流动人口享受的公共服务更不好。

假设 5-3：超大城市城乡结合部社区公共服务受户口类别的影响，户口类别不同，公共服务水平不同；非农业户口的受访者享受的公共服务更好，农业户口的受访者享受的公共服务更不好。

假设 5-4：超大城市城乡结合部社区公共服务受婚姻状况的影响，婚姻状况不同，公共服务水平不同；已婚的受访者享受的公共服务更好，未婚、丧偶、离异的受访者享受的公共服务水平更不好。

假设 5-5：超大城市城乡结合部社区公共服务受家庭结构的影响，家庭结构不同，公共服务水平不同；家庭人数越多，享受的公共服务越多，家庭人数越少，享受的公共服务越少。

假设 5-6：超大城市城乡结合部社区公共服务受人力资本的影响，人力资本不同，公共服务水平不同；人力资本越多，文化程度越高，享受的公共服务越好，人力资本越少，文化程度越低，享受的公共服务越不好。

假设 5-7：超大城市城乡结合部社区公共服务受政治面貌的影响，政治面貌不同，公共服务水平不同；党员受访者享受的公共服务更好，民主党派、普通群众和其他政治面貌的受访者享受的公共服务更不好。

假设 5-8：超大城市城乡结合部社区公共服务受职业类型的影响，职业类型不同，公共服务水平不同；国家机关、党群组织、企业、事业单位负责人，专业技术人员，办事人员和有关人员，军人等享受的公共服务更好，商业和服务业人员，农林牧渔水利业生产人员，生产、运输设备操作人员及其他人员，不便分类的其他从业人员享受的公共服务更不好。

二 超大城市城乡结合部社区公共服务的测量指标及赋值

综合学术界关于公共服务的研究成果和相关指标，这里拟通过以下 12 个指标及其结果来描述超大城市城乡结合部社区公共服务的状况。通过对相关指标及选项进行赋值，公共服务的最高得分为 31 分，最低得分为 6 分。得分越高，表示公共服务越好，得分越低，表示公共服务越不好。以下是具体指标及赋值。

一是您是否享有养老保险。选项和赋值分别是"享有"赋值 1 分，"不适合"赋值 1 分，"没有"赋值 0 分，"不清楚"赋值 0 分。最高分 1 分，最低分 0 分，得分越高，表示公共服务越好。

二是您是否享有失业保险。选项和赋值分别是"享有"赋值 1 分，"不适合"赋值 1 分，"没有"赋值 0 分，"不清楚"赋值 0 分。最高分 1 分，最低分 0 分，得分越高，表示公共服务越好。

三是您是否享有医疗保险。选项和赋值分别是"享有"赋值 1 分，"不适合"赋值 1 分，"没有"赋值 0 分，"不清楚"赋值 0 分。最高分 1 分，最低分 0 分，得分越高，表示公共服务越好。

四是您是否享有工伤保险。选项和赋值分别是"享有"赋值 1 分，"不适合"赋值 1 分，"没有"赋值 0 分，"不清楚"赋值 0 分。最高分 1 分，最低分 0 分，得分越高，表示公共服务越好。

五是您是否享有住房补贴（含住房公积金）。选项和赋值分别是"享有"赋值 1 分，"不适合"赋值 1 分，"没有"赋值 0 分，"不清楚"赋值 0 分。最高分 1 分，最低分 0 分，得分越高，表示公共服务越好。

六是您认为现在的社会保障能否帮助解决您面临的问题。选项和赋值分别是"基本能够解决"赋值 4 分，"可以解决一点问题，但不能根本解决"赋值 3 分，"基本没什么帮助"赋值 2 分，"不清楚"赋值 1 分。最高分 4 分，最低分 1 分，得分越高，表示公共服务越好。

七是您是如何享有上述社会保障的。选项和赋值分别是"所在单位按规定办理的"赋值 5 分，"社区工作人员上门办理的"赋值 4 分，"街道办事处工作人员代为办理的"赋值3分，"自己主动申请的"赋值2分，"其他"赋值1分。最高分5分，最低分1分，得分越高，表示公共服务越好。

八是您未成年子女的上学情况。选项和赋值分别是"在本市公办学校上学"赋值5分，"在本市民办学校上学"赋值4分，"在异地的家乡学校上学"赋值3分，"辍学在家"赋值2分，"其他"赋值1分。最高分5分，最低分1分，得分越高，表示公共服务越好。

九是您是否接受过当地政府提供的职业教育培训。选项和赋值分别是"多次接受过"赋值3分，"偶尔接受过"赋值2分，"从没接受过"赋值1分。最高分3分，最低分1分，得分越高，表示公共服务越好。

十是您对您和您的家庭接受的公共服务是否满意。选项和赋值分别是"非常满意"赋值5分，"比较满意"赋值4分，"一般"赋值3分，"不太满意"赋值2分，"非常不满意"赋值1分。最高分5分，最低分1分，得分越高，表示公共服务越好。

十一是您认为您的权利是否得到了很好的保护。选项和赋值分别是"得到了很好的保护"赋值4分，"得到了较好的保护"赋值3分，"没有得到保护"赋值2分，"无所谓"赋值1分。最高分4分，最低分1分，得分越高，表示公共服务越好。

十二是下列社会保障制度中，您认为您目前最需要的（至多选三项）。选项分别是"工伤保险""医疗保险""养老保险""失业保险""住房保障""教育保障""生育保险""最低生活保障""其他保障"。

第三节　北京市与深圳市城乡结合部社区公共服务包容性的数据分析与研究发现

这里测量了超大城市城乡结合部社区公共服务变量的 Cronbach's alpha 系数，发现其 Cronbach's alpha 系数为 0.841315，具有比较高的信度，相对稳定可靠，说明各变量之间一致性较好。使用主成分分析法选取公共服务中特征值大于 1 的主成分，分为主成分 1（公共服务的综合水平，尤其是是否

享有各项保险和补贴）和主成分 2（当地政府提供的职业教育培训普及程度
和公共服务、权利被保护的满意度），可累计解释 57% 的方差。

一 北京市与深圳市城乡结合部社区公共服务的数据结果分析

公共服务维度共 12 个问题。包括是否享有养老保险、是否享有失业保
险、是否享有医疗保险、是否享有工伤保险、是否享有住房补贴（含住房
公积金）、社会保障能否帮助解决面临的问题、如何享有上述社会保障、未
成年子女上学情况、是否接受过当地政府提供的职业教育培训、对公共服务
是否满意、权利是否得到保护、最需要的社会保障等。深圳和北京两地调查
对象关于公共服务各指标的回答结果如表 8-1 所示。

表 8-1 北京市和深圳市城乡结合部社区公共服务各指标结果

单位：%

问题	选项	比例
是否享有养老保险	享有	70
	没有	25
	不清楚	5
是否享有失业保险	享有	58
	没有	35
	不清楚	7
是否享有医疗保险	享有	82
	没有	15
	不清楚	3
是否享有工伤保险	享有	66
	没有	27
	不清楚	7
是否享有住房补贴 （含住房公积金）	享有	45
	没有	49
	不清楚	6
现有社会保障能否帮助 解决面临的问题	基本能够解决	26
	可以解决一点问题,但不能根本解决	41
	基本没什么帮助	18
	不清楚	15

问题	选项	比例
如何享有上述社会保障	所在单位按规定办理的	63
	社区工作人员上门办理的	7
	街道办事处工作人员代为办理的	5
	自己主动申请的	17
	其他	8
未成年子女上学情况	在本市公办学校上学	37
	在本市民办学校上学	10
	在异地的家乡学校上学	12
	辍学在家	1
	其他	30
是否接受过当地政府提供的职业教育培训	多次接受过	11
	偶尔接受过	32
	从没接受过	57
对接受的公共服务是否满意	非常满意	11
	比较满意	30
	一般	43
	不太满意	13
	非常不满意	3
权利是否得到了很好的保护	得到了很好的保护	18
	得到了较好的保护	46
	没有得到保护	23
	无所谓	13

资料来源：根据问卷统计分析结果整理。

　　从表 8-1 可以看出，受访者中 70% 有"养老保险"，58% 有"失业保险"，82% 有"医疗保险"，66% 有"工伤保险"，45% 有"住房补贴（含住房公积金）"，在"四险一金"中，"医疗保险"的享受率最高，"住房补贴"的享受率最低；认为社会保障"基本能够解决"问题和"可以解决一点问题，但不能根本解决"的合计有 67%，有 63% 的受访者"所在单位按规定办理"了社会保障，未成年子女在本市公立学校上学的有 37%，接受过当地政府提供的职业教育培训的合计有 43%，对接受的公共服务感到满意的合计 84%，认为自己的权利得到保护的合计 64%。这是否表示北京市和深圳市城乡结合部社区农民工（流动人口）公共服务的状况有了明显好转，还需要进一步的分析。

当问到"下列社会保障制度中，目前最需要的（至多选三项）"时，"医疗保险"（68%）排在第一位，其余依次是"养老保险"（56%）、"住房保障"（46%）、"工伤保险"（23%）、"失业保险"（21%）、"教育保障"（20%）、"最低生活保障"（14%）、"生育保险"（10%）和其他保障（4%）（见图 8-1）。这表明，"医疗保险"目前是调查对象认为最需要完善发展的一项重要社会保障制度，"养老保险"和"住房保障"也是调查对象比较关心的两项重要社会保障制度，需要重点加强完善。

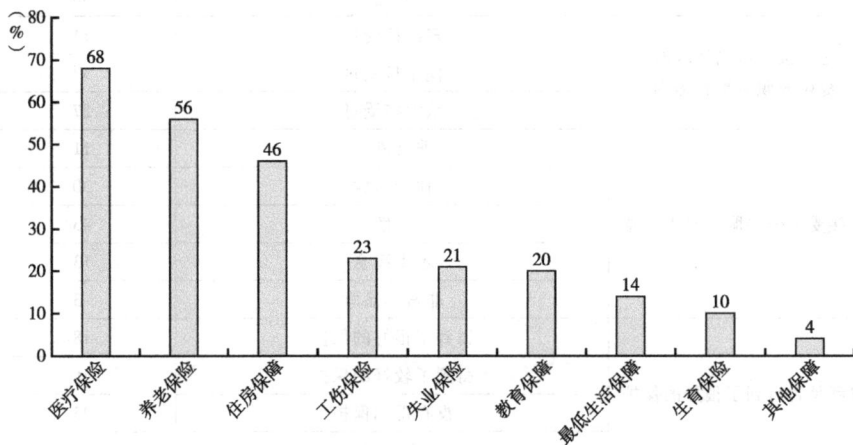

图 8-1　北京市和深圳市城乡结合部社区受访者社会保障需要排序

二　北京市与深圳市城乡结合部社区公共服务包容性的研究发现

（一）北京市和深圳市城乡结合部社区公共服务包容性状况

公共服务维度前 11 个指标分别赋值后最高分为 31 分，最低分为 6 分。经统计分析汇总计算，我们发现，北京市和深圳市城乡结合部社区公共服务得分为 23.05 分，得分率为 74.35%，总体上处于比较好的水平。公共服务维度北京市（得分 25.00 分，得分率 80.65%）优于深圳市（得分 21.10 分，得分率 68.06%）（见表 8-2），两地公共服务得分率相差 12.59 个百分点。

表 8-2　北京市与深圳市城乡结合部社区公共服务得分

单位：分，%

类目	北京市		深圳市	
	北京本地户籍居民	北京流动人口	深圳本地户籍居民	深圳流动人口
得分	25.28	24.63	25.24	19.63
得分率	81.55	79.45	81.42	63.32
合计得分	25.00		21.10	
合计得分率	80.65		68.06	
总计得分	23.05			
总计得分率	74.35			

资料来源：根据调查问卷统计分析结果整理。

　　进一步分析发现，北京市与深圳市城乡结合部社区公共服务具有以下几个特点：一是公共服务得分率为 74.35%，排在社会发展得分率（78.70%）之后，高于经济发展得分率（68.53%）、政治发展得分率（70.50%）和文化发展得分率（61.46%），表明总体上两地城乡结合部社区公共服务水平比较高。二是北京市和深圳市本地户籍居民公共服务得分率（81.49%）比流动人口公共服务得分率（71.39%）高 10.10 个百分点，表明北京市和深圳市城乡结合部社区公共服务的包容性不太好，流动人口享受的公共服务明显差于本地户籍居民。三是北京市本地户籍居民和流动人口公共服务得分率相差 2.10 个百分点，两个群体公共服务差距很小，表明北京市城乡结合部社区公共服务包容性很好。四是深圳市本地户籍居民与流动人口公共服务得分率相差 18.10 个百分点，深圳市本地户籍居民与流动人口两个群体的公共服务差距比较大，表明深圳市城乡结合部社区公共服务包容性有待加强。五是北京市和深圳市四个群体互相比较，北京市本地户籍居民的公共服务水平最高，得分率为 81.55%，深圳市本地户籍居民次之，得分率为 81.42%，北京市流动人口第三，得分率为 79.45%，深圳市流动人口最低，得分率为 63.32%，前三个群体公共服务得分差距不大，深圳市流动人口公共服务得分率与前三个群体得分率的差距比较大。

　　由此，假设 5-2 得到证实，超大城市城乡结合部社区公共服务受户籍类型的影响，户籍类型不同，公共服务水平不同；本地户籍居民享受的公共服务更好，流动人口享受的公共服务更不好。

（二）北京市和深圳市城乡结合部社区公共服务比较分析

从社区角度看，使用 ANOVA 分析法进行两两比较发现，有 2 个社区的公共服务得分明显高于另外 2 个社区，还有 4 个社区处于中间水平无显著差异（见表 8-3）。

表 8-3 北京市和深圳市城乡结合部社区公共服务状况

状况	好	中间	较差
公共服务	BJJY 社区、BJ 村	QT 社区、MF 社区、LT 社区、YT 社区	LD 社区、ZB 社区

资料来源：根据统计分析结果整理。

进一步分析发现，北京市和深圳市城乡结合部 8 个社区（其中 BJJY 社区和 BJ 村合并统计）的公共服务也存在明显差异（见表 8-4）。其中北京市 BJJY 社区和 BJ 村得分最高为 27.20 分，得分率为 87.74%；QT 社区得分 24.20 分，得分率为 78.06%；MF 社区得分 22.50 分，得分率为 72.58%。深圳市 LT 社区得分 22.30 分，得分率为 71.94%；YT 社区得分 22.00 分，得分率为 70.97%；LD 社区得分 20.50 分，得分率为 66.13%；ZB 社区得分 19.40 分，得分率为 62.58%。

表 8-4 北京市和深圳市城乡结合部社区公共服务水平

单位：分，%

类目	北京市			深圳市			
	BJJY 社区和 BJ 村	MF 社区	QT 社区	LD 社区	YT 社区	LT 社区	ZB 社区
社区平均得分	27.20	22.50	24.20	20.50	22.00	22.30	19.40
得分率	87.74	72.58	78.06	66.13	70.97	71.94	62.58

资料来源：根据问卷统计分析结果整理。

由此，假设 5-1 得到证实，超大城市城乡结合部社区公共服务受社区类型的影响，社区类型不同，公共服务水平不同；不同城市的不同社区公共服务水平不同，但其原因需要进一步分析。

三　经过多元回归分析后超大城市城乡结合部社区公共服务影响因素分析

使用多元回归分析方法，分别对深圳本地户籍居民和深圳流动人口、北京本地户籍居民和北京流动人口公共服务的影响因素进行分析，对假设5-3、5-4、5-5、5-6、5-7和5-8继续进行验证。

（一）影响深圳市城乡结合部社区本地户籍居民公共服务水平的主要因素

多元回归分析的结果表明，影响深圳市城乡结合部社区本地户籍居民公共服务水平的因素主要有子女是否住在一起、婚姻状况、子女数量、在本社区居住时间。其中，婚姻状况（单身和已婚）、子女数量（3个及以上和2个、1个）、在本社区居住时间（半年及以内）是正向影响因素，子女是否住在一起（在一起）是负向影响因素，其他因素相对不显著。

深圳市城乡结合部社区本地户籍居民公共服务水平影响因素模型计算公式如下：

$$Y_{(深户服)} = 16 - 3.9 \times 子女是否住在一起（在一起） + 4.2 \times 婚姻状况（单身）$$
$$+ 3.8 \times 婚姻状况（已婚） + 6.7 \times 子女数量（3个及以上） + 5.3 \times 子女数量（2个）$$
$$+ 7.8 \times 子女数量（1个） + 3.3 \times 在本社区居住时间（半年及以内）$$

其中，$Y_{(深户服)}$表示深圳市城乡结合部社区本地户籍居民公共服务水平。

-3.9×子女是否住在一起（在一起）表示受访者的子女和受访者居住在一起，公共服务减3.9分，对公共服务起负向的影响。

4.2×婚姻状况（单身）表示受访者的婚姻状况为单身，公共服务加4.2分，对公共服务起正向的影响。

3.8×婚姻状况（已婚）表示受访者的婚姻状况为已婚，公共服务加3.8分，对公共服务起正向的影响。

6.7×子女数量（3个及以上）表示受访者有3个及以上的子女，公共服务加6.7分，对公共服务起正向的影响。

5.3×子女数量（2个）表示受访者有2个子女，公共服务加5.3分，对公共服务起正向的影响。

7.8×子女数量（1个）表示受访者有 1 个子女，公共服务加 7.8 分，对公共服务起正向的影响。

3.3×在本社区居住时间（半年及以内）表示受访者居住在本社区的时间在半年及以内，公共服务加 3.3 分，对公共服务起正向的影响。

（二）影响深圳市城乡结合部社区流动人口公共服务水平的主要因素

多元回归分析的结果表明，影响深圳市城乡结合部社区流动人口公共服务水平的因素主要有居住社区、性别和子女是否住在一起。其中子女是否住在一起（在一起）是正向影响因素，居住社区（LD 社区和 ZB 社区）、性别（男）是负向影响因素，其他因素相对不显著。

深圳市城乡结合部社区流动人口公共服务水平影响因素模型计算公式如下：

$$Y_{(深流服)} = 20.8 - 1.9 × 居住社区(LD 社区) - 4 × 居住社区(ZB 社区)$$
$$- 1.9 × 性别(男) + 2.7 × 子女是否住在一起(在一起)$$

其中，$Y_{(深流服)}$ 表示深圳市城乡结合部社区流动人口公共服务水平。

-1.9×居住社区（LD 社区）表示受访者居住的社区为 LD 社区，公共服务减 1.9 分，对公共服务起负向的影响。

-4×居住社区（ZB 社区）表示受访者居住的社区为 ZB 社区，公共服务减 4 分，对公共服务起负向的影响。

-1.9×性别（男）表示受访者的性别为男性，公共服务减 1.9 分，对公共服务起负向的影响。

2.7×子女是否住在一起（在一起）表示受访者的子女与受访者居住在一起，公共服务加 2.7 分，对公共服务起正向的影响。

（三）影响北京市城乡结合部社区本地户籍居民公共服务水平的主要因素

多元回归分析的结果表明，影响北京市城乡结合部社区本地户籍居民公共服务水平的因素主要有年龄、职业类型、居住社区。其中，年龄（31~45岁）、职业类型（国家机关、党群组织、企业、事业单位负责人，专业技术人员，办事人员和有关人员）和居住社区（BJJY 社区和 BJ 村、QT 社区）

是正向影响因素，其他因素相对不显著。

北京市城乡结合部社区本地户籍居民公共服务水平影响因素模型计算公式如下：

$$Y_{(京户服)} = 20.3 + 3.5 × 年龄(31～45岁) + 4 × 职业类型(国家机关、党群组织、企业、事业单位负责人) + 2 × 职业类型(专业技术人员) + 2.4 × 职业类型(办事人员和有关人员) + 5.5 × 居住社区(BJJY社区和BJ村) + 3.1 × 居住社区(QT社区)$$

其中，$Y_{(京户服)}$表示北京市城乡结合部社区本地户籍居民公共服务水平。

3.5×年龄（31～45岁）表示受访者的年龄在31～45岁，公共服务加3.5分，对公共服务起正向的影响。

4×职业类型（国家机关、党群组织、企业、事业单位负责人）表示受访者的职业类型为国家机关、党群组织、企业、事业单位负责人，公共服务加4分，对公共服务起正向的影响。

2×职业类型（专业技术人员）表示受访者的职业类型为专业技术人员，公共服务加2分，对公共服务起正向的影响。

2.4×职业类型（办事人员和有关人员）表示受访者的职业类型为办事人员和有关人员，公共服务加2.4分，对公共服务起正向的影响。

5.5×居住社区（BJJY社区和BJ村）表示受访者居住的社区为BJJY社区和BJ村，公共服务加5.5分，对公共服务起正向的影响。

3.1×居住社区（QT社区）表示受访者居住的社区为QT社区，公共服务加3.1分，对公共服务起正向的影响。

（四）影响北京市城乡结合部社区流动人口公共服务水平的主要因素

多元回归分析的结果表明，影响北京市城乡结合部社区流动人口公共服务水平的因素主要有居住社区、户口类别和子女数量。其中居住社区（BJJY社区和BJ村）、户口类别（农业户口）和子女数量（1个）是正向影响因素，其他因素相对不显著。

北京市城乡结合部社区流动人口公共服务水平影响因素模型计算公式如下：

$$Y_{(京流服)} = 19 + 4.1 \times 居住社区（BJJY社区和BJ村）$$
$$+ 2.2 \times 户口类别（农业户口）+ 3.3 \times 子女数量（1个）$$

其中，$Y_{(京流服)}$ 表示北京市城乡结合部社区流动人口公共服务水平。

4.1×居住社区（BJJY社区和BJ村）表示受访者居住的社区为BJJY社区和BJ村，公共服务加4.1分，对公共服务起正向的影响。

2.2×户口类别（农业户口）表示受访者的户口类别为农业户口，公共服务加2.2分，对公共服务起正向的影响。

3.3×子女数量（1个）表示受访者有1个子女，公共服务加3.3分，对公共服务起正向的影响。

第四节　北京市与深圳市城乡结合部社区公共服务包容性的研究结论

学术界关于公共服务的内涵和外延有基本共识，随着大量农村流动人口在乡城之间流动，农民工（流动人口）在城市享受公共服务的话题就提上了城市政府的议程，但由于城乡分割的户籍管理体制，农民工（流动人口）在城市中能够享受的公共服务极为有限，公共服务在农民工（流动人口）中的覆盖率及其待遇水平极为有限，对农民工群体存在城市空间排斥的现象。还有学者指出：国民待遇的空洞化导致农民市民权的成本偏高，城市政府为避免地方财政压力，削弱城市竞争力，倾向于控制城市向农民工（流动人口）的开放度，导致农民工（流动人口）在城市能够享受的公共服务进展偏慢，且差异较大。不少实证研究都表明，农民工（流动人口）在城市参加"五险一金"的比例偏低，一是因为农民工和企业参保的负担重，二是社会保险政策不统一，难以续转。还有学者对城郊农民的公共服务进行了研究，发现城郊农民的公共服务供给也存在不少问题。本研究通过11个指标来测量超大城市城乡结合部社区公共服务的水平，并判断其公共服务的包容性。一方面，选取的客观性指标涉及是否享受养老保险、失业保险、医疗保险、工伤保险和住房补贴（含住房公积金），如何享有社会保障，未成年子女上学情况，是否接受当地政府的职业教育培训；另一方面，了解受访者对社会保障效果、公共服务、权益保护等的满意程度。

研究发现，一是北京市和深圳市城乡结合部社区公共服务得分率为74.35%，低于社会发展得分率（78.70%），高于经济发展得分率（68.53%）、政治发展得分率（70.50%）和文化发展得分率（61.46%），表明北京市和深圳市城乡结合部社区公共服务水平相对较高。二是北京市和深圳市本地户籍居民公共服务得分率（81.49%）比流动人口公共服务得分率（71.39%）高10.10个百分点，表明北京市和深圳市城乡结合部社区公共服务的包容性不太好，流动人口享受的公共服务明显差于本地户籍居民，假设5-2得到证实。三是从不同社区看，北京市和深圳市城乡结合部8个社区的公共服务确实存在一定的差异。最高得分率为87.74%，最低得分率为62.58%，两者相差25.16个百分点，假设5-1得到初步证实；多元回归分析表明，LD社区和ZB社区对深圳市流动人口公共服务起负向的影响，BJJY社区和BJ村、QT社区对北京市本地户籍居民公共服务起正向的影响，BJJY社区和BJ村对北京市流动人口公共服务起正向的影响，表明不同的社区由于工作效果的不同，其公共服务呈现差异，假设5-1得到进一步的证实。四是从户口类别看，只有农业户口对北京市流动人口公共服务有正向的影响，与假设5-3恰恰相反，故假设5-3没有得到证实。五是从婚姻状况看，单身和已婚对深圳市本地户籍居民公共服务有正向的影响，假设5-4得到部分证实。六是从家庭结构看，子女数量对北京市流动人口和深圳市本地户籍居民的公共服务均有正向的影响，1个子女对北京市流动人口公共服务有3.3分的正向影响，对深圳市本地户籍居民公共服务有7.8分的正向影响，而2个子女对深圳市本地户籍居民公共服务有5.3分的正向影响，3个及以上子女对深圳市本地户籍居民公共服务有6.7分的正向影响，假设5-5得到部分证实，但其中的作用机理较为复杂。七是从人力资本看，文化程度对公共服务的影响不显著，故假设5-6没有得到证实。八是从政治面貌看，政治面貌对公共服务的影响不显著，故假设5-7没有得到证实。九是从职业类型看，国家机关、党群组织、企业、事业单位负责人，专业技术人员，办事人员和有关人员对北京市本地户籍居民公共服务均有正向的影响，但对其他三个群体的影响不显著，表明假设 5-8 得到一定的证实。十是子女住在一起对深圳市本地户籍居民公共服务有负向的影响，而本社区居住时间在半年及以内对深圳市本地户籍居民公共服务有正向的影响，而性别为男性对深圳市流动人口公共服务有负向的影响，子女住在一起对深圳市流动人口公共服务有正向的影响，年龄 31~45 岁对北京市本地户籍居民公共服务有正向的影响，其作用机理值得进一步研究。

综上所述，北京市和深圳市城乡结合部社区公共服务得分率为74.35%，在五个维度中排第二位。两地本地户籍居民与流动人口公共服务得分率相差 10.10 个百分点，表明公共服务的包容性处于相对较好的状态。假设 5 中的假设 5-1、5-2、5-8 得到证实，假设 5-4 和 5-5 得到部分证实，假设 5-3、5-6 和 5-7 没有得到证实。超大城市城乡结合部社区公共服务主要受社区类型、户籍类别、职业类型、婚姻状况、家庭结构等因素的影响，假设 5-4 和 5-5 需进一步修正。

第九章

制约超大城市城乡结合部社区
包容性发展的因素分析

改革开放以来，中国的城市化进程极为迅捷，短短的40多年间城市化率就从1978年的17.9%上升到2022年的65.22%，以每年增加1个百分点左右的速度向前推进。考虑到中国巨大的人口基数，意味着这40多年间我国平均每年有1000多万人口通过升学、流动、区划变动等各种渠道进入城市学习、工作和生活。按照每年增加1个百分点的中国城市化速度计算，未来20年，中国的城市还有望继续增加2亿左右的常住人口，其中1亿左右的人口来自乡—城迁移，6000万~7000万人口来自行政区划的变动，剩余的来自城市人口的自然增长。同时，还有不少城—城迁移者、大学毕业生、港澳台居民和外国来华人员等进入中国的各大中小城市学习就业和生活，城市是中国经济社会发展的最重要舞台。

据估计，以常住人口论，2030年中国有望形成10个以上1000万级超大城市和12个以上2000万级的大都市圈。这就意味着，未来我国超大城市的数量将进一步增加，一些特大城市和大城市的规模将不可避免地继续扩大，发展都市圈、城市群将成为未来我国城市化的主要途径，城市人口将继续增加。超大城市的城乡结合部既是城郊农民转变为市民的重要空间，也是农民工（流动人口）进入城市的主要落脚点，是未来中国城市化和实现包容性发展的重点地区。

30多年来，国内外学术界对中国的农民工及城郊农民市民化问题展开了丰富的研究，学者们既关注农民工（流动人口）的就业和收入，也关注农民工（流动人口）的社会融入，还有学者关注到城郊农民市民化的问题。学者们发现，农民工（流动人口）进入城市时常面临着户籍制度等各种阻碍、社会排斥和歧视，在城市经济社会发展中处于相对不利地位，城郊农民在市民化进程中也遇到各种新挑战，城市发展的包容性有待进一步增强。

超大城市作为我国城市的重要代表，其发展的包容性具有典型意义，其政策措施具有风向标价值，因此，研究超大城市城乡结合部社区的包容性发展极为必要。城市需要为包括被动城市化的城郊农民和主动进城的农民工（流动人口）及其他各群体在内的所有市民创造并提供平等的机会和公平的公共服务。那么，作为中国城市化的主要代表，北京市和深圳市超大城市城乡结合部社区的发展状况如何呢？城乡结合部社区本地户籍居民和流动人口两大群体在经济发展、政治发展、文化发展、社会发展和公共服务等方面的包容性如何呢？是否存在学者们指出的制度障碍、社会排斥和歧视呢？究竟是哪些因素影响了超大城市城乡结合部社区的包容性发展呢？这是本章需要集中回答的几个问题。

北京市和深圳市是我国常住人口数量超过1000万的超大城市。其中北京市是我国的首都和北方的重要城市，深圳则是我国南方的重要城市和改革开放以来我国经济社会科技发展的前沿城市，是我国改革创新的一个重要样本。改革开放40多年来，两个城市的规模和人口都有很大的增长，原来的农村地区土地不断地被征用转变为城市建设用地，原有的农民已经转变（如正在转变、将要转变）为城市居民，都吸引了大量的农民工（流动人口）前来就业居住生活等。

第一节　北京市和深圳市城乡结合部社区发展包容性比较

通过在经济发展、政治发展、文化发展、社会发展和公共服务五个维度分别设计若干测量指标，并对指标选项进行赋值，我们提出了五个需要验证的假设，并利用SPSS统计软件对问卷结果进行了分析。

一　需要验证的五个假设及测量指标

这里的基本逻辑是：超大城市城乡结合部社区的发展状况主要从经济发展、政治发展、文化发展、社会发展和公共服务五个方面来考察，各个社区的发展水平不同，主要受不同因素的影响，由此形成了不同的基本假设，每个假设分别有若干测量指标（见表9-1）。每个基本假设又细分为8个具体假设。

表9-1　需要验证的五个假设及其测量指标

维度	含义	假设	测量指标	赋值及含义
经济发展	站在市民角度、微观层面的经济发展，主要包括个人对工作和收入的满意程度、生活和居住情况及收入水平等内容	假设1:超大城市城乡结合部社区经济发展受社区类型、户籍类型、户口类别、婚姻状况、家庭结构、人力资本、政治面貌、职业类型等因素的影响；不同类型的社区、不同类别的户口、不同的婚姻状况、不同的家庭结构、不同的人力资本、不同的政治面貌、不同的职业类型都会影响超大城市城乡结合部社区的经济发展	经济发展共12个问题，主要包括就业状况、工作满意度、收入满意度、工作安全性满意度、工作环境满意度、工作时间满意度、发展机会满意度、月收入、生活水平改善情况、居住情况、收入来源、日常生活支出等	经济发展维度的最高得分为51分，最低得分为3分，得分越高，表示经济发展状态越好，得分越低，表示经济发展越不好
政治发展	超大城市城乡结合部社区政治生活中本地居民和流动人口参与的状况	假设2:超大城市城乡结合部社区政治发展受社区类型、户籍类型、户口类别、婚姻状况、家庭结构、人力资本、政治面貌、职业类型等因素的影响；不同类型的社区、不同类别的户口、不同的婚姻状况、不同的家庭结构、不同的人力资本、不同的政治面貌、不同的职业类型都会影响超大城市城乡结合部社区政治发展	政治发展共9个问题，包括是否参加过社区人大代表选举投票、是否参加过社区居委会换届选举投票、是否参加过社区居民代表选举投票、是否参加过社区听证会、是否参加过社区居民代表会议、是否参加过社区协商会议、是否了解社区业主委员会、是否了解业委会活动、是否关注社区公共事务等	政治发展维度的最高得分为30分，最低得分为9分。得分越高，表示政治发展越好，得分越低，表示政治发展越不好

维度	含义	假设	测量指标	赋值及含义
文化发展	超大城市城乡结合部社区文化生活中本地居民和流动人口参与的状况及对当地文化习俗的接受情况	假设3:超大城市城乡结合部社区文化发展受社区类型、户籍类型、户口类别、婚姻状况、家庭结构、人力资本、政治面貌、职业类型等因素的影响;不同类型的社区、不同类别的户口、不同的婚姻状况、不同的家庭结构、不同的人力资本、不同的政治面貌、不同的职业类型都会影响超大城市城乡结合部社区文化发展	文化发展共9个问题,包括是否听说过社区文化活动、是否熟悉社区文体组织、是否加入社区文体组织、是否认识社区文化指导员或体育指导员、是否了解社区风俗习惯、是否关心社区的趣闻逸事、是否了解社区历史、是否有社区认同、是否能够使用本地方言与邻居进行交流。文化发展是观察居民是否真正融入社区的重要指标,有的指标需要较长的时间才有可能实现	文化发展维度最高得分为41分,最低得分为9分,得分越高,表示文化发展越好,得分越低,表示文化发展越不好
社会发展	超大城市城乡结合部社区社会发展的综合水平及受访者(本地户籍居民和流动人口)之间的互动、信任、社区活动、社区安全感等情况	假设4:超大城市城乡结合部社区社会发展受社区类型、户籍类型、户口类别、婚姻状况、家庭结构、人力资本、政治面貌、职业类型等因素的影响;不同类型的社区、不同类别的户口、不同的婚姻状况、不同的家庭结构、不同的人力资本、不同的政治面貌、不同的职业类型都会影响超大城市城乡结合部社区社会发展	社会发展共11个问题,包括对社区不良的事情的感受,是否愿意奉献自己的时间和精力,是否参加社区社会组织,是否经常与社区居委会、服务站等机构打交道,是否与社区其他居民联系互动,对社区居委会和服务站的信任程度,对邻居的信任程度,社区安全感,是否参加社区社会组织活动,有困难时向谁求助,通过什么渠道了解社区组织的活动等	社会发展维度的最高得分为46分,最低得分为12分。得分越高,表示社会发展越好,得分越低,表示社会发展越不好
公共服务	包括养老保险、失业保险、医疗保险、工伤保险、住房补贴(含住房公积金)、社会保障制度的效果、办理社会保障的渠道、未成年子女上学地点、职业培训、公共服务满意度及合法权利保护情况等内容	假设5:超大城市城乡结合部社区公共服务受社区类型、户籍类型、户口类别、婚姻状况、家庭结构、人力资本、政治面貌、职业类型等因素的影响;不同类型的社区、不同类别的户口、不同的婚姻状况、不同的家庭结构、不同的人力资本、不同的政治面貌、不同的职业类型都会影响超大城市城乡结合部社区公共服务	公共服务共11个问题,包括是否享有养老保险、是否享有失业保险、是否享有医疗保险、是否享有工伤保险、是否享有住房补贴(含住房公积金)、社会保障能否帮助解决面临的问题、如何享有上述社会保障、未成年子女上学情况、是否接受过当地政府提供的职业教育培训、对公共服务是否满意、权利是否得到保护等	公共服务维度的最高得分为31分,最低得分为6分。得分越高,表示公共服务越好,得分越低,表示公共服务越不好

资料来源:根据研究设计整理。

二　北京市和深圳市城乡结合部社区发展的结果分析

（一）北京市和深圳市城乡结合部社区发展的总体结果

根据上述测量指标及其赋值，我们利用问卷结果统计汇总了北京市和深圳市城乡结合部 8 个社区发展的总体情况（见表 9-2）。

表 9-2　北京市和深圳市城乡结合部社区发展的总体情况

单位：分，%

维度	满分	实际得分	实际得分率	实际得分率排名
经济发展	51	34.95	68.53	4
政治发展	30	21.15	70.50	3
文化发展	41	25.20	61.46	5
社会发展	46	36.20	78.70	1
公共服务	31	23.05	74.35	2
合计或平均	199	140.55	70.63	

资料来源：根据问卷统计分析结果整理。

从表 9-2 可以看出，北京市和深圳市城乡结合部社区的经济发展、政治发展、文化发展、社会发展和公共服务五个维度的满分为 199 分，得分情况总体不错，得分合计为 140.55 分，总体得分率为 70.63%。五个维度的得分率均在 60% 以上，其中最高得分率为 78.70%，最低得分率为 61.46%，总体平均得分率为 70.63%，最高得分率与最低得分率相差 17.24 个百分点，各个维度的得分情况存在较大的差别，表明各个维度的发展水平明显不同。具体来说，得分率最高的是社会发展（78.70%），公共服务（74.35%）次之，政治发展（70.50%）第三，经济发展（68.53%）第四，文化发展得分（61.46%）最低，排在第五（见图 9-1）。

需要说明的是，上述五个维度的得分结果既是受访者对自身相关领域发展实际状况的判断，也是受访者对相关发展状况的主观感受和评价。因此，得分及排名结果不能完全等同于北京市和深圳市城乡结合部社区五个领域的实际发展水平。

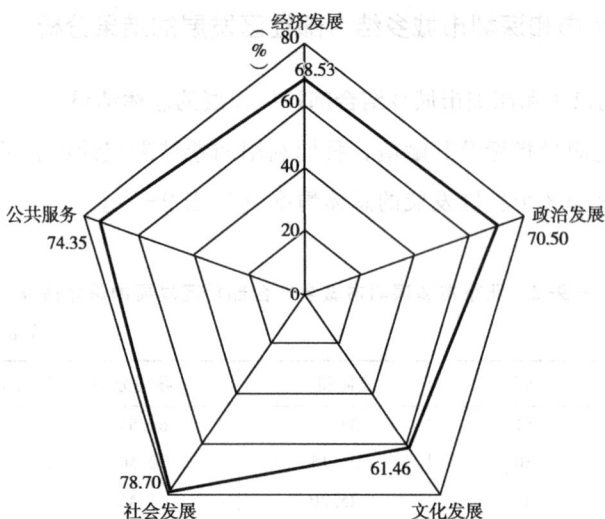

图9-1　北京市和深圳市城乡结合部社区发展得分率雷达图

（二）北京市和深圳市城乡结合部社区发展的结果比较

根据对调查问卷结果的统计分析可以发现，北京市和深圳市城乡结合部社区发展状况差距并不大（见表9-3），北京市总体得分为144.4分，得分率为72.56%，略高于两市的平均得分140.55分和平均得分率70.63%；深圳市总体得分为136.7分，得分率为68.69%，略低于两市的平均得分140.55分和平均得分率70.63%。

表9-3　北京市和深圳市城乡结合部社区发展得分

维度	最高得分	实际得分（分）		实际得分率（%）		得分率差距（百分点）
		北京市	深圳市	北京市	深圳市	
经济发展	51	32.2	37.7	63.14	73.92	-10.78
政治发展	30	22.4	19.9	74.67	66.33	+8.34
文化发展	41	26.9	23.5	65.61	57.32	+8.29
社会发展	46	37.9	34.5	82.39	75.00	+7.39
公共服务	31	25.0	21.1	80.65	68.06	+12.59
合计	199	144.4	136.7	72.56	68.69	3.87

资料来源：根据问卷统计分析结果整理。

从表9-3可以看出，北京市与深圳市城乡结合部社区发展的五个维度之间存在明显的差异，其中深圳市城乡结合部社区的经济发展得分（37.7分）明显高于北京市城乡结合部社区的经济发展得分（32.2分），深圳市经济发展得分比北京市经济发展得分高出5.5分，得分率高出10.78个百分点，深圳市在经济发展方面的优势十分明显。从政治发展维度看，北京市城乡结合部社区政治发展得分为22.4分，比深圳市的19.9分高出2.5分，得分率高出8.34个百分点。从文化发展维度看，北京市城乡结合部社区文化发展得分为26.9分，比深圳市的23.5分高出3.4分，得分率高出8.29个百分点。从社会发展维度看，北京市得分为37.9分，比深圳市的34.5分高出3.4分，得分率高出7.39个百分点。从公共服务维度看，北京市得分为25.0分，比深圳市的21.1分高出3.9分，得分率高出12.59个百分点。五个维度中北京市和深圳市城乡结合部社区发展差距最大的是公共服务，得分率相差12.59个百分点，差距最小的是社会发展，得分率相差7.39个百分点（见图9-2）。

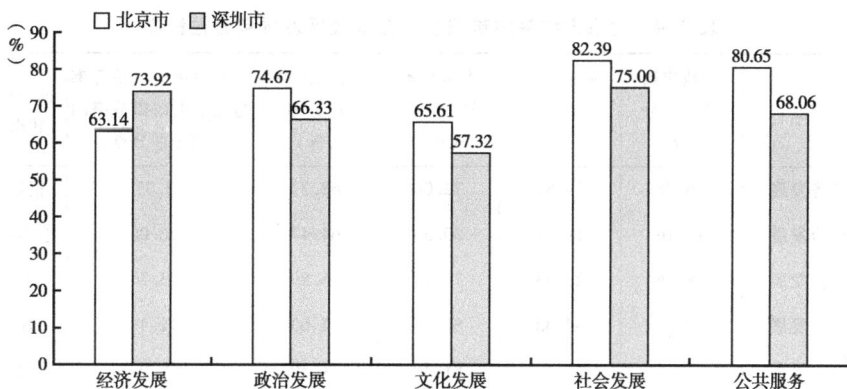

图9-2　北京市和深圳市城乡结合部社区发展各个维度得分率

三　北京市和深圳市城乡结合部社区发展包容性的比较

那么，北京市和深圳市城乡结合部社区发展的包容性如何呢？下文从两个层面予以分析，第一个层面是从整体上对北京市和深圳市城乡结合部社区发展五个维度包容性的总体情况进行介绍。第二个层面是分别对北京市和深圳市城乡结合部社区发展五个维度包容性进行比较分析。

（一）北京市和深圳市城乡结合部社区发展包容性状况

本地户籍居民和流动人口是北京市和深圳市城乡结合部社区人口的主体，流动人口以农民工（乡—城迁移者）为主体，城—城迁移者、港澳台居民和外国来华人员均可统计在流动人口中。因此，本地户籍居民与流动人口在各方面发展的差异，比较直观地体现了北京市和深圳市城乡结合部社区发展的包容性状况，两个群体之间发展差异越小，表明包容性越好，两个群体之间发展差异越大，表明包容性越差。

从表9-4可以看出，北京市和深圳市城乡结合部社区本地户籍居民发展综合得分为155.25分，得分率为78.02%，流动人口发展综合得分为134.00分，得分率为67.34%，本地户籍居民发展综合得分比流动人口的得分高出21.25分，得分率高出10.68个百分点，表明超大城市城乡结合部社区的包容性有待增强。

表9-4　北京市和深圳市城乡结合部社区发展包容性程度

维度	本地户籍居民得分（分）	流动人口得分（分）	本地户籍居民得分率（%）	流动人口得分率（%）	本地户籍居民得分率与流动人口得分率的差距(百分点)	包容性状况
经济发展	36.76	34.87	72.08	68.31	+3.77	很好
政治发展	24.16	19.34	80.53	64.47	+16.06	很不好
文化发展	28.96	23.33	70.63	56.89	+13.74	不太好
社会发展	40.11	34.33	86.11	74.63	+11.48	好
公共服务	25.26	22.13	81.48	71.39	+10.09	比较好
合计	155.25	134.00	78.02	67.34	+10.68	比较好

资料来源：根据调查问卷统计分析结果整理。

具体来说，经济发展的差异最小为3.77个百分点，表明经济发展的包容性最好；排在第二位的是公共服务，两个群体的差异是10.09个百分点，包容性略好于总体水平；排在第三位的是社会发展，两大群体的差异是11.48个百分点，其包容性处于五个维度的中间水平；排在第四位的是文化发展，两大群体的差异是 13.74 个百分点，其包容性较差；排在第五位的是政治发展，两大群体的差异是 16.06 个百分点，其包容性最差（见图 9-3）。

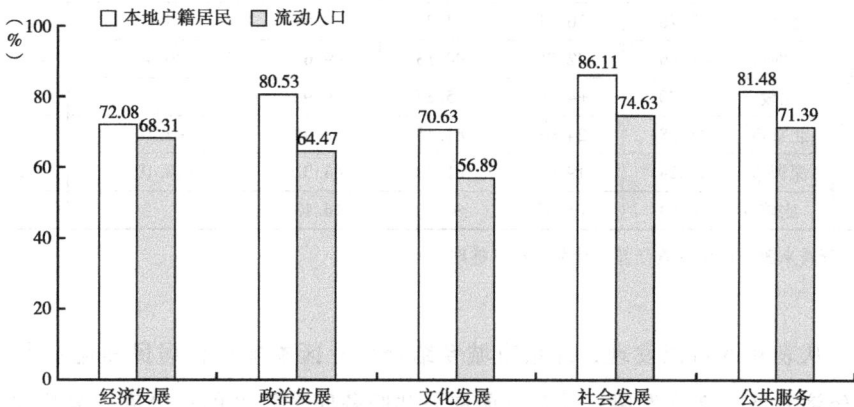

图 9-3 北京市和深圳市城乡结合部社区发展的包容性比较

（二）北京市和深圳市城乡结合部社区发展包容性的比较

进一步分析发现，北京市和深圳市城乡结合部社区发展的包容性也存在较明显的差异（见表 9-5）。

表 9-5 北京市和深圳市城乡结合部社区发展包容性指标对比

维度		本地户籍居民得分（分）	流动人口得分（分）	本地户籍居民得分率（%）	流动人口得分率（%）	本地户籍居民得分率与流动人口得分率的差距（百分点）	包容性判断
经济发展	北京市	31.17	33.66	61.12	66.00	-4.88	好
	深圳市	42.34	36.02	83.02	70.63	+12.39	中间
	比较	-11.17	-2.36	-21.90	-4.63		
政治发展	北京市	23.69	20.44	78.97	68.13	+10.84	中间
	深圳市	24.63	18.24	82.10	60.80	+21.30	不好
	比较	-0.94	+2.20	-3.13	+7.33		
文化发展	北京市	27.86	25.48	67.95	62.15	+5.80	好
	深圳市	30.06	21.17	73.32	51.63	+21.69	不好
	比较	-2.20	+4.31	-5.37	+10.52		

维度		本地户籍居民得分（分）	流动人口得分（分）	本地户籍居民得分率（%）	流动人口得分率（%）	本地户籍居民得分率与流动人口得分率的差距（百分点）	包容性判断
社会发展	北京市	38.76	36.61	84.26	79.59	+4.67	好
	深圳市	41.46	32.05	90.13	69.67	20.46	不好
	比较	-2.70	+4.56	-5.87	9.92		
公共服务	北京市	25.28	24.63	81.55	79.45	+2.10	好
	深圳市	25.24	19.63	81.42	63.32	+18.10	不好
	比较	+0.04	+5.00	+0.13	+16.13		

资料来源：根据调查问卷统计分析结果整理。

从表9-5可以发现，北京市城乡结合部社区本地户籍居民和流动人口在经济发展、文化发展、社会发展和公共服务四个维度的得分率差异均在5个百分点左右，其包容性处于"好"的状态，政治发展的得分率差异为10.84个百分点，其包容性处于"中间"的状态。深圳市城乡结合部社区本地户籍居民与流动人口在经济发展方面的得分率差异为12.39个百分点，其包容性处于"中间"的状态；在政治发展、文化发展、社会发展和公共服务四个维度的得分率差异均在20个百分点左右，其包容性处于"不好"的状态。

在经济发展方面，无论是本地户籍居民还是流动人口，深圳市的得分均高于北京市。在政治发展方面，深圳市本地户籍居民得分高于北京市，而流动人口得分却是北京市高于深圳市。在文化发展方面，深圳市本地户籍居民得分同样高于北京市，而流动人口得分依然是北京市高于深圳市。在社会发展方面，深圳市本地户籍居民得分高于北京市，而流动人口得分依然是北京市高于深圳市。在公共服务方面，无论是本地户籍居民得分还是流动人口得分，北京市均略高于深圳市。

从得分率角度分析，北京市和深圳市各有领先之处，平分秋色，其中北京市本地户籍居民与深圳市本地户籍居民相比，仅公共服务得分率处于领先位置，其他四个维度均是深圳市本地户籍居民领先；而流动人口得分率在政治发展、文化发展、社会发展、公共服务四个维度均是北京市高于深圳市，深圳市流动人口得分率仅在经济发展方面领先。

　　具体来看，在经济发展方面，北京市本地户籍居民的经济发展得分率比流动人口得分率低 4.88 个百分点，本地户籍居民与流动人口在经济发展方面不仅不存在户籍歧视，甚至流动人口的经济发展得分率还高于本地户籍居民，所以北京市城乡结合部社区经济发展的包容性处于"好"的状况。深圳市经济发展得分总体高于北京市，但本地户籍居民经济发展得分率高出流动人口经济发展得分率 12.39 个百分点，表明其包容性也有待提升。在政治发展方面，北京市本地户籍居民政治发展得分率比流动人口政治发展得分率高出 10.84 个百分点，其包容性处于"中间"状态。深圳市本地户籍居民政治发展得分率比流动人口政治发展得分率高出 21.30 个百分点，表明其包容性处于"不好"的状态。在文化发展方面，北京市本地户籍居民文化发展得分率比流动人口高 5.80 个百分点，差异比较小，其包容性处于"好"的状态。深圳市本地户籍居民文化发展得分率比流动人口高出 21.69 个百分点，差异比较大，其包容性处于"不好"的状态。在社会发展方面，北京市本地户籍居民社会发展得分率比流动人口高 4.67 个百分点，差异比较小，其包容性处于"好"的状态。深圳市本地户籍居民社会发展得分率比流动人口社会发展得分率高 20.46 个百分点，差异比较大，其包容性处于"不好"的状态。在公共服务方面，北京市本地户籍居民公共服务得分率比流动人口公共服务得分率高 2.10 个百分点，差异比较小，其包容性处于"好"的状态。深圳市本地户籍居民公共服务得分率比流动人口公共服务得分率高 18.10 个百分点，差异比较大，其包容性处于"不好"的状态。

　　综上所述，深圳市城乡结合部社区发展总体水平较高，在很多维度深圳市城乡结合部社区本地户籍居民的发展状况均好于北京市，但流动人口的发展状况与本地户籍居民的差距较大，深圳市城乡结合部社区发展的包容性有待增强。北京市城乡结合部社区总体得分略高于深圳市，但北京市本地户籍居民在很多维度的表现均逊于深圳市，不过北京市城乡结合部社区流动人口在政治发展、文化发展、社会发展和公共服务等四个维度的得分情况均优于深圳市城乡结合部社区流动人口，所以总体上北京市城乡结合部社区发展的包容性好于深圳市城乡结合部社区发展的包容性。

第二节 制约北京市和深圳市城乡结合部社区包容性发展的主要因素

我们已经分析了北京市和深圳市城乡结合部社区发展的总体状况，也分析了两地城乡结合部社区本地户籍居民和流动人口在五个维度的差异及社区发展包容性状态。那么，是什么因素导致超大城市城乡结合部社区发展及其包容性的差异呢？这是我们接下来需要回答的问题。

本研究通过对本地户籍居民与流动人口的比较研究发现，北京市和深圳市城乡结合部社区发展综合得分率为70.63%，其中本地户籍居民发展综合得分率（78.02%）比流动人口综合得分率（67.34%）高10.68个百分点，总体包容性有待提升。在经济发展、政治发展、文化发展、社会发展和公共服务五个维度，北京市和深圳市城乡结合部社区本地户籍居民与流动人口经济发展得分率的差异为3.77个百分点，包容性很好，公共服务与社会发展得分率的差异在10%左右，包容性有待改进，政治发展和文化发展的差异在15%左右，包容性不太好。

根据我们研究的结果，北京市和深圳市城乡结合部社区发展的包容性好于刘传江、张斐、李荣彬等学者的测量结果，与杜鹏、王桂新、温州综合改革课题组的研究发现较为接近，与杨绪松、张文宏、杨菊华等学者的研究发现存在一定的差异。总体上，北京市和深圳市城乡结合部社区在经济发展、社会发展和公共服务方面的包容性较好，而政治发展和文化发展方面的包容性不够好。

李培林和田丰的研究发现，"农民工社会融入的'经济—社会—心理—身份'四个层次不存在递进关系，经济层次的融入并不必然带来其他层次的融入"[①]，本研究又一次证实了这一观点，尽管北京市和深圳市城乡结合

---

① 李培林、田丰：《中国农民工社会融入的代际比较》，《社会》2012年第5期。

部社区经济发展的包容性很好，但社会发展与公共服务维度的包容性有待改进，政治发展和文化发展等维度的包容性依然存在明显的差距。那究竟是什么因素导致超大城市城乡结合部社区发展包容性的差异呢？这是本报告接下来要继续梳理的问题。

我们综合运用 Kruskal-Wallis 检验、ANOVA 分析法、多元回归分析方法等来论证我们的观点。综合本研究的调查分析结果，我们认为，影响和制约北京市和深圳市城乡结合部社区发展包容性的因素主要有制度因素、政策因素、管理因素、人口因素等四个方面。其中制度因素包括户籍制度（如本地户籍与外地户籍的划分），政策因素主要包括政治参与、子女教育、社会保障、就业、住房等方面的政策法规，管理因素包括政府的行政管理、户口类别（如农业户口与非农业户口的划分等）和社区机构的综合服务管理水平，人口因素主要包括社区的人口结构和个人的个体特征（如年龄、性别、婚姻、文化程度等）。

一　影响北京市和深圳市城乡结合部社区发展包容性的户籍制度因素

"城乡二元分治"的户籍制度，是否会影响北京市和深圳市城乡结合部社区发展及其包容性，这是课题研究假设涉及的第二个因素。无论是从学术界已有的研究成果，还是本次的调查结果，都可以论证这一假设是成立的。

从学术界的成果看，有很多学者关注和研究城乡分治的制度问题。早期朱力把城市市民对农民工的歧视的产生原因概括为"在城市体制没有根本改革的情况下，长期生活在城市'福利城堡'中的市民，在天然的而不是通过努力获得的社会资源与竞争方面占据着优势，形成'一等公民'的身份优势意识"[1]，把早期城市市民对农民工的歧视归结为户籍制度等造成的城乡"区隔"。

比较早关注到户籍因素阻碍农民工（流动人口）融入城市的学者，主要有周大鸣、王春光、陈映芳、国务院研究室课题组、任远、丁宪浩、李春

---

[1]　朱力：《群体性偏见与歧视——农民工与市民的摩擦性互动》，《江海学刊》2001 年第 6 期。

玲、张国胜、蔡禾、梁鸿、谢桂华等。这些研究都明确指出，户籍制度阻碍了城乡结合部彻底都市化，使农民工（流动人口）难以享受到与城市市民同等的国（市）民待遇，造成了农民工（流动人口）在劳动力市场中的弱势地位，妨碍农民工（流动人口）永久迁入城市，造成了农民工（流动人口）及城郊农民的融入障碍。

周大鸣、高崇对广州市南景村的研究发现，"阻碍城乡结合部彻底都市化的客观原因主要有三个：一是户籍制度。二是土地制度。三是混乱而且高度密集的住宅"①。陈映芳的研究认为，"对既有户籍制度的政府需要是户籍制度及'农民工'制度长期被维持的基本背景。而目前中央政府的放责放权与地方/地方政府的自利自保倾向并不利于'农民工权益问题'的真正解决"②。

国务院研究室课题组明确提出，"解决农民工的城市户籍，使那些在城市就业的农民工能永久迁入城市，被看作是改变农民工目前遭遇的不平等，减少大规模的乡—城循环流动带来的社会问题，农民工融入城市社会的根本选择"③。

任远、邬民乐指出，"制度上的限制和排斥，对于流动人口的社会融合有着根本性的影响。以户籍制度为依托的流动人口管理制度，以及一系列与户口相关的社会福利制度对流动人口有排斥"④。丁宪浩和张国胜强调，"影响农民工社会融合的关键是制度障碍和经济障碍"⑤。蔡禾、王进指出，"中国的户籍制度决定了中国的公民权利实现具有'属地化'特征，即获取义务教育、生存救助等公共产品的权利，是以地方户籍身份为凭证的"⑥。

---

① 周大鸣、高崇：《城乡结合部社区的研究——广州南景村 50 年的变迁》，《社会学研究》2001 年第 4 期。

② 陈映芳：《"农民工"：制度安排与身份认同》，《社会学研究》2005 年第 3 期。

③ 国务院研究室课题组：《中国农民工调研报告》，中国言实出版社，2006，第 51 页。

④ 任远、邬民乐：《城市流动人口的社会融合：文献述评》，《人口研究》2006 年第 3 期。

⑤ 丁宪浩：《农民工社会融入问题分析》，《财经科学》2006 年第 10 期；张国胜：《农民工市民化的城市融入机制研究》，《江西财经大学学报》2007 年第 2 期。

⑥ 蔡禾、王进：《"农民工"永久迁移意愿研究》，《社会学研究》2007 年第 6 期。

李春玲指出，"由于制度分割的作用，流动劳动力与非流动劳动力的社会经济地位获得模式和规则不同，非流动劳动力遵循制度路径获得社会经济地位的上升流动，而流动劳动力则通过非制度的路径来改善他们的社会经济地位"①。梁鸿、叶华认为，"当前，制度限制的瓶颈就是以户籍制度为依托的流动人口管理制度，以及一系列与户口相关的教育制度、医疗制度、社会保障制度和社会福利制度对流动人口的排斥，限制了流动人口从'体制外'进入'体制内'的路径"②。

我们对北京市和深圳市城乡结合部社区的两大主要群体即本地户籍居民和流动人口进行了抽样调查，研究结果发现，北京市和深圳市城乡结合部社区本地户籍居民发展综合得分为 155.25 分，得分率为 78.02%，流动人口发展综合得分为 134.00 分，得分率为 67.34%，本地户籍居民发展综合得分比流动人口高出 21.25 分，得分率高出 10.68 个百分点，表明超大城市城乡结合部社区的包容性有待增强。其中本地户籍居民与流动人口经济发展的得分率差异最小为 3.77 个百分点，表明经济发展的包容性最好；排在第二位的是公共服务，两个群体的差异是 10.09 个百分点，包容性有待增强；排在第三位的是社会发展，两大群体的差异是 11.48 个百分点，其包容性有待改善；排在第四位的是文化发展，两大群体的差异是 13.74 个百分点，其包容性较差；排在第五位的是政治发展，两大群体的差异是 16.06 个百分点，其包容性最差。进一步分析发现，在经济发展方面，尽管北京市城乡结合部社区经济发展的包容性处于"好"的状况，但深圳市本地户籍居民经济发展得分率依然高出流动人口经济发展得分率 12.39 个百分点，表明其包容性也有待提升。

综上所述，我们可以得出结论，户籍制度对超大城市城乡结合部社区的政治发展、文化发展、社会发展和公共服务均造成了显著的影响，对经济发展也有较明显的影响，以户籍制度为代表的制度因素是影响北京市和深圳市城乡结合部社区包容性发展的重要因素。

---

① 李春玲：《流动人口地位获得的非制度途径——流动劳动力与非流动劳动力之比较》，《社会学研究》2006 年第 5 期。

② 梁鸿、叶华：《对外来常住人口社会融合条件与机制的思考》，《人口与发展》2009 年第 1 期。

二 影响北京市和深圳市城乡结合部社区发展包容性的政策因素

政府关于农民工（流动人口）和城郊农民的政治参与、就业、子女教育、社会保障、住房等领域的政策，与户籍制度等因素是紧密地联系在一起的，是否影响北京市和深圳市城乡结合部社区发展包容性，这是我们在研究中关注的另一个重要问题。

2003年6月，国务院颁布了《城市生活无着的流浪乞讨人员救助管理办法》，同时废止了1982年5月国务院发布的《城市流浪乞讨人员收容遣送办法》，全国各地开始逐步清理和废止对流动人口带有歧视性的法规、规章和政策措施，不断完善流动人口在就业、就医、子女教育、社会保障等方面的服务，逐步实现流动人口与户籍人口公平对待，不断促进流动人口的社会融合，主要体现在取消农业户口与非农业户口的划分、取消针对流动人口的歧视政策和完善流动人口服务三个方面。一是全国部分地区相继开展了户籍制度改革的试验。截至2006年底，湖北、四川、河北、辽宁、江苏、浙江、福建、山东、湖南、广西、重庆、陕西等省（自治区、直辖市）取消了城乡二元的户口划分，统一了户口登记制度，统称为居民户口登记制度，城乡二元的户籍制度出现松动。二是取消了针对外地人员进城就业的歧视性限制政策。随着《中华人民共和国行政许可法》和《关于做好农民进城务工就业管理和服务工作的通知》以及《关于进一步做好改善农民进城就业环境工作的通知》的颁布实施，北京市等开始对限制外地进城务工人员的相关规定和制度进行清理，先后废止了《北京市外地来京人员务工管理规定》《北京市外地来京人员经商管理规定》《北京市外地来京人员从事家庭服务工作管理规定》《北京市外地来京人员卫生防疫管理规定》等文件，取消单位使用外来务工人员的行业、工种限制和对外来人员经商的行业、经营范围、经营方式的政策限制；取消了外地人员进城购买商品房的审批手续和手续费，取消了流动人口进城借读费，让流动儿童在城市接受免费的义务教育。三是完善流动人口的服务政策。第一是完善农民工的社会保险，先后颁发文件要求外地农民工参加基本医疗保险和大额医疗互助保险以及工伤保险，加快推进农民工参加工伤保险和医疗保险的进程，建立起涵盖养老、医疗、失业、工伤保险在内的农民工基本社会保险政策体系。第二是针对流动人口计划生育实现市民化服务与管理。[①] 进入新时代，北京市等城市进一步将流动人口纳入城市实有人口服务管理体系，户籍人口和流动人口服务管理方面的权利与待遇逐步趋向平等，国家政策的导向逐步向有利于流动人口的方向发展。2012 年初，民政部下发《关于促进农民工融入城市社区的意见》（民发〔2011〕210 号），为推进中国城乡社区的包容性发展提供了政策性依据。意见明确指出，要"发挥好社区的社会融合功能，组织动员社区各方面力量为农民工提供帮助和服务，改善农民工生活环境和条件，鼓励农民工积极参与社区自治，维护好农民工合法权益，促进农民工与城市居民和睦相处，尽早尽快融入城市生活"[②]，并提出了一系列促进农民工融入城市社区的目标任务。2013 年，国务院政府工作报告提出，要"加快推进农业转移人口市民化，逐步实现城镇基本公共服务覆盖常住人口，为人们自由迁徙、安居乐业创造公平的制度环境"[③]。2019 年政府工作报告进一步指出，"坚持以中心城市引领城市群发展。抓好农业转移人口落户，推动城镇基本公共服务覆盖常住人口"[④]。

从全国来看，无论是就业、城市住房、社会保障还是子女教育等政策领域，城乡不同群体之间的实际差距都依然十分明显。据民政部统计，"2012年，全国城市最低生活保障平均水平为 3961.2 元/年，农村最低生活保障平均水平仅为 2067.8 元/年，仅为城市最低生活保障平均水平的 52.2%"[⑤]。目前，"城镇居民的社会保障体系是以基本养老保险、基本医疗保险、失业保险和最低生活保障为主体，是保障项目齐全、保障水平较高的保障体系。而农村居民的社会保障体系主要包括农村养老保险、农村合作医疗保险和五

---

① 北京市流动人口和出租房屋管理委员会办公室、北京市人口和计划生育委员会：《北京市流动人口问题研究》（内部报告），2011 年。
② 民政部：《关于促进农民工融入城市社区的意见》（民发〔2011〕210 号），2012 年 1 月。
③ 《2013 年国务院政府工作报告》，新华社，2013 年 3 月。
④ 《2019 年国务院政府工作报告》，新华社，2019 年 3 月。
⑤ 中华人民共和国民政部：《中国民政统计年鉴 2012》，中国统计出版社，2012。

保户制度"①，农村的社会保障相对较少，保障水平较低。农民工和城郊农民的市民化还涉及农村土地政策的问题，进城农民工难以通过正常的房产处置而获得向城市永久性迁移所必要的货币资本，限制了他们在城市的融入。

据国家统计局统计，"2021年全国居民人均可支配收入35128元，其中城镇居民人均可支配收入47412元，农村居民人均可支配收入中位数18931元。2021年末全国参加城镇职工基本养老保险人数48075万人，比2020年末增加2454万人。参加城乡居民基本养老保险人数54797万人，增加554万人。参加基本医疗保险人数136424万人，增加293万人。其中，参加职工基本医疗保险人数35422万人，增加967万人；参加城乡居民基本医疗保险人数101002万人。参加失业保险人数22958万人，增加1268万人。2021年末全国领取失业保险金人数259万人。参加工伤保险人数28284万人，增加1521万人，其中参加工伤保险的农民工9086万人，增加152万人。参加生育保险人数23851万人，增加283万人。2021年末全国共有738万人享受城市最低生活保障，3474万人享受农村最低生活保障，438万人享受农村特困人员救助供养，全年临时救助1089万人次"②。无论是人均可支配收入还是参加各项保险的比例，农村居民都明显低于城镇居民，城乡二元分割的政策体系依然在制约农村居民和农民工共享发展成果与公共服务的步伐。

曾群等指出，"不稳定的就业状况会导致人们被社会排斥，排斥的可能性随着就业不稳定性的上升而增大"③。朱宇也认为，"稳定的收入和好的保障水平是影响流动人口做出永久迁移的原因"④。也有学者关注到城郊失地农民的问题。董克用、成得礼指出，"失地农民"存在几个关键问题，"一是收入问题，导致'失地农民'收入困境的原因主要有，①征地补偿标准

① 岳树岭：《城市化进程中农民工市民化问题研究》，经济管理出版社，2014，第107页。
② 国家统计局：《中华人民共和国2021年国民经济和社会发展统计公报》，https://finance.sina.com.cn/china/2022-02-28/doc-imcwiwss3312518.shtml? cref=cj，2022年2月28日。
③ 曾群、魏雁滨：《失业与社会排斥：一个分析框架》，《社会学研究》2004年第3期。
④ 朱宇：《国外对非永久性迁移的研究及其对我国流动人口问题的启示》，《人口研究》2004年第3期。

不科学，②集体资产处置不合理；二是就业问题；三是社会保障问题"①。这表明，国家关于就业、教育、社会保障、土地管理等方面的具体政策，对农民工及城郊农民的城市融入并对社区发展的包容性都有着直接的影响。

我们的研究也发现，北京市和深圳市城乡结合部社区参加问卷调查的受访者中，流动人口占58%，月收入在5000元以下的占62%，有49%的受访者主要依靠租房等方式解决居住问题。政治发展维度的很多指标得分直接与农民工（流动人口）不能参与当地政治活动有关。问卷结果显示，有57%的受访者"没有参加过"和"不清楚"所居住社区的人大代表选举投票，有58%的受访者"没有参加过"和"不清楚"所居住社区的居委会换届选举投票，有60%的受访者"没有参加过"和"不清楚"所居住社区的居民代表选举投票，有67%的受访者"没有参加过"和"不清楚"社区公共事务听证会，有66%的受访者"没有参加过"和"不清楚"居民代表会议，有74%的受访者"没有参加过"和"不清楚"社区的协商会议，有74%的受访者"不了解、不清楚"所居住社区的业主委员会，有67%的受访者"不了解、不清楚"社区业委会的活动。其中很多结果都与农民工（流动人口）户籍不在迁入地而不能参加迁入地的政治选举和政治参与的政策规定相关。访谈过程中，不少本地户籍居民也强调，农民工（流动人口）户口不在这里不能参加我们的选举投票。

从公共服务维度来看，有30%的受访者没有享受和不清楚基本养老保险，有41%的受访者没有享受和不清楚失业保险，有34%的受访者没有享受和不清楚工伤保险，有55%的受访者没有享受和不清楚住房补贴（含住房公积金），有13%的受访者表示未成年子女在异地的家乡学校上学或辍学在家，有16%的受访者对接受的公共服务不满意，有57%的受访者没有接受过当地政府提供的职业教育培训，有36%的受访者表示权利没有得到保护或持无所谓态度。

---

① 董克用、成得礼：《从北京看城乡结合部"失地农民"面临的困境与解决思路》，《经济理论与经济管理》2006年第3期。

研究还发现，本地户籍居民政治发展得分率高于流动人口政治发展得分率，两者相差 16.06 个百分点，政治发展的差距比较大，北京市和深圳市本地户籍居民的政治发展得分率比流动人口的政治发展得分率分别高出 10.84 个和 21.30 个百分点。本地户籍居民的文化发展得分率比流动人口文化发展得分率高 13.74 个百分点，表明两市城乡结合部社区文化发展的包容性比较差，深圳市本地户籍居民与流动人口文化发展得分率相差 21.69 个百分点，两个群体的文化发展差距比较大。两地本地户籍居民社会发展得分率高于流动人口社会发展得分率 11.48 个百分点，深圳市本地户籍居民与流动人口社会发展得分率相差 20.46 个百分点，本地户籍居民与流动人口两个群体的社会发展差距比较大。北京市和深圳市本地户籍居民公共服务得分率比流动人口公共服务得分率高 10.09 个百分点，表明北京市和深圳市城乡结合部社区公共服务的包容性也不太好，流动人口享受的公共服务明显差于本地户籍居民，深圳市本地户籍居民与流动人口公共服务得分率相差 18.10 个百分点，深圳市本地户籍居民与流动人口两个群体的公共服务差距比较大。

综上所述，政府关于政治参与、就业、社会保障、住房、土地等方面的具体政策规定，直接决定或影响农民工（城郊农民）在政治参与、劳动力市场、社会保障覆盖率、住房保障、土地使用权等方面权利的行使，因此，政策因素是影响和制约超大城市城乡结合部社区发展及其包容性的重要因素。

三 影响北京市和深圳市城乡结合部社区发展包容性的管理因素

政府的行政管理、社区居民中非农业人口与农业人口的划分、社区的综合服务管理水平等，是否会影响超大城市城乡结合部社区发展及其包容性，这是我们研究中比较关注的一个重要问题。学术界对此有一些研究，我们在调查研究中也关注到这一问题。

1984 年 10 月，国务院发布了《关于农民进入集镇落户问题的通知》，规定在城镇有固定住所、有经营能力或在乡镇企事业单位长期务工、经商、办服务业的农民和家属可以在城镇落户，由此开启农民工涌向城市的闸门。

1985 年，公安部颁布了《关于城镇暂住人口管理的暂行规定》，开始对流动人口实行"暂住证"制度。1985 年 11 月，北京市人民政府发布《关于暂住人口户口管理的规定》，对那些不能加入北京市城镇户籍的农民实行暂住证制度，从法律上正式给予农民进京许可，意味着公民开始拥有在京居住的合法性。为了鼓励流动人口进入建筑业和家政服务业等领域就业，鼓励个体户来京从事商业、饮食业、修理业等第三产业，吸引经商从业人员来京独资或联合经营企事业，搞活北京经济，北京市政府对流动人口采取开放政策，不仅允许外地人员来京经商务工，而且有计划地招收本市或外地人口参与首都建设与服务。1986 年 9 月，北京市政府连续颁布《北京市国营企业使用农民合同制工人管理办法（试行）》和《北京市家庭服务员管理暂行规定》，吸引农民合同制工人和外地女性等家庭服务员进入北京就业。

1995 年，中央在厦门召开全国流动人口管理工作会议。根据会议精神，北京市等制定了"规模控制、严格管理、加强服务、依法保护"的工作方针，先后颁布和实施了一系列关于流动人口的法规规章和管理措施，开始全面控制外来人口规模，对流动人口进行有效管理。所以，早期学术界主要关注城市管理部门对农民工（流动人口）的各种限制，认为这些管理限制影响了农民工（流动人口）的城市融入，也制约了社区发展的包容性。比如李强指出，"由于城市管理部门对流动人口就业各种有形和无形的限制，大部分流动人口被排斥到相对低端的次级劳动力市场上，成为城市社会的底层"[①]，这样，发展的包容性就无从谈起。这从一定程度上说明，政府对流动人口的管理直接决定着流动人口在城市劳动力市场及其他领域的地位和待遇。

1997 年，国务院批转公安部《小城镇户籍管理制度改革试点方案》，提出改革小城镇的户籍管理制度。2000 年，浙江省率先在全国取消地市级以下城市进城指标和"农转非"指标。2001 年，《关于推进小城镇户籍管理制度改革的意见》提出，对办理小城镇常住户口的人员，不再实行计划指标

---

① 李强：《中国城市农民工劳动力市场研究》，《学海》2001 年第 1 期。

管理。2001 年，河北省石家庄市成为第一个全面放开市区户口准入限制的省会城市。以北京、上海为代表的超大城市，针对户籍制度也开始尝试改革，2009 年上海市发文决定有条件地放宽农民工进城落户限制。2017～2018 年，北京市先后发布《北京市积分落户管理办法（试行）》和《北京市积分落户操作管理规则（试行）》，2019 年 5 月北京市首批 6019 人通过积分落户北京市。

这一系列关于农民工（流动人口）的管理措施有着极强的惯性，在各地及社区的实际管理工作依稀可见，导致不同城市不同社区发展及其包容性呈现较大的差异。我们的研究发现，社区的服务管理水平（不同的社区类型之所以成为影响社区发展的重要因素，可以归结为社区不同的服务管理水平）是影响社区发展的一个重要因素，户口类别、在社区居住时间（居住时间短，融入社区程度浅；居住时间长，融入社区程度深）等对社区发展也有较显著的影响。

一是管理因素对社区经济发展及其包容性的影响。多元回归分析的结果表明，影响深圳市城乡结合部社区本地户籍居民经济发展水平的因素主要有居住社区和在本社区居住时间等，其中居住社区（YT 社区）是正向影响因素，而在本社区居住时间［半年至 2 年（含 2 年）］是负向影响因素。影响深圳市城乡结合部社区流动人口经济发展水平的因素主要有户口类别等，户口类型（农业户口）是正向影响因素。

二是管理因素对社区政治发展及其包容性的影响。影响深圳市城乡结合部社区本地户籍居民政治发展水平的因素主要有在本社区居住时间等，其中在本社区居住时间［2 年至 5 年（含 5 年）］是负向影响因素。影响深圳市城乡结合部社区流动人口政治发展水平的因素主要有在本社区居住时间等，其中在本社区居住时间（半年及以内）是负向影响因素。影响北京市城乡结合部社区本地户籍居民政治发展水平的因素主要有居住社区、户口类别和在本社区居住时间，其中居住社区（BJJY 社区和 BJ 村）和户口类别（农业户口）是正向影响因素，在本社区居住时间（半年及以内）是负向影响因素。

三是管理因素对社区文化发展及其包容性的影响。影响深圳市城乡结合部社区本地户籍居民文化发展水平的因素主要有居住社区等，其中居住社区（YT 社区）是正向影响因素，居住社区（ZB 社区）是负向影响因素。影响深圳市城乡结合部社区流动人口文化发展水平的因素主要有居住社区等，其中居住社区（LT 社区）是正向影响因素。影响北京市城乡结合部社区本地户籍居民文化发展水平的因素主要有居住社区、户口类别和在本社区居住时间，其中居住社区（BJJY 社区和 BJ 村）、户口类别（农业户口）是正向影响因素，在本社区居住时间在半年及以内是负向影响因素。影响北京市城乡结合部社区流动人口文化发展水平的因素主要有居住社区等，其中居住社区（QT 社区）是负向影响因素。

四是管理因素对社区社会发展及其包容性的影响。影响深圳市城乡结合部社区本地户籍居民社会发展水平的因素主要有居住社区和在本社区居住时间等，其中居住社区（YT 社区）和在本社区居住时间（半年及以内）是正向影响因素，在本社区居住时间 [2 年至 5 年（含 5 年）] 是负向影响因素。影响深圳市城乡结合部社区流动人口社会发展水平的因素主要有居住社区和户口类别等，其中居住社区（LT 社区）和户口类别（农业户口）是正向影响因素。影响北京市城乡结合部社区本地户籍居民社会发展水平的因素主要有居住社区和在本社区居住时间等，其中居住社区（BJJY 社区和 BJ 村）是正向影响因素，在本社区居住时间（半年及以内）是负向影响因素。影响北京市城乡结合部社区流动人口社会发展水平的因素主要有户口类别，其中户口类别（农业户口）是正向影响因素。

五是管理因素对社区公共服务及其包容性的影响。影响深圳市城乡结合部社区本地户籍居民公共服务水平的因素主要有在本社区居住时间等，其中在本社区居住时间（半年及以内）是正向影响因素。影响深圳市城乡结合部社区流动人口公共服务水平的因素主要有居住社区等，其中居住社区（LD 社区和 ZB 社区）是负向影响因素。影响北京市城乡结合部社区本地户籍居民公共服务水平的因素主要有居住社区等，其中居住社区（BJJY 社区和 BJ 村、QT 社区）是正向影响因素。影响北京市城乡结合部社区流动人口公共服务水平的因素主要有居住社区等，其中居住社区（BJJY 社区和 BJ

村）是正向影响因素。

综上所述，国家对流动人口管理导向的变化、农业人口与非农业人口的划分、社区的综合服务管理水平均会影响超大城市城乡结合部社区的发展及其包容性。

四 影响北京市和深圳市城乡结合部社区发展包容性的人口因素

社区的人口结构及人口的自身特征（年龄、性别、婚姻、文化程度等），是否会影响超大城市城乡结合部社区的发展及其包容性，这是课题研究中涉及较多的一个重要问题。学术界对社区的人口结构及人口的自身特征也有较多的研究成果，基本可以证实这一假设，本研究的发现也可以证实这一结论的可靠性。

学术界比较关注人口自身的因素如人力资本（受教育年限）等对农民工（流动人口）和城郊农民城市融入的影响，王芮、悦中山、杨菊华等比较认可人力资本（教育）对农民工融合的显著影响，李培林等的研究则发现受教育年限仅对农民工的身份认同有显著影响，对农民工经济、社会和心理层面的城市融入无显著影响。

王晟、梁晓比较早就关注到"人力资本（尤其是教育）对移民社会融合的影响"[1]。悦中山等的研究显示，"农民工的受教育水平对社会经济、文化和心理融合有显著影响"[2]。杨菊华关于中国流动人口社会融入的研究显示，"受教育水平越高，流动人口在经济、社会、文化和心理四个维度的融合状况越好"[3]。李培林、田丰的研究结果则显示，"受教育年限对农民工经济层面、社会层面和心理层面的城市融入均无显著影响，仅对身份认同有显著影响"[4]。

---

① 王晟、梁晓：《温哥华华人新移民的社会融合》，《世界民族》2003 年第 4 期。

② 悦中山、李树苗、费尔德曼：《农民工社会融合的概念建构与实证分析》，《当代经济科学》2012 年第 1 期。

③ 杨菊华：《中国流动人口的社会融入研究》，《中国社会科学》2015 年第 2 期。

④ 李培林、田丰：《中国农民工社会融入的代际比较》，《社会》2012 年第 5 期。

　　另一些学者则认为农民工社会网络、社会资本及居留时间等会影响流动人口的社会融合，王毅杰、刘传江、任远等是其中的代表性学者。王毅杰等指出，"流动农民工社会网络的主要特点是规模小、紧密度高、趋同性强、异质性低"①。刘传江等指出，"构建农民工社会资本的积累和形成机制，改善农民社会资本匮乏和质量低下的状况，是促使农民工更好地融入城市社会生活的重要途径"②。任远、邬民乐认为，"社会资本、社会排斥、人力资本、劳动力市场状况等是影响流动人口社会融合的因素。一是移民过程中的每一个环节都受到移民社会资本或社会网络的影响，社会资本影响着流动人口在城市的生活、发展和融合；二是以户籍制度为依托的流动人口管理制度，以及一系列与户口相关的社会福利制度对流动人口的限制与排斥，对流动人口的社会融合有着根本性的影响；三是教育、培训，以及工作经历，是流动人口人力资本积累的重要方式，并促进其社会融合；四是流动人口在劳动力市场的地位和处境，是他们社会融合状况的表现，也影响其社会融合的能力"③。任远的研究显示，"外来人口在迁入地的居留时间是决定是否迁移定居的主要原因"④。

　　还有不少学者关注农民工（流动人口）的个人特征对农民工社会融入的影响，如赵艳枝、张文宏、沈千帆。赵艳枝的研究表明，"在迁入地工作时间长、工作稳定、家庭式流动、在迁入地已购买和自建住房、原来属于农业户籍的人口更愿意在迁入地定居"⑤。张文宏、雷开春对 2007 年上海城市新移民调查数据的研究发现，"影响社会融入的因素主要有性别、婚姻状况、党员身份、受教育年限、月收入、居住时间、移出地和阶层地位"⑥。

---

① 王毅杰、童星：《流动农民社会支持网探析》，《社会学研究》2004 年第 2 期。
② 刘传江、周玲：《社会资本与农民工的城市融合》，《人口研究》2004 年第 5 期。
③ 任远、邬民乐：《城市流动人口的社会融合：文献述评》，《人口研究》2006 年第 3 期。
④ 任远：《"逐步沉淀"与"居留决定居留"——上海市外来人口居留模式分析》，《中国人口科学》2006 年第 3 期。
⑤ 赵艳枝：《外来人口的居留意愿与合理流动——以北京市顺义区外来人口为例》，《南京人口管理干部学院》2006 年第 4 期。
⑥ 张文宏、雷开春：《城市新移民社会融合的结构、现状与影响因素分析》，《社会学研究》2008 年第 5 期。

沈千帆发现，"北京市流动人口在个人行为参与方面的融入状况最好，其次是经济生活状况，而在社会接纳状况方面的融入状况最差。在影响因素方面，性别、婚姻状况等个人因素和户口性质、工作行业等社会因素共同作用于流动人口的社会融入程度"①。

也有学者关注到城郊农民市民化受自身人力资本偏低的显著影响，存在经济不适应和不安全等现象。毛丹、王燕锋指出，"目前城市的生态、工作、生活环境，总体上还不能给撤村建居的农民提供足够的安全，甚至还会使农民面临安全整体性降低的威胁……农民将面临各种各样的经济不适应和不安全，首当其冲的是就业不安全。主要原因在于城郊农民一旦作为居民谋求就业，其人力资本类型往往不适合大多数企业的要求，要么难以就业，要么就业难以持续，要么只能在相应的低技术、低工资、劳动条件与劳动纪律都较差的企业就业"②。

我们对北京市和深圳市城乡结合部社区发展及其包容性的研究发现：一是两地社区的人口结构对社区发展的包容性存在明显的影响。总体而言，在2021年北京市2069万常住人口中，本地户籍居民约1295.2万人，流动人口约773.8万人，流动人口占全市常住人口的37%；而在2021年深圳市1768.16万常住人口中，本地户籍居民约556.39万人，流动人口约1211.77万人，流动人口占全市常住人口总量的69%。与北京市相比，深圳市社区发展的包容性任务更为艰巨。在我们调查的城乡结合部社区中，深圳市宝安区XX街道常住人口合计95.8万，其中本地户籍居民12.9万，流动人口82.9万，分别占街道常住人口总量的13.47%和86.53%，流动人口的数量是本地户籍居民数量的6.43倍，其社区发展包容性任务极为艰巨。北京市海淀区DS乡（加挂地区办事处牌子）常住人口总量为6.3083万人，其中本地户籍居民为2.1916万人，流动人口为4.1167万人，分别占DS乡常住人口总量的34.74%和65.26%，流动人口的数量是本地户籍居民数量的

---

① 沈千帆主编《北京市流动人口的社会融入研究》，北京大学出版社，2011。
② 毛丹、王燕锋：《J市农民为什么不愿做市民：城郊农民的安全经济学》，《社会学研究》2006年第6期。

1.88 倍，社区发展包容性的压力相对深圳市而言确实更小一些。

　　二是社区人口的自身特征对社区的经济发展存在明显的影响。多元回归分析结果发现，影响深圳市城乡结合部社区本地户籍居民经济发展水平的因素主要有年龄（18～30 岁、31～45 岁、46～60 岁）等正向影响因素。影响深圳市城乡结合部社区流动人口经济发展水平的因素主要有年龄（18～30 岁、31～45 岁、46～60 岁）和文化程度（中学、中专及以下，大专和本科）等正向影响因素。影响北京市城乡结合部社区本地户籍居民经济发展水平的因素主要有年龄（18～30 岁、31～45 岁、46～60 岁）等正向影响因素和性别（男）等负向影响因素。影响北京市城乡结合部社区流动人口经济发展水平的因素主要有年龄（18～30 岁、31～45 岁、46～60 岁）等正向影响因素。

　　三是社区人口的自身特征对社区的政治发展存在一定的影响。多元回归分析结果发现，影响北京市城乡结合部社区本地户籍居民政治发展水平的因素主要有文化程度（中学、中专及以下，大专和本科）等正向影响因素。

　　四是社区人口的自身特征对社区的文化发展存在一定的影响。多元回归分析结果发现，影响北京市城乡结合部社区本地户籍居民文化发展水平的因素主要有文化程度（中学、中专及以下，大专、本科）和婚姻状况（已婚）等正向影响因素。影响北京市城乡结合部社区流动人口文化发展水平的因素主要有文化程度（大专）和性别（男）等正向影响因素。

　　五是社区人口的自身特征对社区的社会发展存在显著的影响。多元回归分析的结果表明，影响深圳市城乡结合部社区本地户籍居民社会发展水平的因素主要有年龄（18～30 岁）和婚姻状况（已婚、离异）等正向影响因素。影响深圳市城乡结合部社区流动人口社会发展水平的因素主要有性别（男）等负向影响因素。

　　六是社区人口的自身特征对社区的公共服务存在显著的影响。多元回归分析的结果表明，影响深圳市城乡结合部社区本地户籍居民公共服务水平的因素主要有婚姻状况（单身和已婚）等正向影响因素。影响深圳市城乡结合部社区流动人口公共服务水平的因素主要有性别（男）等负向影响因素。

影响北京市城乡结合部社区本地户籍居民公共服务水平的因素主要有年龄（31~45岁）等正向影响因素。

综上所述，社区的人口结构及人口的自身特征，对社区经济发展、政治发展、文化发展、社会发展和公共服务均存在不同程度的影响。这说明，人口因素确实是影响和制约超大城市城乡结合部社区发展的重要因素。

简要小结：研究发现，超大城市城乡结合部社区经济发展受社区类型和职业类型等因素的影响，不同的社区和不同的职业类型会影响超大城市城乡结合部社区的经济发展，假设1得到部分证实。超大城市城乡结合部社区的政治发展水平主要受社区类型、户籍类型和政治面貌等因素的影响，不同类型的社区、不同类型的户籍和不同的政治面貌会影响超大城市城乡结合部社区的政治发展，假设2得到部分证实。超大城市城乡结合部社区文化发展主要受社区类型、户籍类型、婚姻状况和职业类型等因素的影响，不同的社区类型、不同的户籍类型、不同的婚姻状况和不同的职业类型对超大城市城乡结合部社区的文化发展有显著的影响，假设3得到部分证实。超大城市城乡结合部社区社会发展受社区类型、户籍类别、家庭结构、职业类型等因素的影响；不同类型的社区、不同类别的户籍、不同的家庭结构、不同的职业类型都会影响超大城市城乡结合部社区社会发展，假设4得到部分证实。超大城市城乡结合部社区公共服务主要受社区类型、户籍类别、职业类型、婚姻状况、家庭结构等因素的影响，假设5得到部分证实。进一步分析发现，超大城市城乡结合部社区发展及其包容性主要受制度、政策、管理和人口等多方面因素的影响。

| 第十章 |

超大城市城乡结合部社区包容性发展的
路径模式与政策创新

推动农民工（流动人口）和城郊农民逐步地融入城市生活，实现农民工（流动人口）和城郊农民的市民化，让所有市民在城市中共享公平的发展机会和平等的公共服务，是中国新型城镇化战略的一项重要任务。从现实情况看，城市发展的包容性均有所不足，主要是对城郊农民和农民工（流动人口）不够包容，其中城郊农民市民化主要受土地管理制度、就业及社会保障等因素的影响，农民工（流动人口）市民化则主要受制于城乡二元的户籍制度、劳动力市场、社会保障制度、土地管理制度及个人特征等因素的影响。

超大城市作为我国城市化的"龙头"，其城乡结合部地区往往是本地户籍居民与农民工（流动人口）交汇聚居的主要场所，其社区包容性发展的任务尤为艰巨。那么，当前国内外有哪些推进城乡结合部社区包容性发展的路径模式？超大城市城乡结合部在推进社区发展的过程中，其包容性存在哪些突出的问题？推进超大城市城乡结合部社区包容性发展，需要哪些政策创新？等等，本章根据调研掌握的情况试图做出一定的回答。

第一节　国内外城市城乡结合部社区包容性发展的路径模式

考察国内外城市城乡结合部社区包容性发展的路径模式，就必须将其放在世界城市化的历史进程中由远及近地加以观察。包容性发展思想在城乡结合部社区发展中的应用与实践是城市化进程不断推进、城市化意识不断强化、城市化程度日益提高、城市化质量不断提升的发展过程。

所谓"城市化"（或城镇化），是指"随着工业化发展，非农产业不断向城镇集聚，从而农村人口不断向非农产业和城镇转移、农村地域向城镇地域转化、城镇数量增加和规模不断扩大、城镇生产生活方式和城镇文明不断向农村传播扩散的历史过程"[1]，由此带来了农村人口向城市地区的大量转移。一般而言，城镇化会经历三个不同的发展阶段，即"从相对缓慢的第一阶段到城镇化水平快速提升，经济社会结构深刻变化并推动城镇化质量逐步提高的第二阶段，再发展到逐步走向成熟的第三阶段"[2]。其中第二阶段的中后期往往是城市化挑战最大、矛盾和问题不断凸显的关键阶段。2022年我国的城市化率已经达到 65.22%，正处于城镇化快速发展的中后期阶段，也是各种风险隐患和社会问题逐渐暴露的阶段，需要相关方面高度关注并予以重视。当前，我国城镇化普遍面临着"城镇化与工业化发展不协调、占用土地过多集约利用率低、城镇化不完全非稳定、城镇化与实体经济发展不同步、城镇化生存环境脆弱"[3] 等问题，需要予以缓解。

从国际上看，世界各国走过了并不相同的城市化和工业化道路。国务院发展研究中心课题组主张将各国城镇化划分为四种类型："一是先发国家，以美国、英国、德国、法国等为代表，这些先发国家在工业革命推动下，二战之前已基本完成城镇化，经济发展与城镇化同步迈上了较高水平。二是二战后实现快速城镇化的发达国家（地区），以日本、韩国、新加坡等为代表，这些经济体把握住二战后全球经济发展的机遇，在较短时期内实现了工业化和城镇化的高质量、快速协调推进。三是工业化和经济社会发展水平相

---

① 张占斌主编《中国新型城镇化道路研究》，国家行政学院出版社，2013，第 14 页。
② 国务院发展研究中心课题组：《中国新型城镇化：道路、模式和政策》，中国发展出版社，2014，第 18~19 页。
③ 郑敏：《中国新型城镇化的方向与路径探索》，载张占斌主编《中国新型城镇化道路研究》，国家行政学院出版社，2013，第 84~87 页。

对较低，更多地由贫困人口在城市过度聚集推动城镇化率达到较高水平的国家，以巴西、阿根廷、墨西哥、玻利维亚等拉美国家及部分中东、北非国家为代表。四是主要依靠资源驱动达到了较高城镇化水平和较高收入水平的国家，以沙特、伊朗、委内瑞拉等石油生产国为代表，这些国家依赖本国丰裕的资源禀赋，特别是石油资源实现了以产业的非平衡发展为特征的快速工业化和城市化，在较短时期内达到了较高的城市化水平。此外，还有为数不少的国家尚未实现经济起飞，城镇化仍然处在第一阶段的缓慢发展过程中的国家和地区"①。其中，对我国城镇化启示教训较多的主要是先发国家、二战后成功追赶型经济体和陷入中等收入陷阱国家的城镇化经验教训。

姜爱华、马静指出，城市化模式有两种划分方式，"一种是按城市化发展阶段划分，可以分集中型城市化、分散型城市化、逆城市化和再城市化四种模式，另一种是按与工业化发展水平的关系划分，可以分为同步型城市化、过度城市化和滞后城市化三种模式"②。在工业化和城市化的双重推动下，地处大中小城市周边的城乡结合部地区原来的产业结构、土地用途、生活方式、居住形式、居民结构、管理体制等不断发生变化。城乡结合部地区从原来以农业为主的产业结构逐步转变为以第二产业和第三产业为主，第一产业逐步退出历史舞台。随着农村土地逐步被征用，城乡结合部地区的土地从原来农村集体土地性质的农业用地和宅基地等逐步向国有土地性质的工业用地、商业用地、居住用地、绿化用地等转化。生活方式从原来自给自足的慢节奏农村生活向商品化、市场化程度较高的快节奏城市生活转变。居住形式从原来居住分散、独家独院的农村平房院落向城市居住集中的高层建筑转变。居民结构从原来以本地户籍农民为主的农村熟人社区逐步向本地户籍居民（含本市人户分离人口、新迁入居民、农转居居民或少量的本地农民）和农民工（流动人口）等混居的城市陌生人社区转变，人口聚集程度急剧

---

① 国务院发展研究中心课题组：《中国新型城镇化：道路、模式和政策》，中国发展出版社，2014，第25~41页。

② 姜爱华、马静：《城乡结合部公共服务供给的财政政策研究》，经济科学出版社，2012，第22~24页。

上升。管理体制也从原来的农村管理体制逐步向城乡二元管理体制并存过渡，最终向城市管理体制转变。

我们必须看到，城乡结合部地区这些方面的转变并不是一蹴而就的，也不是一帆风顺的，其中既有顺利的向前发展，也有曾经的停步不前，还面临设施落后、管理交叉、服务滞后、利益纠纷、文化冲突等困扰难题。一些城市的城乡结合部地区在短短的十几年、二十几年间就发生了翻天覆地的变化，从原来的纯农村地区逐渐成为管理交叉的城乡结合部地区再变成完全的城市建成区。随着原来的城乡结合部地区逐步转变为城市建成区，更外围的农村地区又变成了新的城乡结合部地区，城乡结合部地区处在动态变化的过程中，这是处于城市化中后期阶段的国家或地区必须面对的一个现实问题。在这个转变过程中，各城市的城乡结合部社区也探索走过了不同的发展路径。概括起来，这些发展路径大致可以划分为自主式发展路径、突变式发展路径和渐变式发展路径，分别对应着城市化发展的不同阶段。

一　自主式发展路径

自主式发展路径主要出现在城市化发展的早期阶段，是指该城乡结合部地区的发展不是按照城市规划建设的结果，而是基层在没有规划指引下自主发展的结果。随着我国改革开放政策的实施和人口流动政策的放开，城市的人口不断增加，城市周边的一些农村地区比较敏锐地发现了市场经济和城市人口聚集带来的巨大商机。在村委会、农村集体经济组织、相关企业、市民甚至流动人口等不同主体的主导下，一些城乡结合部地区自发地逐步形成相关产业的聚集，带动了本地区经济的发展，加速了本地区农业产业的退出和第二产业及第三产业的发展，自主推动了本地区城市化的发展。

比如北京市丰台区南三环南苑乡木樨园附近曾经有个赫赫有名的"浙江村"，就是20世纪80年代开始进入该地区的浙江温州商人自主形成的批发零售市场。"浙江村"的名声之大，早已盖过了其原本的村名，其所在地原有的村名时村、果园村的名字在外界基本上没有知名度。这批浙江温州商人最早以包租柜台的形式在这里从事服装等生活用品的零售、批发，慢慢形成了若干服装、鞋帽、衣箱、办公用品等批发零售市场，皮夹克曾是当时"浙江村"有名的拳头产品。"浙江村"慢慢地形成了国际影响力，大批东欧和俄罗斯的"倒爷"直接进"村"采购，生意十分火爆。1992年，京温服装批发市场建成使用，服装产销规模日益扩大。这一时期，"浙江村"的浙江人以每年50%的速度增加，到1994年，该地区流动人口达11万人，而本地农民仅有1.4万人。

为了降低成本，浙江温州商人又在附近创办了若干服装、鞋帽、衣箱、办公用品等的加工厂和其他批发市场，"浙江村"规模越来越大，并形成了相关上下游产业在该地区的聚集，产生了一大批富有的温州商人。直到2014年，北京市为了落实首都城市功能战略定位，开始疏解非首都功能，才下决心对这些服装、鞋帽、衣箱、办公用品等批发零售市场进行疏解拆迁，对这一地区进行改造升级，这一地区逐渐变成城市建成区。

再如北京市丰台区南四环位于花乡的新发地农产品批发市场，一开始是丰台区花乡新发地村的本地村民在附近出售蔬菜，慢慢地吸引了外地越来越多的农民在此聚集卖菜，当时的新发地村委会敏锐地发现了其中的商机，自主建设了越来越多的农贸市场供各地菜农卖菜，越发展规模越大，最后这里发展为闻名全国的蔬菜、水果批发市场。现在，每天清晨来自全国各地的3万多吨蔬菜水果就会从新发地批发市场出发，送至全市各个二级批发市场、超市、菜市场，最终到达千家万户，成为北京市民离不开的"菜篮子"和"果盘子"。为了稳定市场供应，从2008年开始，新发地农产品批发市场就开始主动向外发展，在全国范围内建立了15个产地分市场，确定了300多万亩供应基地，最远的分市场和供应基地建到了海南省。目前，新发地农产品批发市场已经形成了自己的菜价形成机制，成为华北地区菜价的"晴雨表"。新发地农产品批发市场的发展，不仅带动本地村民和周边村民较为顺利地实现了城市化和市民化，而且带动了全国各地很多菜商、菜农发家致富，其中不少已经在城市里置业安家。

自主式发展路径可以极大地释放蕴藏在民间社会中的巨大生产力，使经济得到快速发展，但其主要关注经济发展，对政治发展、社会发展、文化发展、公共服务等关注不足，因而是一条不够协调的发展路径。因此，自主式发展路径既可能取得成功，也可能走向失败。新发地农产品批发市场后来在政府的指导和帮助下逐步公司化管理、规范经营，并同步推动政治建设、社会建设、文化建设和公共服务供给，从而逐步走向健康发展，而北京市"浙江村"所在的服装批发市场等最终不得不面临搬迁并重新规划建设的命运。

二 突变式发展路径

突变式发展路径多见于城市化中期阶段，主要是由于大城市城乡结合部地区由于长期以来人口的大量涌入，原有的村落建筑里根本无法容纳这些快速增长的人口。于是，村民们将眼光投向了宅基地的上空和村里的空地，原有的平房不停地被施工队推翻重盖，二层、三层、四层、五层、六层、七层甚至七层以上的不符合安全标准的房屋在城乡结合部地区不断增加，村里能够容纳的人口越来越多，最后，在城市的城乡结合部地区出现了诸多像北京市海淀区唐家岭村、六郎庄村、八家村等这样的巨型村庄。深圳也从20世纪六七十年代以落后渔农村为主的宝安县逐步发展为全球知名的大都市，市区范围也从以前的关内地区扩展到深圳市全域。由于城乡二元管理体制存在的诸多弊端，在一些大中城市的城乡结合部地区不得不采取大范围或局部突变式发展的路径。有的城乡结合部地区如2004年深圳市宝安区和龙岗区全部实现从农村管理体制向城市管理体制的转变，实现全面的城市化。有的城乡结合部部分村庄如2010年北京市划定的"50个重点村"被整体拆迁，重新规划建设。

据《深圳市西乡街道志》记载，根据《中共深圳市委深圳市人民政府关于加快宝安龙岗两区城市化进程的意见》和宝安区委、区政府《关于印发宝安城市化进程的实施方案的通知》精神，以及市委、市政府和区委、区政府有关部署，深圳市宝安区西乡镇于2004年4月开始城市化改造工作，于9月下旬基本完成，用半年左右的时间就完成了从农村管理体制向城市管理体制的转变。该镇城市化改造工作过程主要包括准备阶段（成立机构、调查摸底、制定清产核资方案、宣传动员、选聘会计师事务所）、明确工作要求（划分工作人员和会计师事务所划片包村范围、重点对产权界定等6

个方面进行监督、草拟并审查清产核资报告）、向村委会征求意见、向村民公布清产核资报告征求意见稿并征求意见、公布报告、调整账务和完善各项制度等。该镇城市化改造主要工作内容包括以下方面。

一是撤镇成立街道。撤销镇人民政府，成立街道办事处，镇改街道完成"三定方案"，街道办事处于 2004 年 7 月 1 日挂牌成立。撤村成立社区，撤销村民委员会成立社区居民委员会，24 个村民委员会改为社区居委会并挂牌。二是完成村集体经济股份制改造，成立股份合作公司，完成企业注册登记。镇级 37 家行政事业单位、10 家企业完成清产核资，24 个村委会完成资产评估和清产核资，24 家村级股份公司、16 个村民小组的股份公司完成股份制改造，为 960 名出嫁女、招郎女解决了股权问题。三是按城市标准完成城市发展规划，对辖区进行一定的更新建设。四是集体土地转归国有工作。街道辖区土地面积 56.14 平方公里，其中在建 3.76 平方公里；集体土地 36.05 平方公里，其中未建设土地 1.41 平方公里；已经在建土地中，村级自用 10.93 平方公里，合作建房 0.20 平方公里；已经转让 2.82 平方公里；未利用的山地、林地、水面 21.34 平方公里，全部按政策转变为国有土地。五是完成村民农转非，原村民 20926 人、其他人员 642 人全部农转非，落实城市化计划生育衔接政策。六是办理村民社会养老保险和最低生活保障，7047 人应保尽保人员全部办理了保险手续。七是原属村建设管理的市政与公共设施共 327 条公路、22 个公园、2 个广场、26 个公共停车场、14 座桥梁，378 座环卫、排水设施和设备全部移交给政府管理。八是镇办 5 所学校、1 所幼儿园，公办 8 所村级小学；1 所镇级医院、24 个社康站；4 处文化体育设施全部移交给政府管理。九是加强公安一线执法，充实城管行政综合执法队伍。十是成立街道党工委和社区党支部，建立了 32 个社区党支部和 8 个工青妇等群众组织。截至 2004 年 10 月，该街道全面完成人口社保、行政管理、经济、社会事业、土地征收、市政设施移交等各项工作任务，从镇到街道的城市化改造任务初步完成。①

---

① 西乡街道志编辑部编《深圳市西乡街道志》，中国文史出版社，2009，第 91～92 页。

据记载，为解决首都城乡结合部"城中村"面临的各种问题，推动城乡一体化发展，北京市从 2010 年初开始启动城乡结合部 50 个重点村建设，实现了 21 万人口的搬迁，100 万人的分步疏解。

据统计，北京中心城区周边的城乡结合部面积约 753 平方公里，分布在朝阳、海淀、丰台、石景山、通州、大兴、顺义、昌平、门头沟等 9 个区，涉及 73 个行政村 133 个自然村，户籍人口约 21.4 万人，流动人口超过 100 万人，普遍存在违法建设严重、安全隐患突出、环境卫生恶化、交通秩序混乱、基础设施不足、治安隐患严重等突出问题。据公安机关统计，2009 年，北京市 70% 的治安、刑事案件发生在城乡结合部地区。按照正常的城市化进程，这 50 个重点村要完成城市化进程，至少还需要 20 年的时间。北京市城乡结合部"城中村"的典型代表是海淀区北部的唐家岭村、六郎庄村，丰台区的夏家胡同，朝阳区的大望京村等。其中，唐家岭村本地人口 5000 余人，却集聚了流动人口 5 万多人，流动人口数量是本地人口数量的 10 倍以上。①

针对城乡结合部地区这些重点村存在的诸多问题，北京市下决心用两年时间，通过"调、拆、建、转、管"②五大任务集成 10 类 33 项政策，组织各部门协作，提升行政效能，激发融资智慧③，对 50 个重点村进行整体建设改造推进城市化，使这里的群众全部得到妥善安置，外来人口合理安排，

---

① 朱竞若、余荣华：《五十座"唐家岭"的变迁——首都城乡结合部五十个重点村建设的启示》，《人民日报》2012 年 2 月 25 日。

② "调、拆、建、转、管"五项任务："调"包括调规划、调立项、调土地等，本质是调城乡二元的体制性障碍，赋予农民以资源权；"拆"，主要是旧村拆除，本质是破掉原有生产、生活和生存方式，同时拆迁补偿赋予农民合理财产权；"转"包括转制（农村集体产权制度改革）、转居（解决农民社会保障问题）和转移就业，本质是赋予农民和市民一样的平等权，成为有资产的新市民；"管"的本质是运用社区建设方式，加强基层民主建设，赋予农民政治领域的民主权。

③ 北京 50 个重点村完成整体迁建，资金需求为 2321.1 亿元。北京市国土部门通过施行土地储备政策，为重点村建设优先安排用地指标，优先统筹融资抵押物，优先土地储备上市，用"昨天的钱"平衡资金；金融监管服务部门积极搭建政府、银行、企业的沟通平台，推广土地储备贷款、委托贷款、股权投资信托等七种融资模式，推出专项金融产品，用"明天的钱"启动资金；同时，北京市政府为 50 个重点村大市政建设投入财政资金 138 亿元，建立风险应急资金，设立 3 亿元拆迁奖励资金，用"今天的钱"激活资金。

区域产业健康发展，绿色空间同步实现。在 50 个重点村改造过程中，农民的利益处于各种利益关系中最主要、最核心但又最脆弱的位置，因此北京市决定将农民的利益放在第一位，明确 50 个重点村改造的核心是解决好农民的出路问题。调查摸底表明，村民们最盼望的是很好的住房、稳定的就业、完善的保障、优良的公共服务、现代化的社区管理，成为有资产的新市民。村民们担心，回迁房能否称心如意？宅基地历史遗留问题如何处理？集体资产还有没有？眼前的房租收入没了，自己就业能力不足，将来的生活怎么保障？

在北京市 50 个重点村建设方案中，政府充分让出收益，把农民的利益摆在第一位。50 个重点村拆迁整理出来的 45 平方公里土地（见图 10-1），7.8 平方公里用于回迁房建设，3.3 平方公里用于建设集体产业，13 平方公里建设绿地，4 平方公里建设公共基础设施，16.9 平方公里用于平衡建设资金，完善城市功能①，从而确保农民安置能上楼、农民长远生计有保证、城市长远发展目标能够实现。村民们改造后的收获主要包括：一是合理的搬迁补偿，人均 50 平方米的回迁安置房，拆除购置房款后人均剩余约 27.3 万元现金；二是有资产权益，集体经济组织的实物补偿资产不断增值；三是有新的就业岗位，也有了更好的创业环境；四是有城市居民的保障……

通过对 50 个重点村的建设改造，北京市城乡结合部地区的 20 多万农民全部转成居民，并继续拥有剩余集体土地的使用权及其收益，按照劳均 50 平方米标准为重点村规划 620 万平方米产业用房，成为"离开土地的农民"的又一重保障。对于搬离的流动人口，北京市也出台了系列服务措施：一是妥善安置打工子弟学校学生分流上学，确保流动人口子女有学上；二是建设公共租赁房提供居住用房，公共租赁房向流动人口开放；三是由村集体经济

---

① 在 50 个重点村拆迁改造中，北京市共汇集了绿化隔离地区建设、规划、立项、土地储备、拆迁等 10 类 33 项政策，规划部门通过"一村一策"调整规划，充分与村民协商，反复研究，进行跨村、跨乡甚至跨区统筹，其他部门也创新机制，优化流程，50 个重点村建设项目全部进入"绿色审批通道"，以消除城市病灶，让农民带着资产上楼，成为"四有"新市民，最终城市获得了一定的发展空间，实现了城乡共赢。

集体产业用地
3.3平方公里
7.33%

公共基础设施建设
4平方公里
8.89%

平衡建设资金
16.9平方公里
37.56%

回迁房建设
7.8平方公里
17.33%

建设绿地
13平方公里
28.89%

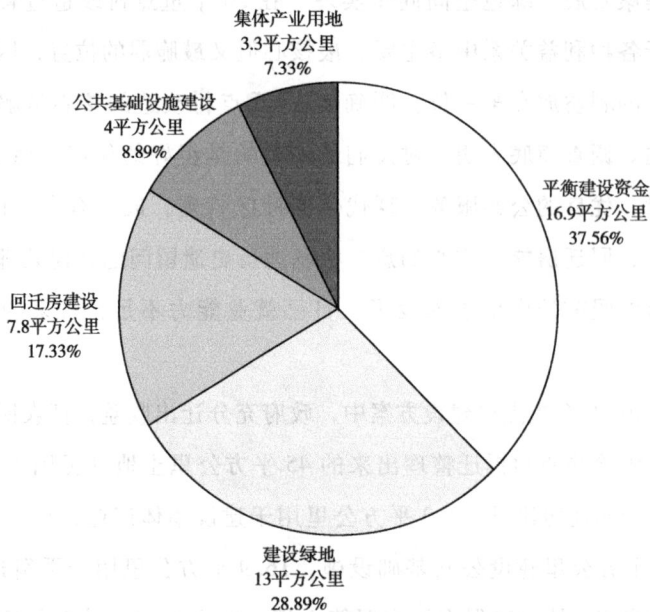

图 10-1　北京市 50 个重点村改造土地利用结构

组织统一管理农民富余房屋，为流动人口提供规范的租赁服务；四是根据实有人口规模规划公共服务设施，提供更好的社区公共服务。50 个重点村的拆迁改造，为城市留下更大更好的发展空间，16.9 平方公里的平衡建设资金用地，有的提供了城市保障性住房的用地，有的形成了周边大学的发展空间，有的保障了高端产业的发展，还有 13 平方公里用于绿化，城市的发展更加协调。

城乡结合部地区的突变式发展路径，往往萌发于某一特殊的重要契机。思想开明又愿意快速推进城市化的地方党委、政府领导，对城乡结合部地区科学发展抱有强烈责任感的党委、政府职能部门，坚持把城郊农民和流动人口利益摆在第一位的发展理念……共同促生了突变式发展路径。但是我们也要看到，突变式发展路径的具体内容是不同的，深圳市城乡结合部社区的突变，主要来源于全市的全面城市化政策，实现了从原有的农村管理体制向城市管理体制的全面转型与变化，但城市规划建设方面的变化并不多，主要是将原有的农村地区全部变成城市地区，由城市政府负责服务管理，对城市建筑特别是农民原有的宅基地及其他建筑物的变动不大。北京市对 50 个重点村的建设改造，更加彻底一些，不仅实现了管理体制改革、土地管理、农民转居、拆迁上楼，而且考虑到旧村的整体拆迁、新社区建设、绿地建设、农民集体经济组织的产业用地、周边大学的发展空间和城市保障性住房建设用地等多方面需求，还考虑到流动人口及其子女的相关权益，提供了一些服务措施，但实施过程中也遇到了不少困难。实事求是地评价，无论是深圳市推进的整体城市化，还是北京市 50 个重点村的建设改造，由于短时间内发展的速度比较快，需要统筹研究解决的问题比较多，需要支付的经济成本高，对地方政府推进政策水平和融资能力等方面的要求比较高。突变式发展路径总体上对本地农民利益的考虑较为周全，对流动人口的利益虽有一定的考虑，但对流动人口的权利、利益特别是包容性发展考虑得还不多。

三　渐变式发展路径

渐变式发展路径是城市化进程中大中小城市城乡结合部最常见的发展路径，基本上缺乏明显的外界直接干预，一般都是随着城市化的推进而自然而然地从农村地区逐渐发展变化为城市地区，这一过程往往需要几十年的时间，这是渐变式发展路径与自主式发展路径和突变式发展路径最大的区别。渐变式发展路径的一般进程是，在城乡结合部的乡镇地域范围内，先是有零星的一些农村土地由于城市发展的需要被征用，成为工业用地、服务用地、建设用地等，乡镇地域内非农业人口数量日益增多。随着乡镇地域范围内居民数量的日益增多，原有的农村管理体制无法为乡镇地域内的城市居民提供有效的服务管理，因而在乡镇地域内开始建立按照城市管理要求的社区，并成立相应的社区服务管理机构，一开始由所在乡镇进行指导管理。随着城市规模的不断扩张，城市对土地的需求不断扩大，乡镇地域内越来越多的土地被城市政府征用，出现连片的城市居民区、商贸区、工业区等，乡镇地域内的城市居民数量越来越多，社区数量增加，原来的乡镇政府一般采取加挂地区办事处的牌子，以提供越来越多的城市服务管理。但随着辖区城市居民的不断增多，原来的乡镇政府越来越难以为越来越多的城市居民提供相应的服务管理，因此，在原来的乡镇地域范围内，开始划出一定的范围设立新的街道办事处，专门为辖区的城市居民提供相应的服务管理。因此，原有的乡镇管理的地域范围日益缩小，新设立的街道办事处的数量日益增多，直到乡镇地域内的所有土地被征用完毕，村委会逐渐被撤销，农业活动基本消失，最后乡镇政府撤销，设立街道办事处，从而实现完全的城市化。

据《北京市朝阳区志》记载，北京市朝阳区成立于 1958 年 5 月，是北京市近郊区向城区过渡的区。20 世纪 50 年代，我国国民经济第一个五年计划开始实施，其间和之后，国务院有关部门和北京市投资在朝阳区辖域农村征地，先后在八里庄、酒仙桥、垡头、双井分别建成纺织、电子、化工、机械 4 个工业区。20 世纪 60 年代，朝阳区辖域内建成汽车制造一条街。在此前后，其他门类工业纷纷在辖域建厂落户。中央（部）、市属工业企业的建成投产，带动了区属工业的兴起和发展，朝阳区迅速发展成为北京市重要工业基地。几十年来，对外交往、住宅开发、房屋建筑、市政建设此起彼伏，相继建成一系列平房居民区和楼房住宅小区。1995 年底，朝阳区共建成居民小区 44 个。2010 年，朝阳区居民小区达 336 个，建筑面积 6515 万平方米。经过 60 多年的发展，如今，朝阳区作为首都城市功能拓展区，既是国际交往的重要窗口，中国与世界经济联系的重要节点，也是对外服务业发达地区、现代体育文化中心和高新技术产业基地。1949~2010 年，朝阳区的辖区面貌发生了巨大变化。

一是城市人口逐年增加，农村农业人口大量向非农业人口转化（见表10-1）。朝阳区的城市化率从 1949 年的 51.2% 增长为 2010 年的 92.48%，62 年间朝阳区城市化率增长了 41.28 个百分点，进入城市化的后期阶段。据统计，1995 年朝阳区有外来人口 49.4 万人，到 2010 年，朝阳区流动人口增加到 194.20 万人，16 年间流动人口年均增长 24.6%，外籍人口约 18.9 万人。

表 10-1　1949~2010 年朝阳区城市人口与农村农业人口变化

单位：万人

年份	城市人口	农（村）业人口	城市人口与农村人口之比
1949	11.72	11.17	1.05：1
1958	53.38	21.29	2.50：1
1995	117.28	21.86	5.36：1
2010	175.42	14.27	12.29：1

资料来源：《北京市朝阳区志》。

　　二是农村和耕地面积不断缩小，城区面积不断扩大，农业用地向非农业用地转换。1949~1995 年，朝阳辖域的第十三区、第十区、东郊区、朝阳区先后征地 22.8 万亩，乡的建置在历次区划调整中按规模大小数量有所增减，没有因国家征地整建制撤销的情况。但处于城乡结合部的各乡管辖区域逐渐缩小，让位于后来建成的街道办事处。1949 年，第十三区只有位于朝阳门、东便门和广渠门关厢的 5 个街道办事处，到 1995 年底，朝阳区有 21 个街道办事处，管辖 95.8 平方公里的城区，靠近城乡结合部的农村各乡，也管理着在农村插花存在的一些城区。朝阳区街道、乡一级行政区共 45 个，全部区域设置呈现大区小街乡、城区与郊区管理区域交错的过渡性格局。2010 年，朝阳区设有 22 个街道办事处、1 个街道筹备处、20 个地区办事处（乡）。

　　三是经济结构从以第一产业为主向第二、第三产业发展转换。1973~1995 年，朝阳区农村撤销生产队 91 个，6.7 万农民转成居民，其中 4 万多农民转工就业。1995 年，朝阳区国内生产总值 43 亿元，其中第三产业产值所占比重为 51.6%，第二产业产值所占比重为 39.3%，第一产业产值所占比重仅为 9.1%。2010 年，朝阳区三次产业结构为 0.05：11.18：88.77，经济结构呈现以第三产业为龙头带动发展、结构不断优化的良好局面。

　　四是道路总里程从 1995 年的 984 公里增加到 2317.5 公里，路网密度达到每平方公里 3.80 公里，地铁线路从 1 条增加到 10 条，城市绿化覆盖率从

1995 年的 32.7%提高到 2010 年的 46.4%，人均公共绿地面积从 1995 年的 6.26 平方米提高到 2010 年的 25.74 平方米。朝阳区相继建成数学化综合管理中心 21 个，实现了城市的科学动态化管理。

据《东升乡志》记载，处于北京城北侧、海淀区东部的东升乡，辖域面积为 54.6 平方公里，地形南北狭长。1949 年 5 月，北京市都市计划委员会讨论北京市城市规划与建设方案时，一致同意西北郊为文教区（大体为清河以南的今海淀区东部，东升乡域南部），此后，东升乡域内开始大规模建设高等学校和科研机构。1953 年，在北京市第一个城市规划草案中，正式将西北郊定为文教区。1952 年 9 月，北京高等学校的院系调整基本结束，燕京大学被撤销，调整后的北京大学迁入原燕京大学校址，北京师范大学、中央民族学院等学校在西郊兴建新校舍，同时，北京矿业学院、石油学院、航空学院、钢铁学院、林学院、地质学院、语言学院、医学院等一大批院校在东升乡域内建校。1953 年 9 月起，北京钢铁学院、北京石油学院、北京航空学院、北京矿业学院、北京地质学院等陆续迁入新址上课。同时，在中关村地区一批科研机构的部分基建工程竣工，10 月起，中国科学院地理所、物理所等陆续迁入。到 20 世纪 50 年代末，在东升乡域内形成"八大学院区"，科研机构众多，成为教育、科研事业高度密集区。

1956 年 3 月，东升乡域内的一镇、一街、10 个乡分别进行了合并，其中朱房乡并入清河镇，原来前八家乡、四道口乡、五道口乡、塔院乡合并为五道口乡；保福寺乡、大钟寺乡及北下关街合并为大钟寺乡；马甸乡、索家坟乡、北太平庄级合并为索家坟乡。1957 年，清河镇与东小口乡（原属昌平县）合并。1958 年 8 月，由大钟寺乡、五道口乡、北太平庄街道及其农业生产合作社合并成立东升人民公社，下设 4 个工作站，即五道口、大钟寺、北太平庄和前八家；清河镇及其农业生产合作社与当地清河毛纺厂等大企业合组清河人民公社，下设 9 个工作站，即朱房村、清河、后屯村南、马坊村、中滩村、太平村、单家村、东小口村及居民站，工作站后改为生产大队。1963 年，海淀区基层行政区域和机构建制进行重大调整。清河街道机构从清河公社分出，定名为清河镇街道（1979 年更名为清河街道）。1963

年，北太平庄等街道从东升公社分出，分为北太平庄、北下关和五道口（其中五道口街道 1968 年改称东升路街道，1991 年再度更名为学院路街道）3 个街道，清河公社和东升公社分别设立乡人民委员会，办理本乡农民的政府服务工作。1976 年，东升公社对生产大队进行调整，改设 4 个生产大队：太平庄、大钟寺、塔院和八家。1978 年前，东升乡域内共有 14 个生产大队，后逐步合并为 7 个。1981 年 12 月，成立中关村街道办事处，双榆树地区从北下关街道分出，成立双榆树街道（2006 年并入中关村街道）。1983年底，海淀区开始进行政社分开、建立乡政权的工作。1984 年，取消东升人民公社的体制，恢复乡的建制，下辖清河、小营、马坊、太平庄、大钟寺、塔院、八家 7 个行政村。1984 年原 7 个生产大队的地域成立了 7 个村民委员会，分别是大钟寺、太平庄、塔院、八家、清河、小营和马坊村委会，其中大钟寺村和太平庄村于 2001 年撤村并完成全面城市化，塔院村的村民自治职能逐步淡化，八家村拆迁基本完成仅剩 108 名村民未转居但城市化也基本完成，八家村、清河村、小营村、马坊村村域内已经没有农业用地，只剩余少数村民未转居。1984 年 11 月，东升人民公社管理委员会改建为北京市东升农工商总公司。

2000 年 3 月，在东升乡域中部建立花园路街道，其辖区由北太平庄街道和学院路两街道分出，在乡域北部的西三旗地区从清河街道办事处分出，建立西三旗街道。这样，在原东升乡域范围内设有北太平庄、北下关、中关村、双榆树（2006 年并入中关村街道）、学院路、清河、西三旗、花园路等 8 个街道办事处，街乡交错，形成了现在的格局。2001 年 12月，成立东升地区办事处，与东升乡实行两块牌子、一套人马，下设 3 个居民委员会，即马坊、前屯（1969 年成立）和八家（1963 年成立，一度属学院路街道，2003 年划归东升地区办事处）社区居委会，5 个行政村，即小营、马坊、清河、八家、塔院。2003 年 11 月，成立东升地区社区服务中心。2005 年 7 月，东升地区办事处与比邻的 6 个街道办事处进行现场勘界，明确了东升地区办事处界线走向，辖区面积调整为 8.28 平方公里。2005 年 7 月 15 日，马坊居委会正式将宝盛北里西区纳入管理范围。2006

年，东升乡完成征占地农转非 281 人，在全乡范围内拆除违法建设面积总计 201080 平方米。河北村列入北京市 2007 年城中村整治计划，节省自拆费用约 1.5 亿元。

可以看出，渐变式发展路径与城市化进程存在内在的一致性，主要受所在城市的城市化需要等因素的影响。渐变式发展路径推进的速度比较和缓，城市化的速度不算快，是目前我国各大中小城市城乡结合部地区城市化的常见形态。从目前看，渐变式发展路径根据城市发展的需要逐步推进自身的城市化改造工作，比较符合城市化的实际，有利于解决自主式发展路径中由规划不足等造成的失序问题，也可以避免突变式发展路径导致的急剧变迁或大量的资金需求，其缺点是城市化推进速度较慢，城市规划的整体性和前瞻性不足，容易各自为政，不同时期的拆迁安置补偿政策不一，容易导致利益矛盾的积聚，也存在一定的风险。

综上所述，自主式发展路径、突变式发展路径和渐变式发展路径是目前城市化进程中城乡结合部地区发展的三种主要路径（见表 10-2）。三条发展路径的不同点是，自主式发展路径可以释放蕴藏在民间社会中的生产力和创造力，但规划性与协调性不足，需要整治或纠偏；突变式发展路径需要较强的政策创新能力和资源筹集能力，发展任务重，时间紧，存在一定的社会风险；渐变式发展路径需要的时间比较长，速度比较慢，对城市发展的整体规划不足，政策变化比较大。共同点是对流动人口的利益考虑均存在不足，总体上缺乏包容性的视角。

表 10-2　城市城乡结合部社区发展的三种路径

类目	自主式发展路径	突变式发展路径	渐变式发展路径
产生阶段	主要出现在城市化早期	主要出现在城市化中期	城市化各个时期
推动主体	流动人口、村委会、农村集体经济组织等	城市政府等	城市政府等
推进速度	比较快	快	比较慢
发展特点	注重经济发展，形成特色经营模式	注重城郊农民市民化、城市面貌、管理体制改革	注重土地征用、城郊农民市民化和管理体制改革

类目	自主式发展路径	突变式发展路径	渐变式发展路径
缺点	发展具有自主性和盲目性,发展的规划性、整体性和协调性不足,需要加以调整或纠偏	对政策设计的要求高,对资金的需求量大,对流动人口有一定关注,有较高风险	速度比较慢,城市规划的整体性不足,拆迁安置补偿政策变化较大,对流动人口关注较少,潜藏一定的社会风险

资料来源：课题组根据资料整理。

第二节　超大城市城乡结合部社区包容性发展面临的主要问题

超大城市城乡结合部社区包容性发展,既与基层街道社区的服务能力与服务供给存在直接的关系,同时又受国家经济社会发展、全面深化改革、城市化阶段和收入分配制度等各方面宏观政策制度的深刻影响。当前,城乡二元的户籍制度、城乡不同的土地管理制度、农民工（流动人口）和城郊农民巨额的市民化成本等是制约超大城市城乡结合部社区包容性发展的主要问题。这些问题,显然不是基层街道社区能够解决处理的问题,所以需要站在国家（政府）宏观层面加以审视、反思和改革。

一　城乡二元的户籍制度如何改革,城市基本公共服务如何实现全覆盖

城市公共服务的供给既与城市的经济社会发展水平有关,也与城市中人口是否享有平等的权利有关。当前,城乡二元户籍制度的改革已经被提上国家的议事日程,但户籍制度究竟应该如何改革? 城市的基本公共服务究竟如何有效地实现全覆盖,让城市人口能够平等地享受城市的公共服务? 以下因素是必须综合考虑的。

第一,城乡二元的户籍管理制度是制约城市化和城市包容性发展的主要

制度，其他很多政策如就业、政治权利、社会保障、公共服务等都依附在户籍制度上。本研究的结果已经证明，农民工（流动人口）在经济发展、政治发展、文化发展、社会发展及公共服务等维度的得分普遍低于本地户籍居民，其中主要的原因就在于城乡二元的户籍管理制度，制约和限制了农民工（流动人口）参与迁入地的政治生活、文化生活、社会生活，造成农民工（流动人口）在劳动力市场上的弱势地位，影响农民工（流动人口）城市融入和享受基本公共服务的广度深度，造成城市社区发展的不包容或欠包容。因此，国家关于户籍管理制度改革的政策设计与导向必然对超大城市城乡结合部社区的包容性发展产生影响。

第二，超大城市在经济建设、交通网络、发展机会、信息交流、文化教育、公共服务、就业空间等方面处于优势地位，对周边城市及广大农村地区的人口具有很强的吸引力，有十分明显的"虹吸效应"，而且超大城市已经出现人口拥挤、房价高企、交通拥堵、空气污染等"城市病"，超大城市的人口资源环境已经处于紧平衡状态，环境资源的人口承载力负担已经处于比较重的状态，人口规模调控是目前超大城市的主要政策取向。因此，超大城市的人口规模调控必然对其户籍制度改革走向产生影响，这给超大城市城乡结合部社区的包容性发展带来了更多需要考量的因素。

第三，超大城市城乡结合部城市功能定位对人口的制约因素。每一个城市都有自己的城市总体规划，城市总体规划一般跨度为15~20年，不同时期编制的城市总体规划既有一定的继承性，又有一定的创新和突破。比如，北京市在1958年的城市总体规划中就提出了建设绿化隔离带的设想，后来在1982年、2005年和2017年的城市总体规划中这一思想不断得到强化，城乡结合部地区就是绿化隔离带建设的主要地区，《北京城市总体规划（2016年—2035年）》进一步细化了绿化隔离带建设的要求。这就决定了北京市城乡结合部地区不可能像城市中心区那样无限制地开发建设，原则上城乡结合部地区的人口密度应该低于城市中心区，这是一个必须考虑的因素。深圳市宝安区和龙岗区的人口数量分布并不均衡，相对而言，宝安区人口总量已经超过600万人，人口密度偏高，人口资源环境的压力很大，其面临着人口倒挂问题，辖区内的流动人口数量已经远远超过本地的户籍人口数量，面对巨量的流动人口，户籍制度该如何改革。因此，要统筹考虑深圳市对宝安区的城市功能定位及人口发展趋势，统筹推进深圳市宝安区的户籍制度改革。

二 城乡土地管理制度如何改革，如何有效地保护农民的土地权益

改革开放以来，"我国形成了以农村土地集体所有、家庭承包经营、稳定土地承包关系为主的农村土地制度，农民获得了从土地所有权中相对分离出来的承包经营权，而城市则逐步形成了城市国有土地有偿使用的制度，并形成了土地使用管理的法律政策体系，在 2001 年对经营性土地实行招拍挂政策"[①]。城市化是城市规模不断向外扩张的过程，它不仅是土地的城市化，也是人的城市化。在这个过程中，实际上面临着两类农村土地管理和转换的问题。一方面是大中小城市周边城乡结合部地区的农村（业）土地被城市政府征用而不断转变为城市国有土地的过程；另一方面是进入大中小城市的农民工（流动人口）在迁出地的土地权益如何转化并变成农民工（流动人口）融入城市的前期成本。因此，我们对城乡结合部地区及农村土地的土地管理制度进行了一定的分析，以梳理当前城市化进程中因不合理的土地管理制度而导致的利益错位问题。

第一，城乡结合部地区农业土地管理过程中城郊农民参与性不足。"在社会主义公有制条件下，农村和城乡结合部地区实行农村土地集体所有制，农村村级集体成员对承包土地拥有农地农用前提下的使用、收益和转让权。当农村土地需转变为城市土地时，按现有法律规定，只能由市区（县）政府实行土地征收与转让，用地单位（地方政府、企业、单位等）在获得土地使用权后，拥有规划控制下的土地经营权、收益权与转让权。农村集体土地一般以村社为边界，在没有农村地价体系的条件下，农地之间的流转主要

---

① 郭晓鸣、张克俊等：《城乡经济社会一体化新格局战略研究》，科学出版社，2013，第 159～160 页。

由亲属、邻里和熟识人之间从事非正规交易。在农村土地被征用为非农业用地时，农民除了得到以农业用途的倍数补偿后，与土地发展权益和未来土地增值收益无关。地方政府在土地用途转换时，通过土地转让获得一次性出让的收入，但是，土地在转让到用地者手上以后，土地在未来城镇化进程中的增值收益，主要归土地占有者所有，地方政府通过相关交易税获得部分收益。为了落实耕地保护目标和经济发展目标，国家对土地管理实施用途管制和规划管制，即通过看见控制耕地保护和建设用地总量，规定农地转为非农建设用地量，实施土地用途管制，用途管理目标主要通过年度计划指标和审批管理来落实。"① 我们看到，在城乡结合部的土地管理中，农村集体经济组织对土地性质转换的话语权普遍是不多的，对于城市政府对所属集体土地的规划和征用，更多的是执行，而作为农村集体经济组织成员的城郊农民，在土地管理及土地转让中，参与更是十分有限的，主要是接受和服从城市政府的决策结果。城市政府掌握了城乡结合部农村土地的征收权和转让权，所以城乡结合部土地的收益主要由用地单位和地方政府获得，城郊农民在农村土地征收和转让中能够获得的土地权益相对有限。据专家估算，"经济发达地区的土地征收、土地出让和市场交易三者的价格比大约为 1∶10∶50"②，农民在土地征用中获益明显偏低。这进一步制约了城郊农民市民化过程中其他权益的获得，因此，我们常常看到，城郊农民往往通过违法建设出租房屋等"自主城市化"的方式来抵抗政府主导的城市化，从而常常导致政府主导的城市化与城郊农民"自主城市化"之间的剧烈矛盾。

第二，城乡结合部的农业土地征用缺乏整体性导致城郊农民土地权益难以保障。农村不同类型土地（承包地、宅基地、集体建设用地）进入土地市场的规则和程度差异极大，不同类型用地（公共目的用地、工业用地、

---

① 国务院发展研究中心课题组：《中国新型城镇化：道路、模式和政策》，中国发展出版社，2014，第114~116页。

② 丁珍、王业伟：《城乡统一土地市场制度构建探讨》，《现代商贸工业》2019年第15期；转引自郭晓鸣、张克俊等《城乡经济社会一体化新格局战略研究》，科学出版社，2013，第161页。

经营性用地）的出让方式、年限、权利内容与利益分配差别很大。这一问题在城乡结合部地区表现得尤为明显。一方面，土地使用者或城市政府往往倾向先征收那些没有建筑物，只需要支付少量占地补偿，且交通便利的承包地，然后是交通不那么便利的承包地，这些土地征用的占地补偿主要是农业用途的补偿，征地成本相对不高，不存在安置村民等负担或负担相对较轻。最后，城乡结合部地区村庄的农村承包地基本被征用完毕，最后留下了村民居住的宅基地和集体建设用地，面临着拆迁成本高、村民安置难等问题。另一方面，工业征地、商业征地、建设征地、公用设施征地、绿化征地、服务征地等不同性质的征地补偿标准又不一样，工业征地、商业征地、建设征地等征地补偿费用高，而公用设施、绿化、服务等公益性征地补偿费用低，导致城乡结合部地区不同土地的征用由于征地补偿费用不一又产生利益分配的矛盾。由于城市征地的阶段性和碎片化，缺乏整体规划和统筹管理，城郊农民在被动城市化的过程中权益往往得不到有效的保障，城郊农民利益受损的现象时常发生，影响了城郊农民的城市融入，制约了社区包容性发展。

第三，进入城市的农民工（流动人口）原有的土地权益难以转化。目前我国实行城乡有别的社会保障制度，对农民实行的是"以无偿获得宅基地使用权和土地承包经营权的实物式生存"[①] 的保障制度。在工业化和城市化的大力推动下，大量的农业人口从广大农村向大中小城市转移，形成了庞大的农民工（流动人口）群体，"他们对土地的依赖大大减少，土地为他们提供的生存保障功能实际上难以实现"[②]。而"农民最大的财产权是依附于土地之上的宅基地使用权和土地承包经营权，转移到城市的这部分农民如果宅基地不能处置、农地不能流转而闲置，其财产权属性难以体现，经济利益难以获取，农民进入城市的生活无法保障，而且会造成土地资源的浪费"[③]。

① 郭晓鸣、张克俊等：《城乡经济社会一体化新格局战略研究》，科学出版社，2013，第163页。
② 谢商华：《统筹城乡视野下的农村土地管理制度重构的思考》，《四川省社会主义学院学报》2010年第2期。
③ 郭晓鸣、张克俊等：《城乡经济社会一体化新格局战略研究》，科学出版社，2013，第163~164页。

这样，农民工（流动人口）在进入城市并转变为城市市民的过程中，缺乏由原宅基地使用权和土地承包经营权等转化而来的经济利益和合法权益，导致农民工（流动人口）难以负担城市融入的巨大成本，制约了农民工（流动人口）的城市融入，影响了社区包容性发展。

三 农民工（流动人口）市民化的巨额成本如何分担

农民工（流动人口）变成真正的城市市民，绝不仅仅是居住形态由过去的分散到集中的变化，也不仅仅是从农业到非农产业的转换，更重要的是，农民工（流动人口）变成真正的城市市民，意味着农民工（流动人口）在城市中有稳定的就业和收入，有稳定的住所，有基本的社会保障，能够平等地享受与城市居民一样的基本公共服务，这些都是需要付出成本的。学术界对此有许多估算。许光根据浙江省的一项调查结果指出，"2009～2011年浙江省新生代农民工的城市融入私人总成本由12.3万元上涨到33.2万元，涨幅高达169.91%，其中居住成本占融入总成本的80.17%，成为制约新生代农民工在城市定居的最主要因素……高昂的城市融入成本极大制约了新生代农民工的融入诉求，许多新生代农民工在习得一技之长以后开始回流"①。国务院发展研究中心课题组的测算结果认为，"2013～2020年农民工市民化静态总成本为9676.81亿元。其中2012～2020年各年成本分别为538.77亿元、710.12亿元、891.07亿元、1082.06亿元、1283.55亿元、1495.96亿元、1719.78亿元和1955.5亿元；2012～2020年养老保险成本、低保成本、随迁子女教育成本各为2174.7亿元、422.18亿元和7079.93亿元……2013～2020年农民工市民化动态总成本为2.07万亿元。其中2013～2020年各年成本分别为602.33亿元、910.34亿元、1320.89亿元、1851.83亿元、2526.94亿元、3374.82亿元、4427.19亿元和5721.96亿元；2013～2020年养老保险成本、低保成本和随迁子女教育成本各为7295.25亿元、733.54

---

① 许光：《新生代农民工失范性融入的路径审视与政策创新——以包容性视角下浙江的社会实践为例》，《中共南京市委党校学报》2014年第2期。

亿元和 1.27 万亿元"①，成本总量不小。这样的城市融入成本测算，并不是农民工（流动人口）城市融入的真实成本，但对我们研究和思考超大城市城乡结合部社区包容性发展有重要的参考价值。

尽管无法准确地进行估算，但根据北京市和深圳市明显高于其他城市的房价和生活成本等进行分析，可以基本得出结论，在北京市和深圳市这样的超大城市，农民工（流动人口）城市融入的成本肯定远高于 2011 年浙江省新生代农民工的城市融入成本，也远高于全国农民工市民化的平均成本，而且未来的成本只会越来越高。这就必然带来一个问题，在北京市和深圳市这样的超大城市，其城乡结合部地区的农民工（流动人口）市民化的成本如果仅仅由农民工（流动人口）自身来承担，显然农民工（流动人口）的市民化进程必会大大放慢，就难以缓解目前我国存在的土地城市化速度远快于人口城市化速度所带来的内在矛盾。同样的道理，基层的街道（乡镇）和社区（村）特别是在深圳市宝安区 XX 街道这样人口结构严重倒挂（流动人口数量是本地户籍人口数量的 6.43 倍）的基层街道社区，既没有能力也没有意愿动力来分担这样巨大的农民工（流动人口）城市融入的成本，只能维持现状。这需要更高级别的市政府、省政府甚至中央政府提供更加科学合理的制度安排和政策措施来统筹推进人口城市化。

第三节　推进超大城市城乡结合部社区
包容性发展的政策创新

综合各地实践、学术界的研究及本课题的发现，我们认为，推进超大城市城乡结合部社区包容性发展，需要借鉴我国城乡结合部社区不同发展路径的经验教训，着眼于解决好制约超大城市城乡结合部社区包容性发展的各种问题与因素，站在推进新型城镇化的高度，认真落实《中共中央关于全面

---

① 国务院发展研究中心课题组：《中国新型城镇化：道路、模式和政策》，中国发展出版社，2014，第 227~228 页。

深化改革若干重大问题的决定》《中共中央关于全面推进依法治国若干重大问题的决定》《国家新型城镇化规划（2014—2020 年）》，以及民政部《关于促进农民工融入城市社区的意见》、国家发展改革委《关于培育发展现代化都市圈的指导意见》和党的二十大报告等文件精神，从国家宏观层面、城市政府中观层面和街道社区微观层面综合施策，实现政策集成，细化落实，共同发力，共同推动我国城市化从土地城市化转向土地城市化与人口城市化并进，使改革发展的成果和基本公共服务为越来越多的城乡居民平等分享，探索走出一条人口规模巨大、全体人民共同富裕的中国式现代化道路，推动超大城市城乡结合部社区的包容性发展步入正轨。

一 国家宏观层面的政策创新

超大城市城乡结合部社区包容性发展是国家新型城镇化战略和中国式现代化的重要内容，需要国家层面的政策支持。具体来说，国家应该从推进户籍制度改革、完善国家社会保障制度整体设计、改革城乡土地管理制度、构建全国统一的公共服务政策体系、制定城市包容性发展监测指标和标准等宏观层面指导推进。

（一）分类分步骤推进户籍制度改革

现行城乡二元的户籍管理制度已经成为推进新型城镇化战略和超大城市城乡结合部社区包容性发展的主要障碍。中共中央、国务院印发的《国家新型城镇化规划（2014—2020 年）》就明确指出，"大量农业转移人口难以融入城市社会，市民化进程滞后"[1]。对此，党中央已经提出了较为明确的户籍改革思路。2013 年通过的《中共中央关于全面深化改革若干重大问题的决定》明确提出，要"推进农业转移人口市民化，逐步把符合条件的农业转移人口转为城镇居民。创新人口管理，加快户籍制度改革，全面放开建制镇和小城市落户限制，有序放开中等城市落户限制，合理确定大城市落

---

① 中共中央、国务院：《国家新型城镇化规划（2014—2020 年）》，2014 年 3 月。

户条件，严格控制特大城市人口规模"①。《国家新型城镇化规划（2014—2020 年）》提出，"推进符合条件农业转移人口落户城镇。逐步使符合条件的农业转移人口落户城镇，不仅要放开小城镇落户限制，也要放宽大中城市落户条件……在加快改革户籍制度的同时，创新和完善人口服务和管理制度，逐步消除城乡区域间户籍壁垒，还原户籍的人口登记管理功能，促进人口有序流动、合理分布和社会融合……建立居住证制度。全面推行流动人口居住证制度"②。国家发展改革委在《关于培育发展现代化都市圈的指导意见》中明确提出，要"放开放宽除个别超大城市外的城市落户限制，在具备条件的都市圈率先实现户籍准入年限同城化累积互认，加快消除城乡区域间户籍壁垒，统筹推进本地人口和外来人口市民化"③。党的二十大报告明确提出，"推进以人为核心的新型城镇化，加快农业转移人口市民化"④。我们看到，国家加快户籍制度改革、推进农业转移人口市民化的思路是十分清晰的，改革路径也十分明确，但目前依然坚持严格限制特大城市人口规模的思路。目前，我国户籍制度改革的推进速度偏慢，新型城镇化规划难以全面落实，这就需要我们进一步细化户籍制度改革和推进农业转移人口的具体安排。

一是分步骤分类推进城市存量农民工（流动人口）有序落户。除超大城市以外的特大城市、大中小城市和城镇都要加快推进农业转移人口有序落户，明确将推进本地人口和外来人口市民化作为未来 10 年各城镇、大中小城市、特大城市政府的一项重要职责。根据辖区本地农村人口规模和农民工（流动人口）数量规模，分步完成辖区本地人口和外来人口市民化任务，有序推动农业转移人口市民化。将本地人口和外来人口市民化任务完成情况纳入各大中小城市政府政绩年度考核内容，强力推进新型城镇化规划落实到

---

① 《中共中央关于全面深化改革若干重大问题的决定》，2013 年 11 月。
② 中共中央、国务院：《国家新型城镇化规划（2014—2020 年）》，2014 年 3 月。
③ 国家发展改革委：《关于培育发展现代化都市圈的指导意见》（发展规划〔2019〕第 328 号），2019 年 2 月。
④ 《习近平：高举中国特色社会主义伟大旗帜　为全面建设社会主义现代化国家而团结奋斗——在中国共产党第二十次全国代表大会上的报告》，新华社，2022 年 10 月 25 日。

位，确保在基本建成社会主义现代化国家前全部完成本地人口和外来人口市民化任务。基本建成社会主义现代化国家后，实施各大中小城市新增流动人口在稳定就业城市无条件落户政策，形成城乡一体的居民户籍管理制度。

二是加快超大城市流动人口积分落户政策实施的步伐。考虑超大城市面临的"城市病"，目前的户籍制度改革依然坚持了超大城市落户比较多的限制政策。目前，北京市、上海市、深圳市、广州市等超大城市都已经实施流动人口积分落户的政策，为流动人口融入所在城市生活开辟了一条绿色通道。但必须看到，无论是北京市、上海市，还是广州市和深圳市，每年积分落户数量限制依然十分严格，每年能够通过积分落户的人数极为有限，有很多符合落户条件的流动人口不得不年复一年地排队等候，难以享受到与城市人口同样的公共服务。建议超大城市加快实施流动人口积分落户政策的步伐，分步实施，最终在 2049 年建成社会主义现代化国家前完成本地人口和外来人口市民化的目标。各超大城市按照本市流动人口数量的总量和完成时限，合理确定本市外来人口市民化的速度，明确增加年度积分落户指标，有序推动符合落户条件的流动人口在超大城市落户。

（二）完善适应新时代的土地管理制度

与世界其他国家相比，我国的土地制度与众不同，政府主导下的城市化存在"城镇蔓延及'要地不装人'、用地结构不合理、城市化成本抬升"①等问题，阻碍了城郊农民与农民工（流动人口）的城市融入，扩大了城市社区发展的不包容性。因此，必须对我国现有的城乡土地管理制度进行改革，建立城乡统一的建设用地市场，保障农民公平分享土地增值收益。2013年 11 月通过的《中共中央关于全面深化改革若干重大问题的决定》明确提出，要"建立城乡统一的建设用地市场。在符合规划和用途管制前提下，允许农村集体经营性建设用地出让、租赁、入股，实行与国有土地同等入市、同权同价。缩小征地范围，规范征地程序，完善对被征地农民合理、规

---

① 国务院发展研究中心课题组：《中国新型城镇化：道路、模式和政策》，中国发展出版社，2014，第 117~119 页。

范、多元保障机制。扩大国有土地有偿使用范围，减少非公益性用地划拨。建立兼顾国家、集体、个人的土地增值收益分配机制，合理提高个人收益。完善土地租赁、转让、抵押二级市场……保障农户宅基地用益物权，改革完善农村宅基地制度，选择若干试点，慎重稳妥推进农民住房财产权抵押、担保、转让，探索农民增加财产性收入渠道。建立农村产权流转交易市场，推动农村产权流转交易公开、公正、规范运行"①，指明了我国土地制度改革的方向。《国家新型城镇化规划（2014—2020年）》进一步提出，要"建立城乡统一的建设用地市场，保障农民公平分享土地增值收益……在坚持和完善最严格的耕地保护制度前提下，赋予农民对承包地占有、使用、收益、流转及承包经营权抵押、担保权能……建立农村产权流转交易市场，推动农村产权流转交易公开、公正、规范运行……深化征地制度改革。缩小征地范围，规范征地程序，完善对被征地农民合理、规范、多元保障机制。建立兼顾国家、集体、个人的土地增值收益分配机制，合理提高个人收益，保障被征地农民长远发展生计"②。应该指出，当前国家关于土地管理制度改革的思路和方向是正确的，比较充分地考虑了城郊农民和农民工（流动人口）等多方主体的权益保障等问题。下一步，我们要在土地管理制度改革领域继续配套相关政策，推动相关土地改革措施真正得到有效落实。

一是规范城乡结合部土地的规划、征用、建设和管理，适当增加超大城市及其周边都市圈的用地指标。在全国范围内统筹研究各地经济社会发展和环境资源承载能力等，以编制和实施"城市总体规划"等为手段，科学确定各城市特别是超大城市及其周边都市圈的建设用地规模、人口承载量和规划红线，合理确定城乡结合部地区的城市功能、建设强度、人口容量、人口密度和公共设施等指标，"允许农村集体经营性建设用地出让、租赁、入股，实行与国有土地同等入市、同权同价"③，允许城乡结合部农村集体建设用地进入市场，统筹农民工（流动人口）在迁出地与迁入地的土地使用

① 《中共中央关于全面深化改革若干重大问题的决定》，2013年11月。
② 中共中央、国务院：《国家新型城镇化规划（2014—2020年）》，2014年3月。
③ 中共中央、国务院：《国家新型城镇化规划（2014—2020年）》，2014年3月。

指标，适当增加农民工（流动人口）迁入地的土地使用指标，健全新增建设用地指标上市流转机制，让农民工（流动人口）迁出地合理地分享经济社会发展成果，严格界定公共利益的范围，建立公共利益征地补偿机制，"改原用途补偿为公平补偿"①，规范土地征用程序，加强对土地征用的监督，提高农地征用补偿标准，提高土地利用效率，为城乡结合部的规划、建设、服务、管理、更新等提供明确具体的指导，保障好城乡结合部地区农村居民的各项合法权益，规范城乡结合部的规划、建设、开发、服务、管理等各项行为，严厉禁止并严肃查处任何单位和个人违反城市总体规划和详细性控制规划的行为，防止城乡结合部地区出现新的无序发展。

二是全面落实农民工（流动人口）的土地权益。以落实农民工（流动人口）在迁出地的土地权益为突破口，稳步推进"保障农户宅基地用益物权，改革完善农村宅基地制度，在试点基础上慎重稳妥推进农民住房财产权抵押、担保、转让"②等政策落地，"探索转移人口市民化与宅基地退出机制试点，实现农民宅基地用益物权与城乡用地优化双赢"③，推动农民工（流动人口）在迁出地的宅基地使用权、承包土地经营权、集体经营土地分红权等土地权益的合法转让，帮助农民工（流动人口）解决在迁入地城市融入的资金需求。

（三）构建全国统一的社会保障和公共服务政策体系

在全国范围内构建统一的社会保障和公共服务政策体系，推动社会保障在全国范围的互联互认互转，是推进农民工（流动人口）城市融入和社区包容性发展的重要政策保障。2013 年 11 月，中共中央在《关于全面深化改革若干重大问题的决定》中明确提出，要"建立更加公平可持续的社会保障制度。坚持社会统筹和个人账户相结合的基本养老保险制度，完善个人账

---

① 国务院发展研究中心课题组：《中国新型城镇化：道路、模式和政策》，中国发展出版社，2014，第 125 页。

② 中共中央、国务院：《国家新型城镇化规划（2014—2020 年）》，2014 年 3 月。

③ 国务院发展研究中心课题组：《中国新型城镇化：道路、模式和政策》，中国发展出版社，2014，第 124~125 页。

户制度，健全多缴多得激励机制，确保参保人权益，实现基础养老金全国统筹，坚持精算平衡原则……整合城乡居民基本养老保险制度、基本医疗保险制度。推进城乡最低生活保障制度统筹发展。建立健全合理兼顾各类人员的社会保障待遇确定和正常调整机制"①。2014 年 10 月，中共中央在《关于全面推进依法治国若干重大问题的决定》中进一步提出，"依法加强和规范公共服务，完善教育、就业、收入分配、社会保障、医疗卫生、食品安全、扶贫、慈善、社会救助和妇女儿童、老年人、残疾人合法权益保护等方面的法律法规"②，注意从完善法律规范的角度加强和规范公共服务的供给。《国家新型城镇化规划（2014—2020 年）》明确提出，推进新型城镇化要坚持以人为本，公平共享的原则，要"以人的城镇化为核心，合理引导人口流动，有序推进农业转移人口市民化，稳步推进城镇基本公共服务常住人口全覆盖，不断提高人口素质，促进人的全面发展和社会公平正义，使全体居民共享现代化建设成果"③。2019 年国家发展改革委在《关于培育发展现代化都市圈的指导意见》中明确提出，要"促进优质公共服务资源共享……加快社会保障接轨衔接"④。从中央关于社会保障和公共服务的政策设计看，以人为本、公平共享已经成为共识，在实际工作中怎样将这一系列政策理念加以操作化，是下一步应该大力推进的任务。

一是切实加大对社会保障和公共服务的财政投入。根据当前中国城市化的实际进展和未来中国城镇化规划目标，全面查找我国社会保障和公共服务的不足和短板，在各级财政预算中逐年增加对社会保障和公共服务的投入力度。总体而言，我国社会保障和公共服务水平偏低，覆盖面不足，财政投入不足，下一步要充分发挥好各级政府、企事业单位、社会组织和劳动力等多方主体的积极作用，进一步完善医疗保险、养老保险、失业保险、工伤保

---

① 《中共中央关于全面深化改革若干重大问题的决定》，2013 年 11 月。
② 《中共中央关于全面推进依法治国若干重大问题的决定》，2014 年 10 月。
③ 中共中央、国务院：《国家新型城镇化规划（2014—2020 年）》，2014 年 3 月。
④ 国家发展改革委：《关于培育发展现代化都市圈的指导意见》（发展规划〔2019〕第 328 号），2019 年 2 月。

险、生育保险、最低生活保障、住房保障、社会救助等社会保障和文化、体育、教育、医疗卫生、就业等公共服务的整体政策设计，逐年提升社会保障和公共服务支出在 GDP 和各级财政支出中的比重，共同分担城郊农民和农民工（流动人口）市民化的巨额成本，健全城乡一体、覆盖全面的社会保障和公共服务法律法规和政策体系，切实提升城乡所有公民的社会保障和公共服务水平。

二是完善社会保障和公共服务转移支付制度。当前的社会保障制度设计主要是通过收取企事业单位和劳动者缴纳的相关费用形成社会保障的主要资金，但这个资金的使用管理存在较多的区域性壁垒，各个城市的社会保障水平存在较大的差异。公共服务主要是区县等基层政府财政提供，存在公共服务总体投入不足、区域差异较大等问题，导致全国范围内公共服务供给水平的较大差异。建议国家、省级、地级市、区县等各级行政区逐年增加社会保障和公共服务专项资金支出项目，国家和省级行政区设立城乡居民社会保障和公共服务转移支付专项资金，弥补企事业单位和劳动力缴纳社会保障资金的不足，根据下属各行政区实有人口特别是转居农民（工）数量和财政实际状况，通过转移支付等方式拨付地方专款专用，共同分担城郊农民和农民工（流动人口）市民化的巨额成本，稳步提升各地区社会保障和公共服务水平，推动全国范围内社会保障和公共服务趋于均等化。

（四）研究制定城市包容性发展监测指标和标准

推动超大城市城乡结合部社区包容性发展，既是各超大城市政府的一项重要任务，更是全国各城市政府共同的任务，需要国家层面的指导和推进。推动城郊农民和农民工（流动人口）融入所在城市，提升各城市发展的包容性，是落实以人民为中心的发展理念，推进新时代中国特色社会主义事业的题中应有之义。因此，将推进新型城镇化和包容性发展作为考核各城市政府政绩的一项重要指标，是推动地方经济社会协调健康发展的一个重要抓手。具体说来，要做好两项工作。

一是研究制定新型城镇化包容性发展测量指标体系。坚持以人为本的发展理念，落实以人民为中心的发展思想，根据"五位一体"总体布局和包容性发展的理论，适应我国经济社会协调健康发展的需要，防范和化解各种社会风险，大力推进新型城镇化，从经济发展、政治发展、文化发展、社会发展、生态发展和公共服务等维度，科学确定若干指标，研究制定相关标准，形成新型城镇化包容性发展测量指标体系，将新型城镇化和包容性发展进展作为各级政府政绩考核的重要内容，以此指导、督促并推动各地方政府扎实推进农业转移人口融入城市，更好地实现包容性发展。

二是以省级行政区为单位，指导各城市每年开展包容性发展监测。考虑到我国大中小城市数量巨大的实际情况，按城镇、县城、地级市、副省级城市、直辖市等不同级别，根据国家层面的包容性发展测量指标体系及标准，制定更加细致更具可操作性的包容性发展测量指标体系，定期对各自辖区进行新型城镇化规划落实及包容性发展的监测，定期查找新型城镇化规划落实及包容性发展的不足，将查找的问题和不足列入下一年度政府及相关部门工作计划加以整改，全力推进新型城镇化规划及包容性发展不断取得新的成效。

二 城市政府层面的政策创新

超大城市城乡结合部社区包容性发展，既需要国家宏观层面的政策支持和指导，更需要城市政府层面的积极主动作为，站在城市前瞻发展的高度，着眼于保持和提升城市未来的竞争力，不断完善政策措施，吸引更多人才和劳动力，按城市实有人口数量不断加大对社会保障等公共服务领域的财政投入，为辖区所有居民提供平等的公共服务。

（一）扩大社会保障等公共服务覆盖面

为所有居民平等地提供社会保障（医疗保险、养老保险、失业保险、工伤保险、生育保险、最低生活保障、住房保障、社会救助等）、就业服务、义务教育、医疗卫生、文化体育等公共服务，是现代城市政府的一项重要职责。社会保障和公共服务的供给能力与覆盖水平，是评价现代城市政府服务绩效和发展包容性的一个重要指标。城市政府要将为所有居民提供更高水平的社会保障和更好的公共服务作为自己的一项重要职责，根据本市城郊农民转居及农民工（流动人口）的数量，与中央和省级社会保障专项资金相配套，逐年在财政预算中增加对社会保障、义务教育、医疗卫生、就业服务、文化体育等公共服务的投入力度，进一步提高实有人口社会保障覆盖率和实有人口人均公共服务资源拥有量，切实改变当前经济社会发展不相协调的突出问题，逐步提高公共服务领域财政投入在地区生产总值和地方财政支出中的比重，让社会保障覆盖到所有居民群体，让公共服务均等地惠及所有居民，确保社会保障和公共服务的供给保持较高的水平。

（二）构建统一的劳动力市场

就业是最大的民生，稳就业是城市政府最重要的一项职责。要根据城市发展总体规划、产业发展规划及各行各业对各类高精尖人才及劳动力资源的需求，着力构建城乡统一完善的多层级劳动力市场，通过现代物联网、大数据、人工智能、云计算、区块链等技术进一步加强对企事业单位、两新组织等各类企业单位对人才及劳动力资源最新需求的信息摸排和分析研究，指导相关院校和教育培训机构研究开发更有针对性、更加实用、适应未来就业需求的就业指导和职业教育培训体系，激发市民强烈的学习兴趣和愿望，培养城市浓厚的学习氛围，形成完善的城市终身学习教育培训体系，规划和扶持企业提供就业岗位，加强劳动就业的规范管理，完善城乡劳动就业社会保障体系，为包括城郊农民和农民工（流动人口）等在内的所有居民创业就业创造更好的政策环境，为辖区包括城郊农民和农民工（流动人口）等在内的所有居民提供更好的学习教育培训服务，强化居民就业精准帮扶，不断提升劳动力的总体素质和能力水平，让城市永远保持强烈的学习动力，在激烈的世界竞争形势面前努力保持强大的竞争力。

（三）着力补齐辖区公共服务短板

将城郊农民、农民工（流动人口）等各类城市居民纳入城市实有人口服务管理体系。《国家新型城镇化规划（2014—2020年）》明确提出，要"根据常住人口配置城镇基本医疗卫生服务资源，将农民工及其随迁家属纳入社区卫生服务体系，免费提供健康教育、妇幼保健、预防接种、传染病防控、计划生育等公共卫生服务"①。根据城市实有人口数量，对照世界上发达国家学前教育、义务教育、卫生健康、文化体育、社会保障、养老服务、社区服务、市政市容等各个公共服务领域的供给水平，查找本市、本辖区在学前教育、义务教育、卫生健康、文化体育、社会保障、养老服务、社区服务、市政服务等领域存在的短板与不足，补齐公共服务和市政管理的基础设施短板，组织动员机关企事业单位、两新组织等社会各方主体共同加大对学前教育、义务教育、卫生健康、文化体育、社会保障、社区服务、市政服务等的投资投入力度，为城市所有居民提供更优质、更全面、更科学的学前教育、义务教育、卫生健康、文化体育、社会保障、社区服务、市政市容等服务，真正实现"城市让生活更美好"的目标。

（四）改革征地政策

改革征地政策，推进农村集体建设用地市场化改革，允许农村集体建设用地平等入市，深化土地综合整治改革，建立完善的农村土地流转平台、土地交易监督制度和农村基准地价体系，允许农村住房和宅基地商品化，根据城郊农民的村龄、劳龄等贡献设立土地年金，在城市落户的城郊农民和农民工（流动人口）可以一次性申请，设立农业补贴资金，设立政府贴息贷款和土地补偿资金等，改革农村集体经济组织，健全征地补偿机制，鼓励农村集体经济改革和农民转居，从而多渠道地解决城郊农民和农民工（流动人口）城市融入的成本问题。通过农民土地合法权益的兑现，结合政府专项资金和自身资金等，共同解决城郊农民和农民工（流动人口）市民化的巨额成本问题。

三　街道社区层面的治理创新

超大城市城乡结合部社区包容性发展不仅是一种思想理念与政策措施，更是实实在在的行动与实践。在社会治理的格局中，基层街道社区处于极为重要的位置，街道社区不仅是广大市民工作生活的场所，更是共同建构的社会空间。

---

① 中共中央、国务院：《国家新型城镇化规划（2014—2020 年）》，2014 年 3 月。

（一）提升各项公共服务的覆盖率

街道（乡镇）和社区（村）处在市民服务管理的第一线，直接与辖区的居民群众产生联系。从我们了解的情况看，北京市和深圳市城乡结合部的做法有所不同，北京市城乡结合部坚持稳步推进的原则，依然处于城乡交叉的状态，但有序地推进城乡结合部社区建设，基本上按照 1000～3000 户居民的规模设立社区服务管理机构，为辖区居民提供相应的服务管理。总的特征是街道和社区的规模相对比较合理，服务管理的力量资源比较到位，便于为辖区居民群众和社会单位提供相应的服务管理。深圳市于 2004 年已经完成了宝安区和龙岗区的城市化改造，基本上还是以原有的行政村或自然村为基础，设立社区居委会和社区工作站，目前辖区内主要是本地户籍居民和农民工（流动人口），还有少量的境外人员和外籍人员，街道和社区的规模相对较大，有的社区人口总量甚至超过了 10 万人。现有的社区工作机构实际上很难与辖区的居民建立紧密的联系。因此，建议基层根据辖区实际居住人口配置服务管理资源，适当缩小现有社区的规模，适时增设新的社区，进一步优化社区的设置，落实社会治理重心下沉的要求，以网格化为载体，适当划小服务管理单元，逐步加大基层服务管理的投入，将各项公共服务延伸到辖区包括农民工（流动人口）等群体在内的所有居民。

（二）让辖区所有居民平等参与政治生活

将政治与经济分开，城郊农民或由城郊农民转制而来的新居民既是社区的一分子，又是农村集体经济组织转制而来的农村集体股份公司的股东，根据各自的贡献在农村集体股份公司享受相应的权益。户籍居民、城郊农民（或农转居民）、农民工（流动人口）等可以平等地参与所居住社区的基层政治活动和公共决策，建议社区以实有人口为基础，根据宪法、居民委员会组织法、选举法等法律法规的规定，让户籍居民、城郊农民（或农转居民）、农民工（流动人口）等平等地享有基层政治活动的参与权，做好与农民工（流动人口）迁出地的衔接，让辖区居民依法享有社区居委会换届、居民代表、业委会等选举活动的选举权和被选举权，社区党员参与党内政治活动，依法从各行各业的社区居民中推荐政协委员，平等地参与社区的各项政治活动和公共决策活动，让所有居民有机会共同为社区发展、社区建设、社区治理贡献自己的力量。

（三）提升辖区社会保障覆盖率与保障水平

对辖区居民特别是城郊农民（或农转居居民）、农民工（流动人口）、其他重点服务群体等享受社会保障各项公共服务的情况进行普查，查找辖区居民社会保障覆盖率存在的不足，协调政府部门督促相关企事业单位、两新组织依法缴纳各项社会保险。对照发达国家和其他城市公共服务资源的配比，查找辖区公共服务供给与需求之间的差距，发现辖区社会保障和公共服务基础工作与基础设施的短板，协调相关部门，优化辖区控制性详细规划，逐年补齐补足社会保障和公共服务与基础设施的不足，逐步提升社会保障和公共服务在所有居民特别是城郊农民（或农转居居民）、农民工（流动人口）中的覆盖率，提升辖区公共服务的总体供给水平。

（四）利用现代科技手段拓宽居民参与渠道

以志愿者服务站为载体，没有附加条件地吸纳辖区居民参与社区治理，不断增强包括农民工（流动人口）在内的全体居民对社区的认同感和归属感。通过企事业单位、两新组织和居民小组、网格等各种载体，利用智慧社区系统和微信群、QQ 群、App 等社交应用软件，以志愿者服务站为载体，挖掘社区居民的兴趣特长与志愿意向，以志愿服务积分为手段，积极鼓励社区居民以各种方式参与社区治理，吸纳辖区企事业单位和商业服务机构参加，为不同志愿服务积分的居民提供一定的优惠和绿色通道，定期进行志愿服务和社区参与的激励表彰，鼓励引导居民以多种方式参与社区治理，共同探讨并解决社区治理面临的问题，维护好社区的整体利益。通过一次次的社区治理行动，不断增强全体居民对社区的认同感和归属感。

超大城市城乡结合部社区
包容性发展调查问卷

您好！我们正在进行"超大城市城乡结合部社区包容性发展研究"，希望了解深圳、北京等超大城市城乡结合部社区包容性发展的具体情况及您的意见建议。您是我们按照科学方法随机抽中的访问对象，您的看法和意见对我们的研究很重要，问卷大概需要 15 分钟的时间，谢谢您的支持和配合！

填写说明：

1. 请在每一个问题后适合您自己的情况的答案序号下面打"√"，或在空白处填上适当的内容。

2. 问卷共 6 页，请不要漏填。除注明可以多选的问题外，其他问题只能选择一个答案。

"超大城市城乡结合部社区包容性发展研究"课题组

一　基本情况

1.1　您的性别是：

A. 男　　　　　B. 女

1.2　您的年龄：

A. 18 岁至 30 岁　　B. 31 岁至 45 岁　　C. 46 岁至 60 岁　　D. 61 岁及以上

1.3　您现在居住的社区名称是：

A. 劳动社区　　　B. 庄边社区　　　C. 流塘社区　　　D. 盐田社区

E. 八家社区　　　F. 前屯社区　　　G. 马坊社区　　　H. 八家村

1.4　您现在户口所在地是：

A. 深圳本地户籍　　　　　　　B. 深圳外地户籍

C. 北京本地户籍　　　　　　　D. 北京外地户籍

1.5　您现在的户口类别是：

A. 农业户口　　　　　　　　　B. 非农业户口

1.6　您家庭（以户口本登记人口为准）有几口人：

A.5 口人及以上　B.4 口人　　　C.3 口人　　　　D.2 口人

E.1 口人

1.7　您的婚姻状况是：

A. 单身　　　　B. 已婚　　　　C. 离异　　　　D. 丧偶

1.7.1　如果您已经结婚，您的爱人是否和您居住在一起：

A. 在一起　　　B. 不在一起　　　C. 不适合

1.8　您有几个子女：

A.3 个及以上　B.2 个　　　　C.1 个　　　　D.0 个

1.8.1　如果您有子女，您的子女是否和您居住在一起：

A. 在一起　　　B. 不在一起　　　C. 不适合

1.9　您的父母是否和您居住在一起（有至少 1 人居住在一起）：

A. 在一起　　　　　　　　　　B. 不在一起

1.10　您居住在本社区的时间有多久了：

A. 半年及以内　　　　　　　　B. 半年至 2 年（含 2 年）

C.2 年至 5 年（含 5 年）　　　D.5 年至 10 年（含 10 年）

E.10 年以上

1.11　您的文化程度是：

A. 中学、中专及以下　　　　　B. 大专

C. 本科　　　　　　　　　　　D. 研究生及以上

1.12 您的政治面貌是：

A. 中共党员　　　B. 民主党派　　　C. 普通群众　　　D. 其他

1.13 现在您的职业类型是：

A. 国家机关、党群组织、企业、事业单位负责人

B. 专业技术人员　　　　　　　C. 办事人员和有关人员

D. 商业和服务业人员　　　　　E. 农林牧渔水利业生产人员

F. 生产、运输设备操作人员及有关人员

G. 军人　　　　　　　　　　　H. 不便分类的其他从业人员

二 经济发展

2.1 您现在的就业状况是：

A. 自己创业　　　　　　　　　B. 在单位或他人公司上班

C. 退休　　　D. 离职　　　E. 自由职业　　　F. 其他

2.2 您对现在的工作状况是否满意：

A. 非常满意　　B. 比较满意　　C. 一般　　　D. 不太满意

E. 非常不满意　F. 不适合

2.3 您对现在的收入状况是否满意：

A. 非常满意　　B. 比较满意　　C. 一般　　　　D. 不太满意

E. 非常不满意　F. 不适合

2.4 您对现在的工作安全性是否满意：

A. 非常满意　　B. 比较满意　　C. 一般　　　　D. 不太满意

E. 非常不满意　F. 不适合

2.5 您对现在的工作环境是否满意：

A. 非常满意　　B. 比较满意　　C. 一般　　　　D. 不太满意

E. 非常不满意　F. 不适合

2.6 您对现在您的工作时间是否满意：

A. 非常满意　　B. 比较满意　　C. 一般　　　　D. 不太满意

E. 非常不满意

2.7　您对现在您的发展机会是否满意：

A. 非常满意　　B. 比较满意　　C. 一般　　　　D. 不太满意

E. 非常不满意　F. 不适合

2.8　现在您每月的收入（人民币）大概是：

A. 5000 元及以下　　　　　　　B. 5001~10000 元

C. 10001~20000 元　　　　　　 D. 20001 元及以上

2.9　与上一年相比，您的生活水平是否得到改善：

A. 得到明显改善　　　　　　　B. 得到一定改善

C. 基本保持不变　　　　　　　D. 生活水平有所降低

E. 生活水平明显恶化

2.10　您现在的居住情况是：

A. 居住在本社区自己家的住房

B. 在本社区以家庭为单位租住了他人的成套住房

C. 居住在本社区的单位职工宿舍　D. 与熟人合租了他人的住房

E. 与陌生人合租了他人的住房　　F. 居住在公共租赁房

G. 其他

2.11　您对目前的居住条件是否满意：

A. 非常满意　　B. 比较满意　　C. 一般　　　　D. 不太满意

E. 非常不满意

2.12　现在您的收入来源主要包括（至多选 3 项）：

A. 工资性收入　　　　　　　　B. 社会保障收入

C. 股票证券等投资收入　　　　D. 房租收入

E. 亲戚朋友接济　　　　　　　F. 兼职工作收入

G. 其他

2.13　您现在日常生活支出中的主要支出有（至多选 3 项）：

A. 学习教育支出　B. 食品支出　C. 交通支出　　D. 住房支出

E. 购物支出　　F. 医疗健康支出　G. 旅游支出　　H. 休闲娱乐支出

I. 子女抚养支出　J. 其他

三　政治发展

3.1　您是否参加过所居住社区的人大代表选举投票：

A. 参加过　　　　B. 没有参加过　C. 不清楚

3.2　您是否参加过所居住社区的居委会换届选举投票：

A. 参加过　　　　B. 没有参加过　C. 不清楚

3.3　您是否参加过所居住社区居委会的居民代表选举投票：

A. 参加过　　　　B. 没有参加过　C. 不清楚

3.4　您是否参加过所居住社区主持召开的社区（公共事务）听证会：

A. 参加过　　　　B. 没有参加过　C. 不清楚

3.5　您是否参加过所居住社区组织的居民代表会议：

A. 参加过　　　　B. 没有参加过　C. 不清楚

3.6　您是否参加过所居住社区组织的协商会议：

A. 参加过　　　　B. 没有参加过　C. 不清楚

3.7　您是否了解所居住社区的业主委员会：

A. 了解　　　　B. 不太了解　　C. 不清楚

3.8　您是否了解所居住社区业主委员会的活动：

A. 非常了解　B. 比较了解　　C. 不太了解　　　D. 不了解

3.9　您是否关注所居住社区的公共事务：

A. 十分关注　　B. 比较关注　　C. 一般　　　　D. 不太关注

E. 不关注

四　文化发展

4.1　您是否听说过所居住社区开展的文化活动：

A. 经常听人说起 B. 有人说过多次 C. 听说过　　　D. 没有听说过

4.2　您是否熟悉所居住社区内的文体组织：

A. 非常熟悉　B. 比较熟悉　　C. 一般　　　　D. 不太熟悉

E. 很不熟悉

4.3　您是否加入了所居住社区内的文体组织：

A. 加入了 2 个及以上社区文体组织

B. 加入了 1 个社区文体组织　　　C. 没有加入任何社区文体组织

D. 不知道

4.4　您是否认识所居住社区内的文化指导员或体育指导员：

A. 认识 5 个以上　B. 认识 2~5 个　C. 认识 1 个　　　D. 1 个也不认识

4.5　您对所居住社区的风俗习惯是否了解：

A. 非常了解　　　B. 比较了解　　　C. 一般　　　　　D. 不太了解

E. 很不了解

4.6　您对所居住社区的趣闻逸事是否关心：

A. 非常关心　　　B. 比较关心　　　C. 一般　　　　　D. 不太关心

E. 很不关心

4.7　您对所居住社区的历史是否了解：

A. 非常了解　　　B. 比较了解　　　C. 一般　　　　　D. 不太了解

E. 很不了解

4.8　您是否认同您是所居住社区的成员：

A. 非常认同　　　B. 比较认同　　　C. 一般　　　　　D. 不太认同

E. 很不认同

4.9　您是否能够熟练地使用本地方言与本社区邻居进行交流：

A. 能够使用本地方言熟练地进行交流

B. 基本能够听懂本地方言，但交流还不太熟练

C. 听不懂本地方言，一般使用普通话与邻居交流

D. 不会使用普通话，只会使用老家方言

五　社会发展

5.1　当您所居住的社区发生了不好的事情时，您会有什么感受：

A. 很不开心　　　B. 不太开心　　　C. 一般　　　　　D. 不太关注

E. 事不关己

5.2 您是否愿意为了您所居住社区的发展与安全，无偿奉献自己的时间和精力：

A. 非常愿意　　B. 比较愿意　　C. 一般　　　　D. 不太愿意

E. 很不愿意

5.3 您是否参加过所居住社区的社会组织：

A. 参加过 2 个及以上社区社会组织

B. 参加过 1 个社区社会组织

C. 没有参加过社区社会组织

D. 没有听说过社区社会组织

5.4 您是否经常与社区居委会、社区服务站等机构打交道：

A. 经常接触　　B. 有较多接触　C. 有过接触　　D. 没有打过交道

5.5 您是否与所居住社区其他居民经常联系与互动：

A. 经常联系与互动　　　　　　　B. 有过联系与互动

C. 从不联系与互动

5.6 您对社区居委会、社区服务站等机构的信任度如何：

A. 非常信任　　B. 比较信任　　C. 一般　　　　D. 不太信任

E. 很不信任

5.7 您对您的邻居的信任度如何：

A. 非常信任　　B. 比较信任　　C. 一般　　　　D. 不太信任

E. 很不信任

5.8 您认为您所居住社区是否安全：

A. 非常安全　　B. 比较安全　　C. 一般　　　　D. 不太安全

E. 很不安全

5.9 您是否参加过您所居住的社区组织的活动：

A. 经常参加　　B. 偶尔参加　　C. 不参加　　　D. 不知道

5.10 当您遇到困难或问题时，您更愿意向哪一类人群或组织寻求帮助（至多选 3 项）：

A. 家人亲戚　　B. 好友老乡　　C. 工作同事　　D. 同学战友

E. 邻居   F. 领导上司   G. 社区工作人员

H. 政府管理人员   I. 专业社会工作者

J. 其他人员

5.11　如果您参加过所居住社区组织的活动，您是通过什么渠道知道的（至多选 3 项）：

A. 社区宣传栏   B. 社区居委会通知

C. 楼门院长通知   D. 居民群众通知

E. 社区网站通知   F. 社区微博通知

G. 社区微信公众号   H. 其他渠道

六　公共服务

6.1　您是否享有养老保险：

A. 享有   B. 没有   C. 不清楚   D. 不适合

6.2　您是否享有失业保险：

A. 享有   B. 没有   C. 不清楚   D. 不适合

6.3　您是否享有医疗保险：

A. 享有   B. 没有   C. 不清楚   D. 不适合

6.4　您是否享有工伤保险：

A. 享有   B. 没有   C. 不清楚   D. 不适合

6.5　您是否享有住房补贴（含住房公积金）：

A. 享有   B. 没有   C. 不清楚   D. 不适合

6.6　您认为现在的社会保障能否帮助解决您面临的问题：

A. 基本能够解决   B. 可以解决一点问题，但不能根本解决

C. 基本没什么帮助   D. 不清楚

6.7　您是如何享有上述社会保障的：

A. 所在单位按规定办理的   B. 社区工作人员上门办理的

C. 街道办事处工作人员代为办理的 D. 自己主动申请的

E. 其他

6.8 您未成年的子女上学情况是：

A. 在本市公办学校上学　　　　B. 在本市民办学校上学

C. 在异地的家乡学校上学　　　D. 辍学在家

6.9 您是否接受过当地政府提供的职业教育培训：

A. 多次接受过　B. 偶尔接受过　C. 从没接受过

6.10 您对您和您的家庭接受的公共服务是否满意：

A. 非常满意　　　B. 比较满意　　C. 一般　　　　D. 不太满意

E. 非常不满意

6.11 您认为您的权利是否得到了很好的保护：

A. 得到了很好的保护　　　　　B. 得到了较好的保护

C. 没有得到保护　　　　　　　D. 无所谓

6.12 下列社会保障制度中，您认为您目前最需要的是（至多选 3 项）：

A. 工伤保险　　B. 医疗保险　　C. 养老保险　　　D. 失业保险

E. 住房保障　　F. 教育保障　　G. 生育保险　　H. 最低生活保障

I. 其他保障

谢谢您参与调查！

参考文献

《马克思恩格斯全集》（第4卷），人民出版社，1974。

《马克思恩格斯全集》（第25卷），人民出版社，1974。

《马克思恩格斯选集》（第3卷），人民出版社，1995。

《马克思资本论（选读本）》，中国经济出版社，2001。

〔美〕桑德斯：《社区论》，徐震译，黎明文化事业股份有限公司，1982。

〔日〕岸根卓郎：《迈向21世纪的国土规划——城乡融合系统设计》，高文琛译，科学出版社，1990。

〔美〕伊利尔·沙里宁：《城市：它的发展、衰败和未来》，顾启源译，中国建筑工业出版社，1986。

〔美〕R.E.帕克、E.N.伯吉斯、R.D.麦肯齐：《城市社会学》，宋俊岭等译，华夏出版社，1987。

〔美〕阿瑟·刘易斯：《二元经济学》，施炜等译，北京经济学院出版社，1989。

〔美〕曼纽尔·卡斯泰尔：《信息化城市》，崔保国等译，江苏人民出版社，2001。

〔加〕简·雅各布斯：《美国大城市的死与生》，金衡山译，译林出版社，2005。

〔法〕伊夫·格拉夫梅耶尔：《城市社会学》，徐伟民译，天津人民出版社，2005。

〔美〕丝奇雅·沙森：《全球城市：纽约、伦敦、东京》，周振华等译，上海社会科学院出版社，2005。

〔美〕刘易斯·芒福德：《城市发展史：起源、演变和前景》，宋峻岭、倪文彦译，中国建筑工业出版社，2005。

〔西〕若尔迪·博尔哈、〔美〕曼纽尔·卡斯泰尔等：《本土化与全球化：信息时代的城市管理》，姜杰、胡艳蕾、魏述杰译，北京大学出版社，2008。

〔英〕埃比尼泽·霍华德：《明日的田园城市》，金经元译，商务印书馆，2010。

〔美〕布赖恩·贝利：《比较城市化：20世纪的不同道路》，顾朝林等译，商务印书馆，2010。

〔美〕苏黛瑞：《在中国城市中争取中公民权》，王春光、单丽卿译，浙江人民出版社，2009。

顾朝林等：《中国大城市边缘区研究》，科学出版社，1995。

王春光：《社会流动和社会重构——京城"浙江村"研究》，浙江人民出版社，1995。

吴良镛：《吴良镛城市研究论文集（1986-1995）》，中国建筑工业出版社，1996。

费孝通：《江村农民生活及其变迁》，敦煌文艺出版社，1997。

周大鸣：《现代都市人类学》，中山大学出版社，1997。

费孝通：《乡土中国 生育制度》，北京大学出版社，1998。

毕世杰主编《发展经济学》，高等教育出版社，1999。

张鸿雁：《侵入与接替：城市社会结构变迁新论》，东南大学出版社，2000。

徐永祥：《社区发展论》，华东理工大学出版社，2001。

北京市社会科学院等编《社区建设理论与实践》，北京出版社，2001。

边燕杰主编《市场转型与社会分层——美国社会学者分析中国》，生活·读书·新知三联书店，2002。

孙立平：《断裂：20世纪90年代以来的中国社会》，社会科学文献出版社，2003。

陈映芳等：《征地与郊区农村的城市化——上海市的调查》，文汇出版社，2003。

张继焦：《城市的适应——迁移者的就业与创业》，商务印书馆，2004。

郑杭生主编《社会学概论新修（第三版）》，中国人民大学出版社，2003。

蓝宇蕴：《都市里的村庄：一个"新村社共同体"的实地研究》，生活·读书·新知三联书店，2005。

吴明伟等：《我国城市化背景下的流动人口聚居形态研究——以江苏省为例》，东南大学出版社，2005。

杨忠伟、范凌云编著《中国大都市郊区化》，化学工业出版社，2006。

冯晓英、魏书华、陈孟平：《由城乡分治走向统筹共治——中国城乡结合部管理制度创新研究：以北京为例》，中国农业出版社，2007。

顾建键主编《现代社区管理概论》，上海人民出版社，2007。

陈瑞莲等：《破解城乡二元结构：基于广东的实证分析》，社会科学文献出版社，2008。

唐忠新：《现代城市社区建设概论》，上海交通大学出版社，2008。

吴志华、翟桂萍、汪丹：《大都市社区治理研究：以上海为例》，复旦大学出版社，2008。

郑杭生主编《和谐社区建设的理论与实践——以广州深圳实地调查为例的广东特色分析》，党建读物出版社，2009。

刘传江、程建林、董延芳：《中国第二代农民工研究》，山东人民出版社，2009。

李培林：《村落的终结——羊城村的故事》，商务印书馆，2010。

姚永玲：《北京市城乡结合部管理研究》，中国人民大学出版社，2010。

袁振龙：《社会资本与社区治安》，中国社会出版社，2010。

吴元波：《上海城市郊区化现状、问题与发展模式研究》，立信会计出版社，2011。

马西恒、刘中起主编《都市社区治理：以上海建设国际化城市为背景》，学林出版社，2011。

徐同文：《城乡一体化体制对策研究》，人民出版社，2011。

沈千帆主编《北京市流动人口的社会融入研究》，北京大学出版社，2011。

郭晓鸣、张克俊主编《成都统筹城乡经验、挑战与发展选择》，四川人民出版社，2011。

蔡玉胜：《大城市边缘区城乡一体化研究——以天津为例》，天津社会科学院出版社，2012。

宋金平、赵西君、于伟：《北京城市边缘区空间结构演化与重组》，科学出版社，2012。

任映红等：《城郊结合部和谐社区建设问题研究——基于温州、杭州、湖州的实证分析》，中国社会科学出版社，2012。

叶剑平：《中国城乡结合部地区土地利用困境：路径抉择与机制设计》，中国经济出版社，2012。

吕康娟：《大城市与城乡结合部社会经济效益协同耦合研究》，经济科学出版社，2012。

姜爱华、马静：《城乡结合部公共服务供给的财政政策研究》，经济科学出版社，2012。

张占斌主编《中国新型城镇化道路研究》，国家行政学院出版社，2013。

郑杭生主编《中国人民大学中国社会发展报告（2013）：走向包容、公平、共享的新型城镇化》，中国人民大学出版社，2013。

国务院发展研究中心课题组：《中国新型城镇化：道路、模式和政策》，中国发展出版社，2014。

张英洪等：《北京市城乡基本公共服务问题研究》，社会科学文献出版社，2014。

岳树岭：《城市化进程中农民工市民化问题研究》，经济管理出版社，2014。

景晓芬：《空间隔离与外来人口的城市融入》，中国社会科学出版社，2014。

高峰：《城乡一体化背景下的人口城镇化——以苏州市为例》，科学出版社，2015。

陈丰：《城市化进程中流动人口服务管理创新研究》，华东理工大学出版社，2015。

吴晓、王慧：《我国大城市流动人口就业空间解析：面向农民工的实证研究》，东南大学出版社，2015。

王知桂、杨强、李莉：《农业转移人口市民化的制度困局及破解》，经济科学出版社，2015。

赵俊超：《城镇化：改革的突破口》，中国人民大学出版社，2015。

李强、刘精明、郑路主编《城镇化与国内移民：理论与研究议题》，社会科学文献出版社，2015。

孙立、禹婧：《社区参与整治：北京流动人口聚居区人居环境整治之道》，中国建筑工业出版社，2015。

韩光辉、尹钧科：《北京城市郊区的形成及其变迁》，《城市问题》1987年第5期。

骆子程：《城乡一体 工农结合》，《城市问题》1988年第2期。

张雨林：《论城乡一体化》，《社会学研究》1988年第5期。

严重敏等：《关于城市结合部若干问题初探》，《城市经济研究》1989年第12期。

顾朝林、丁金宏：《中国大城市边缘区特性研究》，《地理学报》1993年第4期。

李强：《关于城市农民工的情绪倾向及社会冲突问题》，《社会学研究》1995年第4期。

汤正刚：《城乡一体化：中心城市市域城镇规划的总方针》，《经济体制改革》1995 年第 4 期。

田凯：《关于农民工的城市适应性的调查分析与思考》，《社会科学研究》1995 年第 5 期。

陈佑启：《试论城乡交错带及其特征与功能》，《经济地理》1996 年第 3 期。

陈涛：《社区发展：历史、理论和模式》，《中国人口·资源与环境》1997 年第 1 期。

陈涛：《社会发展与社区发展》，《社会学研究》1997 年第 2 期。

张建明、许学强：《城乡边缘带研究的回顾与展望》，《人文地理》1997 年第 3 期。

何道峰、萧延中：《异地就业：扶贫与人力资源开发——中国西南劳务输出扶贫项目的个案分析》，《开放时代》1997 年第 3 期。

文军：《社区发展论略》，《中国社会工作》1997 年第 5 期。

石忆邵、何书金：《城乡一体化探论》，《城市规划》1997 年第 5 期。

刘君德、彭再德、徐前勇：《上海郊区乡村-城市转型与协调发展》，《城市规划》1997 年第 5 期。

杨山：《城市边缘区空间动态演变及机制研究》，《地理学与国土研究》1998 年第 3 期。

刘君德、彭再德：《上海城乡结合部社区管理的考察与研究》，《上海城市规划》1999 年第 2 期。

李强：《中国大陆城市农民工的职业流动》，《社会学研究》1999 年第 3 期。

周大鸣：《外来工与"二元社区"——珠江三角洲的考察》，《中山大学学报》（社会科学版）2000 年第 2 期。

朱力：《准市民的身份定位》，《南京大学学报》（哲学·人文科学·社会科学版）2000 年第 6 期。

李强：《中国城市农民工劳动力市场研究》，《学海》2001 年第 1 期。

王春光：《新生代农村流动人口的社会认同与城乡融合的关系》，《社会学研究》2001年第3期。

周大鸣、高崇：《城乡结合部社区的研究——广州南景村50年的变迁》，《社会学研究》2001年第4期。

朱力：《群体性偏见与歧视——农民工与市民的摩擦性互动》，《江海学刊》2001年第6期。

李培林：《巨变：村落的终结——都市里的村庄研究》，《中国社会科学》2002年第1期。

朱力：《论农民工阶层的城市适应》，《江海学刊》2002年第6期。

赵延东、王奋宇：《城乡流动人口的经济地位获得及决定因素》，《中国人口科学》2002年第4期。

李强：《关于进城农民的"非正规就业"问题》，《新视野》2002年第6期。

李强：《户籍分层与农民工的社会地位》，《中国党政干部论坛》2002年第8期。

夏学銮：《中国社区发展的战略和策略》，《唯实》2003年第10期。

王春光：《农民工的国民待遇与社会公正问题》，《郑州大学学报》（哲学社会科学版）2004年第1期。

李晓澜、宋继清：《二元经济理论模型评述》，《山西财经大学学报》2004年第1期。

曾群、魏雁滨：《失业与社会排斥：一个分析框架》，《社会学研究》2004年第3期。

曾旭晖：《非正式劳动力市场人力资本研究——以成都市进城农民工为个案》，《中国农村经济》2004年第3期。

刘传江、周玲：《社会资本与农民工的城市融合》，《人口研究》2004年第5期。

朱信凯：《农民市民化的国际经验及对我国农民工问题的启示》，《中国软科学》2005年第1期。

杜鹏、丁志宏、李兵等：《来京人口的就业、权益保障与社会融合》，《人口研究》2005年第4期。

张晓军：《国外城市边缘区研究发展的回顾及启示》，《国外城市规划》2005年第4期。

郑杭生：《农民市民化：当代中国社会学的重要研究主题》，《甘肃社会科学》2005年第4期。

任远、邬民乐：《城市流动人口的社会融合：文献述评》，《人口研究》2006年第3期。

陆益龙：《社会需求与户籍制度改革的均衡点分析》，《西北师范大学学报》（社会科学版）2006年第3期。

杨绪松、靳小怡、肖群鹰等：《农民工社会支持与社会融合的现状及政策研究——以深圳市为例》，《中国软科学》2006年第12期。

袁媛、许学强：《国外城市贫困阶层聚居区研究述评及借鉴》，《城市问题》2007年第2期。

王桂新、罗恩立：《上海市外来农民工社会融合现状调查研究》，《华东理工大学学报》（社会科学版）2007年第3期。

彭希哲、郭秀云：《权利回归与制度重构——对城市流动人口管理模式创新的思考》，《人口研究》2007年第4期。

邓大松、胡宏伟：《流动、剥夺、排斥与融合：社会融合与保障权获得》，《中国人口科学》2007年第6期。

蔡禾、卢俊秀：《制度变迁背景下的社区权力与秩序——基于广州市一个城中村的研究》，《广东社会科学》2007年第6期。

周志山：《从分离与对立到统筹与融合——马克思的城乡观及其现实意义》，《哲学研究》2007年第10期。

张文宏、雷开春：《城市新移民社会融合的结构、现状与影响因素分析》，《社会学研究》2008年第5期。

刘林平：《交往与态度：城市居民眼中的农民工——对广州市民的问卷调查》，《中山大学学报》（社会科学版）2008年第2期。

李树茁、任义科、靳小怡、费尔德曼：《中国农民工的社会融合及其影响因素研究——基于社会支持网络的分析》，《人口与经济》2008 年第 2 期。

刘臻：《城乡结合部的社区治理模式：上海浦东川沙新镇社区委员会体制研究》，上海交通大学硕士学位论文，2009。

楼玮群、何雪松：《乐观取向、社会服务使用与社会融合：香港新移民的一项探索性研究》，《西北人口》2009 年第 1 期。

梁鸿、叶华：《对外来常住人口社会融合条件与机制的思考》，《人口与发展》2009 年第 1 期。

悦中山、杜海峰、李树茁、费尔德曼：《当代西方社会融合研究的概念、理论及应用》，《公共管理学报》2009 年第 2 期。

嘎日达、黄匡时：《西方社会融合概念探析及其启发》，《国外社会科学》2009 年第 2 期。

任远、乔楠：《城市流动人口社会融合的过程、测量及影响因素》，《人口研究》2010 年第 2 期。

全国总工会新生代农民工问题课题组：《全国总工会关于新生代农民工问题研究报告》，《工人日报》2010 年 6 月 21 日。

黄匡时、嘎日达：《社会融合理论研究综述》，《新视野》2010 年第 6 期。

王嘉顺：《区域差异背景下的城市居民对外来人口迁入的态度研究——基于 2005 年全国综合社会调查数据》，《社会》2010 年第 6 期。

陈伟东、孔娜娜、卢爱国：《政府行动与社会行动衔接：中国社区发展战略》，《社会主义研究》2010 年第 5 期。

杜志雄、肖卫东、詹琳：《包容性增长理论的脉络、要义与政策内涵》，《中国农村经济》2010 年第 11 期。

简新华：《新生代农民工融入城市的障碍与对策》，《求是学刊》2011 年第 1 期。

叶初升、张凤华：《发展经济学视野中的包容性增长》，《光明日报》2011 年 3 月 18 日。

江小容：《新生代农民工市民化问题研究》，《河南社会科学》2011 年第 3 期。

郑杭生、陆益龙：《开放、改革与包容性发展——大转型大流动时期的城市流动人口管理》，《学海》2011 年第 6 期。

张斐：《新生代农民工市民化现状及影响因素分析》，《人口研究》2011 年第 6 期。

裴丽、姚荣：《包容性发展与城市市民幸福指数——城市建设的新思路》，《经济导刊》2011 年第 10 期。

周小亮：《重大利益协调视角下包容性发展的理论与实践问题研究》，《当代经济研究》2012 年第 1 期。

冯周卓、高梦：《基于包容均等的现代城市管理制度创新》，《上海城市管理》2012 年第 1 期。

周皓：《流动儿童社会融合的代际传承》，《中国人口科学》2012 年第 1 期。

刘祖云、周家明：《我国城乡二元结构破解之道：基于包容性发展的视角》，《南京工业大学学报》（社会科学版）2012 年第 1 期。

向德平：《包容性发展理念对中国社会政策建构的启示》，《社会科学》2012 年第 1 期。

〔法〕Claude Didry：《"共和构想"是社会包容性政策的核心思想》，易臻真译，《社会科学》2012 年第 1 期。

高传胜：《论包容性发展的理论内核》，《南京大学学报》（哲学·人文科学·社会科学版）2012 年第 1 期。

姚平、韩晓燕：《加快"农二代"社会融入步伐，推动城市包容性发展——外来务工人员第二代社会调查分析》，《科学发展》2012 年第 2 期。

周小亮、刘万里：《包容性发展水平测量评价的理论探讨》，《社会科学研究》2012 年第 2 期。

王佃利、徐晴晴：《包容性发展中的农民工城市融入：问题界定与路径审视》，《东岳论丛》2012 年第 3 期。

宋月萍、陶椰：《融入与接纳：互动视角下的流动人口社会融合实证研究》，《人口研究》2012年第3期。

周皓：《流动人口社会融合的测量及理论思考》，《人口研究》2012年第3期。

刘应君：《促进新生代农民工市民化的对策探讨》，《经济纵横》2012年第3期。

李培林、田丰：《中国农民工社会融入的代际比较》，《社会》2012年第5期。

李强、陈宇琳、刘精明：《中国城镇化"推进模式"研究》，《中国社会科学》2012年第7期。

朱云平：《包容性发展的三重蕴义》，《太原理工大学学报》（社会科学版）2013年第1期。

李荣彬、袁城等：《新生代农民工市民化水平的现状及影响因素分析——基于我国106个城市调查数据的实证研究》，《青年研究》2013年第1期。

刘洋：《城市化包容性发展的路径设计及战略选择研究》，《经济与管理》2013年第1期。

温州综合改革课题组：《社会融合的制度基础与条件——温州改革的调查与分析》，《社会主义研究》2013年第3期。

郇庆治：《作为一种概念分析框架的包容性发展：评估与展望》，《江西师范大学学报》（哲学社会科学版）2013年第3期。

姚荣：《包容性发展：思想渊源、现实意涵及其实践策略》，《理论导刊》2013年第4期。

卢宁：《包容性发展的理论内涵探析》，《四川理工学院学报》（社会科学版）2013年第4期。

彭清华、蔡秀玲：《包容性发展视角下"准市民"收入增长模式的转变研究——以农民工为例》，《江西农业大学学报》（社会科学版）2013年第4期。

刘玉、郑国楠：《中外城乡结合部发展比较研究》，《国际城市规划》2013年第4期。

徐伟：《论中国城市化包容性发展战略》，《甘肃社会科学》2013年第5期。

唐鑫、李茂、刘小敏：《北京包容性发展评价指标体系研究》，《中国市场》2013年第39期。

刘红岩：《包容性发展视角下促进农民工社会融入的路径》，《经济研究参考》2013年第56期。

韦向阳、刘亮：《包容性发展研究的进展》，《滁州学院学报》2014年第1期。

韦向阳、刘亮：《包容性发展视角下新生代农民工市民化问题与对策研究》，《华东理工大学学报》（社会科学版）2014年第2期。

许光：《新生代农民工失范性融入的路径审视与政策创新——以包容性视角下浙江的社会实践为例》，《中共南京市委党校学报》2014年第2期。

王毅杰、王刘飞：《从身份认同看农民工社会融入》，《人口与发展》2014年第3期。

葛道顺：《包容性社会发展：从理念到政策》，《社会发展研究》2014年第3期。

王晋、何祖伟：《从排斥到融合：包容性发展的印度经验及启示》，《经济体制改革》2014年第4期。

童莹：《包容性发展视角下"村改居"社区文化建设研究》，《内蒙古农业大学学报》（社会科学版）2014年第6期。

杨菊华：《中国流动人口的社会融入研究》，《中国社会科学》2015年第2期。

李春南：《发展视角下的社区运动——京郊外来打工者的社区经验》，《社会发展研究》2015年第2期。

孙婧芳：《农民工参加社会保险比例偏低的原因——农民工市民化及制度统筹的视角》，《社会发展研究》2015年第2期。

孙文中：《包容性发展：农民工随迁子女教育融入问题研究——基于武汉市的调查》，《广东社会科学》2015 年第 3 期。

刘耀彬、涂红：《中国新型城市化包容性发展的区域差异影响因素分析》，《地域研究与开发》2015 年第 5 期。

陈云松、张翼：《城镇化的不平等效应与社会融合》，《中国社会科学》2015 年第 6 期。

陈丽华、张卫国：《中国新型城镇化包容性发展的路径选择——基于城镇化的国际经验比较与启示》，《世界农业》2015 年第 8 期。

王晓莹、罗教讲：《生活境遇与政府工作满意度——基于对 CSS2013 数据的实证分析》，《国家行政学院学报》2016 年第 1 期。

周大鸣、陈世明：《从乡村到城市：文化转型的视角——以广东东莞虎门为例》，《社会发展研究》2016 年第 2 期。

李煜：《利益威胁、文化排斥与受挫怨恨——新"土客"关系下的移民排斥》，《学海》2017 年第 2 期。

吴莹：《空间变革下的治理策略——"村改居"社区基层治理转型研究》，《社会学研究》2017 年第 6 期。

柳建坤、张柏杨、陈云松：《社会融合对政府工作满意度的户籍分化效应——基于 CS2011 数据的实证分析》，《社会发展研究》2018 年第 4 期。

邹乃秀：《城市边缘区土地可持续利用的制度创新研究——以日照市为例》，山东师范大学硕士学位论文，2006。

牟文龙：《基于 GIS 和 RS 的城市边缘区土地利用结构与优化研究——以济南市为例》，山东师范大学硕士学位论文，2007。

联合国：《通过社区发展促进社会进步》，1955 年。

习近平：《决胜全面建成小康社会　夺取新时代中国特色社会主义伟大胜利——在中国共产党第十九次全国人民代表大会上的报告》，人民出版社，2017。

《习近平：高举中国特色社会主义伟大旗帜　为全面建设社会主义现代化国家而团结奋斗——在中国共产党第二十次全国代表大会上的报告》，新华社，2022 年 10 月 25 日。

《中共中央关于全面深化改革若干重大问题的决定》，2013 年 11 月。

《关于全面深化公安改革若干重大问题的框架意见》，2015 年 2 月。

国务院：《关于解决农民工问题的若干意见》（国发〔2006〕5 号），2006 年 3 月。

中共中央、国务院：《国家新型城镇化规划（2014—2020 年）》，2014 年 3 月。

国务院：《关于调整城市规模划分标准的通知》，2014 年 10 月。

《国务院办公厅转发教育部等部门关于进一步做好进城务工就业农民子女义务教育工作意见的通知》（国办发〔2003〕78 号），2003 年 9 月。

国务院办公厅：《关于进一步做好农民工培训工作的指导意见》（国办发〔2010〕11 号），2010 年 1 月。

民政部：《关于在全国推进城市社区建设的意见》，2000 年 11 月。

民政部：《关于促进农民工融入城市社区的意见》（民发〔2011〕210 号），2012 年 1 月。

国家发展改革委：《关于培育发展现代化都市圈的指导意见》（发展规划〔2019〕328），2019 年 2 月。

中共深圳市委、深圳市人民政府：《关于加快宝安龙岗两区城市化进程的意见》（深府〔2003〕192 号），2003 年 10 月。

中共北京市委、北京市人民政府：《北京城市总体规划（2016 年—2035 年）》，2017 年 9 月。

北京市朝阳区地方志编纂委员会：《北京市朝阳区志》，北京出版社，2007。

北京市朝阳区地方志编纂委员会：《北京市朝阳区志（1996-2010）》，线装书局，2018。

西乡街道志编辑部编《深圳市西乡街道志》，中国文史出版社，2009。

北京市海淀区东升乡志编纂委员会编《东升乡志》，学苑出版社，2012。

Park R. and F. Burgess, *Introduction to the Science of Sociology*. Chicago University of Chicago Press, 1924.

Durkheim E. , *Suicide*. London: Routledge, 1951.

Murray G. Ross, "Community Organizations: Theory and Principles," *Social Problems*, 1957, 4 (3).

United Nation, *Community Development and Economic Development*, Bank ok, 1960.

Whitehand, J. W. R. , "Fringe Belts: A Neglected Aspect of Urban Geography," *Transactions of the Institute of British Geographers*, 1967 (41).

J. Pryor, "Defining the Rural-Urban Fringe," *Social Forces*, 1968 (407) .

R. Lenoir, *Les exclus: Un Francais sur dix*. Paris: Seuil, 1974.

David Morley, Stuart Proufoot and Thomas Burns, *Making Cities Work-The Dynamics of Urban Innovation*. Colorado University: Westview Press, 1980.

C. Goldscheider, *Urban Migrants in Development Nations: Patterns and Problems of Adjustment*. Boulder, CO: Westview Press, 1983.

A. Sen, *Development as Freedom*, New York: Anchor Books, 2000.

A. Jackson and K. Scott, *Does Work Include Children? Effects of the Labour Market on Family Income, Time and Stress*. Toronto: Laidlaw Foundation, 2002.

C. Crawford, *Towards a Common Approach to Thinking about and Measuring Social Inclusion*. Roeher Institute, 2003.

European Commission, *Joint Report on Social Inclusion, Directorate-General for Employment and Social Affairs*, European Commission, Brussels, 2004.

Carmen C. F. , Elena G. I. , "Determinants of Residential Land Use Conversion and Sprawl at the Rural-Urban Fringe," *American Agricultural Economics Association*, 2004 (4).

Chatterjee, "Poverty Reduction Strategies-Lessons from the Asian and Pacific Region on Inclusive Development," *Asian Development Review*, 2005, 22 (1).

后 记

　　包容性发展既是新发展格局的重要内容，也是一个有待持续推进、持续跟踪研究的重要课题。选择超大城市城乡结合部社区作为包容性发展研究的对象，主要考虑超大城市在吸纳流动人口方面有着非同寻常的能力，而城乡结合部社区往往是流动人口进入城市后的主要聚居区。城乡结合部地区不仅面临着本地村民"村转居"社区化的要求，而且要应对城市居民外迁及流动人口涌入等所带来的多重服务管理压力。

　　为做好超大城市城乡结合部社区包容性发展研究，我收集并阅读了大量的相关文献资料，广泛阅读了学术界同仁的前期研究成果，逐步形成了自己的研究思路和框架，并从北京市海淀区和广东省深圳市宝安区各选择一个街道办事处（地区办事处）作为研究对象。在相关工作人员的帮助下，收集了中央、省市和区级相关文件资料、地方志、工作总结等材料，以及经济社会发展和人口等数据。确定了调查社区和问卷对象的调查方案，拟订了详细的调研计划，确定了访谈对象和调查对象，起草了调研提纲和调查问卷。并在北京和深圳相关高校同仁的帮助下，各组织近 10 名研究生、大学生作为调查员，经过培训后深入社区开展问卷调查和访谈。在北京和深圳相关机构领导和同事们的帮助下，经过大家的共同努力，调研进展顺利，调查员克服了一些困难，较好地完成了调查任务。之后便是访谈资料的整理和问卷数据的编码录入、统计分析。

　　在此，感谢深圳市宝安区和北京市海淀区为调查提供帮助并提供资料的朋友们！感谢深圳大学和北京城市学院参加社区调查为完成研究任务作出突出贡献的各位同学！感谢参与课题讨论和提供帮助的各位课题组成员！感谢我所供职的单位北京市社会科学院的各位领导，对我的研究工作给予了宝贵的支持！感谢北京市社会科学院科研处、智库处、财务处、办公室等处室的各位同事，给予细致的指导帮助！感谢中国人民大学社会人口学院夏建中教授的精心指导！感谢兰州大学焦若水教授给予的帮助！感谢中华女子学院李敏教授、苗艳梅副教授和深圳大学唐咏老师！感谢相关专家提出的宝贵意见建议，感谢潘琴提供的帮助！感谢北京市社会科学院综合治理研究所、城市问题研究所、市情研究所、管理研究所、社会学研究所、马克思主义研究所各位同事的温暖帮助！感谢社会科学文献出版社将本书列入出版计划！感谢本书的责任编辑张嫒老师为本书编辑所做的细致工作！

岁月不居，时光如流。感谢我的父母，他们一直教育我，要做一个有利于社会、对社会有所贡献的人！他们勤劳低调，稳重做人，踏实做事，这种宝贵的品格一直深深地影响着我！感谢我的爱人和孩子，让我能够在繁忙的工作之余享受美好幸福的家庭生活！

本书写作过程中，我得到了很多方面的帮助，引用了一些同仁的研究成果，按学术规范分别予以注明。

当然，由于水平所限，书中错漏之处在所难免，责任应该由我承担，同时恳请读者朋友们批评指正。

袁振龙

2024 年 3 月于北京

图书在版编目（CIP）数据

超大城市社区包容性发展研究 / 袁振龙著. --北京：
社会科学文献出版社，2024.3（2025.9 重印）
ISBN 978-7-5228-2951-7

Ⅰ.①超… Ⅱ.①袁… Ⅲ.①城市化-发展-研究-
中国 Ⅳ.①F299.21

中国国家版本馆 CIP 数据核字（2023）第 245259 号

超大城市社区包容性发展研究

著　　者 / 袁振龙

出 版 人 / 冀祥德
责任编辑 / 张　媛
责任印制 / 岳　阳

出　　版 / 社会科学文献出版社·皮书分社 （010）59367127
　　　　　　地址：北京市北三环中路甲 29 号院华龙大厦　邮编：100029
　　　　　　网址：www.ssap.com.cn
发　　行 / 社会科学文献出版社 （010）59367028
印　　装 / 北京盛通印刷股份有限公司

规　　格 / 开　本：787mm×1092mm　1/16
　　　　　　印　张：20.25　字　数：309 千字
版　　次 / 2024 年 3 月第 1 版　2025 年 9 月第 2 次印刷
书　　号 / ISBN 978-7-5228-2951-7
定　　价 / 89.00 元

读者服务电话：4008918866